# Des données à la décision

## Un guide des statistiques appliquées et de l'apprentissage automatique

*Écrit par Daniel Carr*
*Edité par Cornell-David Publishing House*

Conclusion

Démystifier les mythes entourant les statistiques, les prévisions et l'apprentissage automatique pour les applications réelles

Mythe 1 : Vous devez être titulaire d'un diplôme spécialisé ou être un « mathématicien » pour comprendre et appliquer les statistiques, les prévisions et l'apprentissage automatique.

Mythe 2 : Des modèles et algorithmes complexes garantissent de meilleurs résultats

Mythe 3 : vous avez besoin de grandes quantités de données pour que les modèles d'apprentissage automatique et de prévision soient efficaces

Application des statistiques, des prévisions et de l'apprentissage automatique pour résoudre des problèmes réels

Tirer parti des probabilités, modéliser l'incertitude et influencer les décisions

Comprendre les probabilités et les applications réelles

Incertitude de modélisation

Influencer les décisions

Applications réelles des statistiques, des prévisions et de l'apprentissage automatique

1. Finances et économie

2. Santé

3. Analyses sportives

4. Marketing et publicité

5. Environnement et gestion de l'énergie

4. Modèles de régression et analyse prédictive

4.1 Modèles de régression et analyse prédictive

4.1 Modèles de régression et analyse prédictive

4.1.1 Introduction aux modèles de régression

4.1.2 Régression linéaire

4.1.3 Régression logistique

4.1.4 Régression multiple

automatique

9.1 Identifier et traiter les biais dans la collecte de données

Intégration des statistiques, des prévisions et de l'apprentissage automatique dans la vie réelle

1. Comprendre les données

2. Construire et valider des modèles

3. Interpréter les résultats et prendre des décisions

4. Itération et mise à jour des modèles

Applications réelles des statistiques, des prévisions et de l'apprentissage automatique

1. Santé et recherche biomédicale

2. Finances et économie

3. Marketing et analyse client

4. Transport et urbanisme

Applications réelles des techniques statistiques et de l'apprentissage automatique

1. Santé et médecine

2. Finance et banque

3. Vente au détail et commerce électronique

4. Transport et logistique

5. Énergie et environnement

6. Sports et divertissement

Combinaison d'approches statistiques, de techniques de prévision et d'apprentissage automatique pour améliorer les applications du monde réel

1. Analyse commerciale et prise de décision

2. Santé et médecine

3. Changement climatique et conservation de l'environnement

Conclusion

Combiner l'expertise humaine avec des algorithmes automatisés dans des applications réelles

Amélioration de la validation et de l'interprétation

responsabilité :

# 1. Introduction aux statistiques, aux prévisions et à l'apprentissage automatique dans la vie réelle

Bienvenue dans *Application de statistiques, de prévisions et d'apprentissage automatique IRL* ! Ce livre est conçu pour vous aider à comprendre l'importance de ces trois concepts et comment ils peuvent être intégrés dans des scénarios réels pour améliorer la prise de décision, les prévisions et la compréhension de situations complexes. Dans la sous-section suivante, nous approfondirons l'essence de chacun de ces concepts et découvrirons leurs diverses applications dans la vie moderne.

## 1.1 Comprendre l'importance des statistiques dans la vie réelle

### 1.1.1 Que sont les statistiques ?

La statistique est une branche des mathématiques qui traite de la collecte, de l'analyse, de l'interprétation, de la présentation et de l'organisation des données quantitatives. Il est utilisé pour tirer des conclusions, faire des prédictions et tester des hypothèses basées sur des données empiriques. Essentiellement, les statistiques consistent à traduire des données ou des informations brutes en informations significatives.

## 1.1.2 Applications des statistiques dans la vie réelle

Les statistiques jouent un rôle crucial dans plusieurs applications réelles, y compris, mais sans s'y limiter :

1.  **Soins de santé** : Dans le domaine de la médecine, les statistiques aident les chercheurs à comprendre la relation entre divers facteurs, tels que l'alimentation, l'exercice et les médicaments, qui peuvent avoir un impact sur notre santé globale. Les statistiques sont également largement utilisées dans les essais cliniques pour tester l'efficacité de nouveaux traitements et interventions médicales. Ils aident à déterminer la taille d'échantillon appropriée pour une étude afin d'assurer la validité des résultats et de suivre le succès des traitements au fil du temps.
2.  **Économie** : Les gouvernements et les organisations utilisent les statistiques économiques pour créer des politiques, prévoir les tendances économiques et allouer efficacement les ressources. En analysant les données historiques liées à des variables telles que l'inflation, le chômage et le PIB, les décideurs peuvent prendre des décisions éclairées sur l'orientation future d'une économie.
3.  **Sports** : Dans le monde du sport, les statistiques aident à analyser les performances des athlètes individuels et des équipes. Des mesures telles que les moyennes au bâton, le pourcentage de base et la cote d'efficacité des joueurs (PER) sont couramment utilisées pour évaluer les capacités et les compétences des joueurs dans divers sports. De plus, les

entraîneurs et les analystes s'appuient sur des données statistiques pour aider à la stratégie de jeu, à la gestion des joueurs et à la planification de la liste.

4. **Contrôle qualité** : Les entreprises utilisent des méthodes statistiques de contrôle qualité pour détecter les produits ou services défectueux et mettre en place des mesures correctives. En analysant les performances du processus de production et en identifiant les domaines d'amélioration, les organisations peuvent améliorer en permanence la qualité de leurs offres.

5. **Marketing** : Dans le marketing et la publicité, les statistiques aident à identifier les modèles de comportement des consommateurs, à évaluer l'efficacité des stratégies de marketing et à optimiser l'allocation des ressources. En analysant les données démographiques, les préférences et les réponses des clients aux campagnes marketing, les spécialistes du marketing peuvent créer des efforts marketing plus ciblés pour atteindre le public souhaité.

## 1.2 Le pouvoir des prévisions dans la vie réelle

### 1.2.1 Qu'est-ce que la prévision ?

La prévision est le processus de prédiction d'un événement ou d'un résultat futur sur la base de données historiques, de tendances, de modèles ou d'autres facteurs pertinents. Il est largement utilisé dans divers domaines pour aider les organisations et les individus à prendre des décisions éclairées sur l'avenir.

## 1.2.2 Applications de la prévision dans la vie réelle

Certaines applications notables de la prévision dans des scénarios réels incluent :

1. **Prévisions météorologiques** : Les météorologues utilisent des modèles et des outils sophistiqués pour analyser les données météorologiques historiques et prédire les conditions météorologiques futures. Des prévisions météorologiques précises aident les gens à planifier leurs activités et peuvent également être vitales pour la gestion des urgences et la préparation aux catastrophes.
2. **Prévisions boursières** : Dans le monde de la finance, les analystes de marché et les investisseurs utilisent des techniques de prévision pour prédire les prix futurs des actions ou d'autres titres. En analysant les données historiques et en utilisant des modèles statistiques ou des algorithmes d'apprentissage automatique, ils tentent d'identifier les tendances et les modèles qui pourraient indiquer les mouvements futurs du marché.
3. **Gestion de la chaîne d'approvisionnement** : les entreprises s'appuient sur les prévisions pour prévoir la demande de leurs produits ou services et gérer leur chaîne d'approvisionnement en conséquence. En prévoyant avec précision la demande des clients, les organisations peuvent s'assurer qu'elles disposent d'un stock suffisant

pour répondre aux besoins des clients tout en minimisant les surstocks ou les ruptures de stock.
4. **Ressources humaines** : les services des ressources humaines utilisent les prévisions pour prévoir les besoins futurs des employés, par exemple en anticipant le nombre de nouvelles embauches requises et en identifiant les lacunes potentielles en matière de compétences au sein de la main-d'œuvre. Cela permet aux organisations de planifier efficacement leurs stratégies de recrutement et de s'assurer qu'elles disposent du personnel adéquat pour répondre aux demandes futures.

# 1.3 Exploiter la puissance de l'apprentissage automatique dans la vie réelle

## 1.3.1 Qu'est-ce que l'apprentissage automatique ?

L'apprentissage automatique est un sous-domaine de l'intelligence artificielle qui se concentre sur l'enseignement aux ordinateurs pour apprendre à partir de données sans être explicitement programmé. L'objectif principal de l'apprentissage automatique est de créer des algorithmes capables d'apprendre de l'expérience et de faire des prédictions ou des décisions basées sur ces connaissances acquises.

## 1.3.2 Applications de l'apprentissage automatique dans la vie réelle

L'apprentissage automatique a trouvé de nombreuses applications dans la vie réelle, notamment :

1. **Reconnaissance vocale** : Les assistants virtuels comme Siri, Google Assistant et Alexa utilisent des algorithmes d'apprentissage automatique pour traiter et comprendre le langage parlé. Ces algorithmes sont formés sur de grands ensembles de données de parole humaine, ce qui les aide à reconnaître différents accents, dialectes et langues.
2. **Reconnaissance d'images** : les algorithmes d'apprentissage automatique sont utilisés pour reconnaître automatiquement des objets, des personnes ou des activités dans des images ou des vidéos. Cette technologie alimente des applications telles que Google Photos, qui peuvent marquer et organiser automatiquement vos photos en fonction des personnes ou des objets de l'image.
3. **Détection des fraudes** : les institutions financières utilisent l'apprentissage automatique pour détecter les modèles d'activités frauduleuses dans les transactions par carte de crédit, l'activité des comptes bancaires ou les transactions boursières. En analysant de grandes quantités de données transactionnelles, ces algorithmes peuvent identifier des comportements suspects révélateurs de fraude et alerter les autorités compétentes.
4. **Santé** : L'apprentissage automatique est utilisé pour concevoir des plans de traitement plus efficaces, prédire les résultats des patients et découvrir de nouveaux composés médicamenteux. Une application prometteuse est

l'analyse d'images médicales, telles que les rayons X ou les IRM, pour diagnostiquer précocement des maladies ou des conditions.

5. **Véhicules autonomes** : les voitures autonomes exploitent des algorithmes d'apprentissage automatique pour analyser les données des capteurs, des caméras et des radars en temps réel. Cela permet au véhicule de prendre des décisions éclairées concernant la navigation, la détection et l'évitement d'obstacles et le contrôle global de la voiture.

En conclusion, la trilogie des statistiques, des prévisions et de l'apprentissage automatique joue un rôle essentiel dans la formation de notre compréhension du monde et nous permet de prendre des décisions éclairées. En adoptant ces concepts dans des scénarios réels, les organisations peuvent non seulement rester compétitives, mais aussi créer un monde plus dynamique, efficace et inclusif.

# 1. Introduction aux statistiques, aux prévisions et à l'apprentissage automatique dans la vie réelle

À l'ère du big data, de l'analyse et de l'intelligence artificielle, les statistiques, les prévisions et l'apprentissage automatique sont devenus des outils essentiels pour quantifier, évaluer et prédire des systèmes et des phénomènes complexes. Des entreprises optimisant leurs opérations aux chercheurs explorant de nouvelles frontières, ces méthodes nous aident à analyser et interpréter les données, à générer des informations et à faciliter une prise de décision plus éclairée. Dans cette section, nous présenterons les principes fondamentaux de ces outils puissants et démontrerons comment ils peuvent être appliqués dans divers scénarios réels.

# 1.1 Pourquoi est-il important d'apprendre les statistiques, les prévisions et l'apprentissage automatique dans la vraie vie ?

Les experts et les professionnels de divers domaines sont confrontés à des problèmes de prise de décision de plus en plus complexes dans le monde d'aujourd'hui. Pour résoudre ces problèmes, l'utilisation des outils analytiques appropriés est cruciale. Par conséquent, il est important de comprendre et d'appliquer les statistiques, les prévisions et l'apprentissage automatique pour améliorer l'efficience et l'efficacité des décisions.

## 1.1.1 Avantages de l'application des statistiques et des prévisions

Les statistiques et les prévisions jouent un rôle important dans la compréhension du monde qui nous entoure. En exploitant la puissance de ces méthodes dans la vie réelle, nous pouvons :

1.  Identifiez les modèles et les tendances :
démystifiez les données complexes et révélez la
structure sous-jacente.
2.  Tester et vérifier les théories : grâce à des
tests d'hypothèses, nous pouvons valider ou
réfuter les affirmations concernant les relations
entre les variables.
3.  Prenez des décisions éclairées : faites des
prévisions et ajustez les actions futures en
fonction de l'analyse des données passées.
4.  Améliorer la communication : Représenter les
données de manière visuelle et concise, facilitant
une meilleure compréhension et interprétation.

## 1.1.2 Avantages de l'application de l'apprentissage automatique

L'apprentissage automatique est un domaine en
évolution rapide qui exploite les capacités des
ordinateurs à prendre des décisions et à faire des
prédictions à partir de données. Voici quelques-
uns des principaux avantages de l'application de
l'apprentissage automatique dans la vie réelle :

1.  Automatisation des tâches : les machines
peuvent apprendre à effectuer des tâches sans
programmation explicite, libérant ainsi du temps
pour que les humains se concentrent sur des
problèmes plus complexes.
2.  Prise de décision améliorée : les algorithmes
d'apprentissage automatique peuvent aider les
entreprises à prendre des décisions plus éclairées
sur la base de prévisions et de recommandations
basées sur des données.
3.  Amélioration de l'expérience client :
l'apprentissage automatique peut offrir des

expériences personnalisées et sur mesure aux clients en analysant leur comportement et leurs préférences.

4. Amélioration continue : contrairement aux modèles statiques, les modèles d'apprentissage automatique peuvent apprendre et s'adapter à mesure que de nouvelles données deviennent disponibles, ce qui permet d'obtenir des prévisions meilleures et plus précises au fil du temps.

# 1.2 Applications réelles des statistiques, des prévisions et de l'apprentissage automatique

Les applications de ces méthodes sont vastes et couvrent diverses industries et secteurs. Voici quelques exemples notables de leur utilité dans la vie réelle :

## 1.2.1 Prévision des ventes et gestion des stocks

La prévision des ventes consiste à estimer les ventes futures sur une période donnée. En utilisant les statistiques, les prévisions et l'apprentissage automatique, les entreprises peuvent mieux anticiper la demande, optimiser les niveaux de stock et réduire les ruptures de stock ou les situations de surstock.

## 1.2.2 Soins de santé et recherche médicale

Les chercheurs peuvent tirer parti des statistiques et de l'apprentissage automatique pour découvrir les relations entre les caractéristiques des patients, les traitements médicaux et les résultats de santé. Ces informations améliorent les soins aux patients, réduisent les coûts médicaux et éclairent les politiques de santé publique.

### 1.2.3 Marchés financiers

Les acteurs du marché tels que les banques, les fonds spéculatifs et les investisseurs individuels utilisent l'apprentissage automatique pour prédire les cours des actions, identifier les opportunités commerciales, gérer les risques et optimiser les allocations de portefeuille.

### 1.2.4 Détection et prévention des fraudes

Les modèles d'apprentissage automatique peuvent analyser de grandes quantités de données de transaction, en identifiant des modèles inhabituels qui peuvent signaler des activités frauduleuses. En détectant et en prévenant rapidement la fraude, les entreprises peuvent réduire les pertes et protéger leurs clients.

### 1.2.5 Traitement du langage naturel (TAL)

Les algorithmes d'apprentissage automatique traitent et analysent de grands volumes de données textuelles, permettant le résumé automatique du texte, l'analyse des sentiments, la traduction automatique et la détection du plagiat.

# 1.3 Défis et considérations

Bien que les avantages potentiels de l'application des statistiques, des prévisions et de l'apprentissage automatique dans la vie réelle soient immenses, il existe des défis inhérents :

1.  Qualité des données : il est essentiel de s'assurer que les données sont exactes et représentatives du problème à résoudre pour tirer des conclusions fiables et faire des prévisions précises.
2.  Considérations techniques et éthiques : Il est essentiel de trouver un équilibre entre les avantages potentiels et les risques, tels que les algorithmes biaisés, les problèmes de confidentialité et l'utilisation abusive de la technologie.
3.  Complexité et interprétabilité : les modèles complexes produisent parfois des sorties "boîte noire", ce qui rend difficile pour les non-experts de comprendre les mécanismes sous-jacents et les résultats de l'analyse.

Malgré ces défis, l'avenir des statistiques, des prévisions et de l'apprentissage automatique promet une innovation et une croissance continues. À mesure que de plus en plus d'industries et de secteurs reconnaissent le potentiel de ces méthodes, leurs applications réelles deviendront de plus en plus précieuses et omniprésentes.

# 1. Introduction aux statistiques, aux prévisions et à

# l'apprentissage automatique dans la vie réelle

Dans le monde actuel axé sur les données, avec la croissance exponentielle des informations créées et traitées, les méthodes d'analyse et de compréhension de ces données sont devenues plus importantes que jamais. Les statistiques, les prévisions et l'apprentissage automatique sont trois disciplines étroitement liées qui constituent l'épine dorsale des techniques modernes d'analyse de données. Dans cette section, nous donnerons un aperçu de ces concepts et de la manière dont ils sont appliqués dans des situations réelles, nous permettant de prendre des décisions basées sur des données, de prédire des événements futurs et d'automatiser des tâches complexes.

## 1.1 Le rôle des statistiques dans la vie réelle

La statistique est la science et la pratique de la collecte, de l'organisation, de l'analyse et de l'interprétation de données numériques pour mieux comprendre une grande variété de phénomènes. Les applications réelles des statistiques sont vastes et comprennent divers domaines tels que l'économie, les affaires, la santé, les sports et les sciences sociales.

Dans ces contextes, les statistiques nous aident à découvrir des modèles et des tendances, à comprendre les relations entre les variables et à prendre des décisions éclairées basées sur des preuves empiriques. Certaines applications

courantes des statistiques dans la vie réelle
comprennent :

* Estimation du salaire moyen, du coût de la vie
dans différentes villes et des taux d'inflation
* Analyser les préférences et les niveaux de
satisfaction des clients pour stimuler la croissance
de l'entreprise
* Évaluer l'efficacité des médicaments et des
méthodes de traitement dans les soins de santé
* Mesurer les performances et les compétences
des athlètes ou des équipes sportives
* Évaluer l'impact des politiques publiques sur
les indicateurs socio-économiques

## 1.2 Prévision : prédire l'avenir avec des données

La prévision est une technique statistique qui vise
à prédire des événements ou des conditions futurs
en analysant des données historiques. Il joue un
rôle crucial dans divers domaines, notamment
l'économie, la finance, la science du climat et bien
d'autres. Des prévisions précises aident les
particuliers, les entreprises et les gouvernements
à prendre de meilleures décisions et à se préparer
aux défis futurs.

Certaines applications réelles de la prévision
comprennent :

* Prévision météorologique : prévision des
modèles météorologiques pour aider à
l'agriculture, à la planification d'événements et à la
préparation aux catastrophes naturelles

- Prévisions économiques : prévoir les tendances des indicateurs économiques tels que le PIB, le taux d'inflation et le chômage pour faciliter l'élaboration des politiques et la planification financière
- Prévision du marché boursier : prévoir les cours boursiers futurs pour permettre de meilleures décisions d'investissement financier
- Prévision de la demande : estimation de la demande future de produits ou de services pour orienter la gestion des stocks et la planification de la production

## 1.3 Apprentissage automatique : apprendre aux ordinateurs à apprendre à partir des données

L'apprentissage automatique est un sous-domaine de l'intelligence artificielle (IA) qui se concentre sur le développement d'algorithmes permettant aux ordinateurs d'apprendre et d'améliorer leurs performances sur des tâches spécifiques grâce à l'expérience (c'est-à-dire en analysant des données). Dans la vraie vie, l'apprentissage automatique offre un outil de plus en plus puissant pour automatiser des tâches complexes, découvrir des modèles cachés et faire des prédictions basées sur des données à grande échelle.

Parmi les principales applications réelles de l'apprentissage automatique, citons :

- Traitement du langage naturel : Machines apprenant à comprendre les langues humaines, alimentant des applications telles que la

reconnaissance vocale, la traduction automatique et l'analyse des sentiments
- Traitement d'images et de vidéos : automatisation de tâches telles que la détection d'objets, la reconnaissance faciale et la classification de vidéos
- Systèmes de recommandation : prévoir les préférences des utilisateurs et recommander des articles, comme on le voit sur les plates-formes de recommandation d'achats en ligne, de films et de musique comme Amazon, Netflix et Spotify
- Détection de la fraude : analyse de gros volumes de transactions financières pour détecter des schémas inhabituels, indiquant potentiellement une activité frauduleuse
- Médecine personnalisée : développer des plans de traitement sur mesure pour les patients à l'aide d'algorithmes d'apprentissage automatique qui analysent des données spécifiques au patient, telles que des informations génétiques, des antécédents médicaux et des facteurs liés au mode de vie

## 1.4 L'intersection des statistiques, des prévisions et de l'apprentissage automatique

Les domaines des statistiques, des prévisions et de l'apprentissage automatique partagent un objectif commun : extraire des informations significatives à partir des données. Bien que ces techniques soient étroitement liées, elles se distinguent en termes de méthodologies sous-jacentes, d'hypothèses et d'applications.

Les statistiques se concentrent sur la réalisation d'inférences sur les caractéristiques de la population sur la base d'un échantillon de données, en utilisant des méthodes telles que le test d'hypothèses, l'estimation et l'analyse de régression. La prévision, quant à elle, traite principalement des données de séries chronologiques, visant à prédire des événements ou des conditions futurs en modélisant les tendances et les modèles historiques. L'apprentissage automatique diffère de ces deux domaines en ce qu'il implique le développement d'algorithmes capables d'apprendre automatiquement à partir de données et d'améliorer leurs performances sur des tâches sans être explicitement programmés pour le faire.

Malgré ces différences, les trois disciplines se croisent et se complètent souvent dans des applications réelles. Par exemple, les techniques avancées d'apprentissage automatique telles que l'apprentissage en profondeur et l'apprentissage par renforcement reposent sur les fondements de la théorie statistique. En outre, certaines applications nécessitent une combinaison d'approches de prévision et d'apprentissage automatique, telles que la prévision des cours des actions ou de la demande de produits dans un environnement dynamique et en évolution rapide.

**1.5 Défis et limites des applications réelles**

L'application des statistiques, des prévisions et de l'apprentissage automatique dans des situations réelles n'est pas sans défis. Certaines des difficultés courantes auxquelles les praticiens sont confrontés comprennent :

- Qualité des données : des données incomplètes, incohérentes ou biaisées peuvent conduire à des résultats trompeurs ou inexacts
- Complexité du modèle : trouver le bon équilibre entre la simplicité et la précision du modèle est essentiel pour éviter le surajustement (capturer le bruit dans les données) et le sous-ajustement (ne pas capturer les modèles essentiels)
- Causalité vs corrélation : L'identification des relations causales entre les variables est cruciale pour prendre des décisions éclairées, mais il est souvent difficile de distinguer la causalité de la simple association.
- Considérations éthiques : L'utilisation de ces techniques peut soulever des préoccupations éthiques, telles que des préjugés potentiels, de la discrimination et des problèmes de confidentialité.

En gardant ces défis et limitations à l'esprit, les praticiens doivent faire preuve de prudence lors de l'interprétation des résultats et de la mise en œuvre de stratégies basées sur les données dans des contextes réels.

## 1.6 Conclusion

En conclusion, l'application des statistiques, des prévisions et de l'apprentissage automatique dans la vie réelle nous permet de donner un sens aux volumes toujours croissants de données générées par notre monde moderne. Grâce à ces outils puissants, nous pouvons mieux comprendre les phénomènes complexes, prédire les événements futurs et automatiser les tâches, permettant ainsi aux particuliers, aux entreprises et aux gouvernements de prendre des décisions plus éclairées et d'améliorer leurs processus décisionnels.

# 1. Introduction aux statistiques, aux prévisions et à l'apprentissage automatique dans la vie réelle

Dans le monde actuel axé sur les données, l'analyse statistique, les prévisions et l'apprentissage automatique ont trouvé leur place dans divers aspects de notre vie quotidienne. Des soins de santé au marketing, de la finance au sport, de la politique aux médias sociaux, ces techniques ont inauguré une nouvelle ère de compréhension des données en constante évolution. Dans cette section, nous discuterons de l'importance et de l'application de ces techniques dans des scénarios réels, et de leur rôle dans l'autonomisation des individus et des organisations avec des informations précieuses.

## 1.1 Applications réelles de l'analyse statistique

L'analyse statistique implique la collecte, l'analyse, l'interprétation, la présentation et l'organisation des données. Cela nous aide à comprendre les tendances, les modèles et les relations entre les variables dans les données, ce qui guide la prise de décision et facilite la résolution de problèmes.

Voici quelques applications réelles qui démontrent l'importance de l'analyse statistique :

1. **Soins de santé** : Les professionnels de la santé utilisent l'analyse statistique pour étudier l'efficacité de nouveaux médicaments, les causes des maladies et l'efficacité de divers traitements. Par exemple, il aide à déterminer le succès des essais cliniques, la prévalence de certaines conditions et la précision des tests de diagnostic. Ces informations peuvent être utilisées pour améliorer les soins aux patients et éclairer les politiques de santé publique.
2. **Finance** : Les investisseurs, les banques et les assureurs s'appuient sur l'analyse statistique pour analyser les risques financiers, évaluer la performance des portefeuilles d'investissement et prendre des décisions éclairées. Des outils tels que l'analyse de régression, les prévisions de séries chronologiques et les simulations de Monte Carlo les aident à comprendre des modèles financiers complexes, à prévoir les tendances futures et à gérer efficacement les risques.
3. **Marketing** : Les statisticiens aident les entreprises à analyser les données des clients pour identifier les tendances, les préférences et les besoins. En comprenant le comportement des clients, les entreprises peuvent cibler leur publicité, segmenter leurs marchés et affiner leurs stratégies de tarification. Des techniques telles que les tests A/B, le clustering et l'analyse des sentiments fournissent des informations exploitables pour améliorer les performances des ventes et augmenter la part de marché.
4. **Sports** : les entraîneurs, les équipes et les athlètes exploitent l'analyse statistique pour

évaluer les performances, affiner les stratégies de jeu et prendre des décisions basées sur les données. L'analyse avancée permet de découvrir des schémas cachés, des domaines d'amélioration et des avantages concurrentiels potentiels, révolutionnant la façon dont les sports sont pratiqués, entraînés et gérés.

5. **Politique** : Les campagnes politiques et les instituts de sondage utilisent l'analyse statistique pour évaluer l'opinion publique, surveiller le comportement des électeurs et concevoir des stratégies pour persuader les électeurs indécis. En analysant les données des sondages, les gestionnaires de campagne peuvent cibler des données démographiques clés, affiner les messages de campagne et allouer les ressources plus efficacement.

## 1.2 Prévision dans la vraie vie

La prévision est l'art et la science de prédire des événements futurs sur la base de données historiques. Il joue un rôle central dans la planification, la prise de décision et l'évaluation des risques dans divers domaines. Explorons quelques applications réelles des techniques de prévision :

1. **Prévisions météorologiques** : Les météorologues s'appuient sur des modèles informatiques, des données historiques et d'autres entrées pour prédire les conditions météorologiques des jours, des semaines ou même des mois à l'avance. Des prévisions précises éclairent la planification d'urgence, les

opérations agricoles, la gestion de l'énergie et les systèmes de transport.

2.  **Prévisions économiques** : Les économistes utilisent des modèles de prévision pour prédire les indicateurs économiques clés tels que l'inflation, les taux de chômage et la croissance du PIB. Les gouvernements et les entreprises peuvent ensuite utiliser ces prévisions pour formuler des politiques budgétaires et monétaires ou pour se préparer à d'éventuels ralentissements économiques.

3.  **Gestion des stocks et de la chaîne d'approvisionnement** : les entreprises utilisent la prévision de la demande pour estimer la demande future des clients pour leurs produits, ce qui leur permet de maintenir des niveaux de stocks optimaux, de minimiser les ruptures de stock et d'améliorer la satisfaction des clients. De même, les prévisions peuvent éclairer les décisions concernant l'approvisionnement, la planification de la production et la distribution tout au long de la chaîne d'approvisionnement.

4.  **Ressources humaines** : les prévisions peuvent aider les organisations à anticiper leurs futurs besoins en personnel, leur permettant de prendre des décisions fondées sur des données concernant les stratégies d'embauche, de formation et de rétention. Des prévisions précises de la main-d'œuvre peuvent minimiser les écarts de compétences, réduire le roulement du personnel et garantir que les bonnes personnes occupent les bons postes au bon moment.

# 1.3 Apprentissage automatique dans des applications réelles

L'apprentissage automatique est le processus permettant aux ordinateurs d'apprendre et de prendre des décisions, sans être explicitement programmés. Il est devenu un outil essentiel pour résoudre des problèmes complexes dans des applications du monde réel. Voici quelques exemples :

1. **Détection de fraude** : les banques, les sociétés de cartes de crédit et les processeurs de paiement utilisent des algorithmes d'apprentissage automatique pour identifier les transactions suspectes, en les signalant pour une enquête plus approfondie. En analysant des ensembles de données volumineux, ces algorithmes peuvent rapidement identifier les modèles et les comportements qui indiquent une activité frauduleuse.

2. **Santé** : les algorithmes d'apprentissage automatique peuvent analyser des images médicales pour détecter des maladies ou des anomalies, prédire les résultats des patients et identifier les personnes à haut risque. Ces techniques peuvent aider les médecins à établir des diagnostics plus rapides et plus précis et à permettre des plans de traitement plus personnalisés.

3. **Traitement du langage naturel** : L'apprentissage automatique a permis des avancées significatives dans la compréhension et la génération du langage humain. Des applications telles que la reconnaissance vocale, l'analyse des sentiments et la traduction automatique ont transformé la façon dont les entreprises interagissent avec les clients et analysent les données textuelles.

4. **Véhicules autonomes** : les voitures autonomes s'appuient sur des algorithmes d'apprentissage automatique pour comprendre leur environnement, prendre des décisions et naviguer sur les routes en toute sécurité. En traitant les données des capteurs, des caméras et des systèmes radar, ces véhicules peuvent anticiper et réagir à des situations de circulation complexes, améliorant la sécurité et réduisant la congestion sur nos routes.

5. **Systèmes de recommandation** : les entreprises en ligne comme Amazon, Netflix et Spotify utilisent l'apprentissage automatique pour analyser le comportement, les préférences et l'historique de navigation des utilisateurs afin de générer des recommandations de produits personnalisées. Cela améliore l'expérience client et augmente la probabilité d'achats répétés.

En conclusion, les statistiques, les prévisions et l'apprentissage automatique sont des outils puissants qui améliorent notre compréhension du monde et nous aident à prendre des décisions plus éclairées. En adoptant ces techniques et en les intégrant dans nos vies, les individus et les organisations peuvent débloquer de nouvelles opportunités, affiner leurs stratégies et, en fin de compte, stimuler le progrès dans divers domaines. Les applications réelles mises en évidence dans cette section ne font qu'effleurer la surface de ce qui est possible, à mesure que de nouvelles techniques et avancées continuent d'émerger.

# 1. Introduction aux statistiques, aux prévisions et à l'apprentissage automatique dans la vie réelle

À mesure que nous progressons dans l'ère de l'information, les données sont devenues un élément clé de notre processus décisionnel. Que ce soit dans la finance, la santé ou tout autre secteur, comprendre les tendances et les modèles des données disponibles peut nous aider à tirer des conclusions éclairées et, par conséquent, à obtenir des résultats plus souhaitables dans notre vie personnelle ou professionnelle. À cet égard, il est essentiel d'avoir une solide compréhension des statistiques, des prévisions et de l'apprentissage automatique. Ces champs puissants nous aident non seulement à analyser et à comprendre les données disponibles, mais fournissent également le cadre et les outils pour développer des modèles capables de faire des prédictions et d'aider à la prise de décision. Ce chapitre sert d'introduction à la pertinence réelle de ces domaines et à la manière dont ils sont appliqués dans divers domaines.

# 1.1 L'analyse statistique et ses applications dans la vie réelle

L'analyse statistique concerne la collecte, l'organisation, l'analyse, l'interprétation et la présentation des données. Il traite de l'idée d'extraire des informations significatives à partir de données brutes et de les utiliser pour tirer des conclusions valables. Des méthodes statistiques appropriées peuvent aider à identifier les modèles et les tendances, ainsi qu'à évaluer les relations entre les variables. Voici quelques applications réelles des statistiques :

1.   *Soins de santé :* en médecine, des méthodes statistiques sont utilisées pour évaluer l'efficacité de nouveaux médicaments, traitements ou mesures préventives. Ils aident à déterminer si les effets observés sont significatifs ou simplement dus au hasard. Les essais cliniques, les études de cohorte et les méta-analyses sont des exemples de modèles de recherche qui utilisent les statistiques dans le domaine de la santé.
2.   *Gouvernement et élaboration des politiques :* les gouvernements s'appuient sur des décisions fondées sur des données pour allouer des ressources ou formuler des politiques. L'analyse statistique peut aider à comprendre les besoins d'une population, à améliorer les infrastructures, à optimiser l'allocation des ressources, à déterminer les taux de criminalité ou les problèmes environnementaux, et bien plus encore, ce qui aide à une meilleure prise de décision.
3.   *Finance et économie :* les statistiques jouent un rôle essentiel dans la finance et l'économie, de

la planification financière et de la gestion des
risques aux prévisions économiques. Par
exemple, l'analyse de régression est une
technique statistique courante utilisée pour étudier
les relations entre des variables telles que l'indice
boursier, les taux d'intérêt et la croissance du PIB.
4. *Sports :* les entraîneurs, les analystes et les
équipes utilisent des données statistiques et des
analyses pour évaluer les performances de
l'équipe, suivre leurs progrès et prendre des
décisions stratégiques afin de maximiser leurs
chances de gagner.

## 1.2 La prévision et ses applications réelles

La prévision est le processus consistant à faire
des prédictions sur des événements futurs sur la
base de données historiques, de modèles, de
tendances et de conditions actuelles à l'aide de
méthodes statistiques, d'algorithmes de calcul ou
de jugement. Des prévisions précises peuvent être
très bénéfiques dans divers domaines car elles
aident à la planification stratégique, à la gestion
des ressources et à la prise de décision. Voici
quelques applications réelles de la prévision :

1. *Prévisions météorologiques :* Les prévisions
météorologiques sont l'un des exemples les plus
connus de prévision. Les météorologues utilisent
une combinaison de données historiques, de
modèles statistiques et de simulations
atmosphériques pour prédire le temps avec
précision. Cela contribue à l'alerte précoce des

conditions météorologiques dangereuses telles que les ouragans, les tornades et les inondations, ce qui peut sauver des vies et des biens.

2. *Commerce et finance :* dans les affaires, la prévision est cruciale dans des domaines tels que la prévision de la demande, la prévision des ventes, la prévision financière et la planification de la main-d'œuvre. Il permet aux entreprises de prévoir les tendances du marché, d'allouer des ressources et de rationaliser leurs opérations, ainsi que d'atténuer les risques et les incertitudes.

3. *Agriculture :* des prévisions météorologiques et de rendement des cultures précises aident les agriculteurs à prendre de meilleures décisions concernant la sélection des cultures, les semis et les périodes de récolte. Ces informations peuvent avoir un impact direct sur les prix des denrées alimentaires, la gestion de la chaîne d'approvisionnement et la faim dans le monde.

4. *Secteur de l'énergie :* la prévision est essentielle pour la gestion et la planification de l'énergie, ce qui comprend la prévision de la demande d'électricité, la production d'énergie renouvelable et l'optimisation du fonctionnement des centrales électriques.

# 1.3 Machine Learning et ses applications réelles

L'apprentissage automatique est un sous-ensemble de l'intelligence artificielle qui se concentre sur la formation des ordinateurs à apprendre des données et à améliorer de manière autonome leurs performances grâce à l'expérience, plutôt que de les programmer explicitement pour le faire. Par conséquent, les algorithmes d'apprentissage automatique peuvent détecter des modèles, des tendances ou des anomalies dans les données, faire des prédictions et aider à une prise de décision optimale. Voici quelques applications réelles de l'apprentissage automatique :

1. *Détection automatisée des fraudes :* les modèles d'apprentissage automatique peuvent analyser de grandes quantités de données de transaction en temps réel et détecter des anomalies ou des écarts, réduisant ainsi la probabilité d'activités frauduleuses et améliorant la sécurité des systèmes financiers.
2. *Traitement du langage naturel :* L'apprentissage automatique a permis le développement de chatbots intelligents, d'assistants vocaux et de systèmes de traduction en traitant et en comprenant le langage humain. Ces applications sont largement utilisées dans le support client et la communication, ce qui se traduit par une expérience utilisateur plus efficace et personnalisée.
3. *Soins de santé :* les algorithmes d'apprentissage automatique ont trouvé leur utilisation dans divers domaines des soins de santé, tels que le diagnostic de maladies en analysant des images médicales, en prédisant les résultats des patients et en développant des plans de traitement personnalisés.
4. *Véhicules autonomes :* les voitures autonomes s'appuient sur les progrès réalisés dans l'apprentissage automatique, en particulier la vision par ordinateur et la fusion de capteurs, qui

permettent au véhicule de "voir" son
environnement et de prendre des décisions de
conduite sûres.

En conclusion, les domaines des statistiques, des
prévisions et de l'apprentissage automatique
jouent un rôle crucial dans divers aspects de notre
vie quotidienne, influençant les décisions que
nous prenons et les systèmes avec lesquels nous
interagissons. Une connaissance fondamentale de
ces domaines, associée à des applications
pratiques, peut aider les particuliers et les
professionnels à prendre de meilleures décisions
et à libérer tout le potentiel du monde axé sur les
données dans lequel nous vivons.

# Un guide complet des applications réelles des statistiques, des prévisions et de l'apprentissage automatique

Les avancées technologiques et notre
dépendance croissante aux données ont rendu la
compréhension des statistiques, des prévisions et
de l'apprentissage automatique plus importante
que jamais. Ces domaines ont des applications
réelles dans de nombreux domaines, notamment
les affaires, la santé, le sport, la finance, le
changement climatique et bien d'autres. Dans ce
guide, nous explorerons certains des principaux
cas d'utilisation de ces domaines et fournirons une
perspective pratique sur la manière dont ils
peuvent être appliqués pour obtenir des

informations précieuses et prendre des décisions éclairées qui favorisent le succès dans diverses industries.

### I.Applications commerciales

1. **Prévision des ventes** - En analysant les données de ventes historiques, les entreprises peuvent prévoir les ventes futures, gérer les niveaux de stocks et identifier les modèles de comportement des consommateurs. Cela les aide à allouer efficacement les ressources et à garder une longueur d'avance sur leurs concurrents. Les modèles d'apprentissage automatique, tels que les prévisions de séries chronologiques et l'analyse de régression, peuvent fournir des prévisions de ventes précises pour garantir des opérations fluides et réduire les incertitudes.

2. **Marketing et segmentation de la clientèle** - En tirant parti de l'analyse statistique et des algorithmes d'apprentissage automatique, les entreprises peuvent mieux comprendre leur public cible en identifiant les modèles et les tendances des données clients. Des techniques telles que le regroupement et les arbres de décision peuvent aider les entreprises à comprendre les préférences des clients, à créer des campagnes marketing personnalisées et à optimiser leurs stratégies marketing en fonction des segments de clientèle.

3. **Gestion des risques et détection des fraudes** - Les modèles statistiques et d'apprentissage automatique peuvent identifier les anomalies et les fraudes potentielles dans de grandes quantités de données transactionnelles. En créant et en formant des algorithmes sur des

cas de fraude historiques, les entreprises peuvent prévoir et empêcher les activités frauduleuses de se produire, en minimisant les pertes financières et en améliorant la sécurité de leurs processus.

## II. Applications de santé

1.  **Diagnostic et traitement des maladies** - Des techniques d'apprentissage automatique, telles que l'apprentissage supervisé et les réseaux de neurones, peuvent être appliquées pour analyser des images médicales et des dossiers de santé afin d'identifier plus précisément les maladies et de recommander des traitements. Ces algorithmes aident les médecins à prendre des décisions basées sur les données qui conduisent finalement à de meilleurs résultats pour les patients.
2.  **Prévision des épidémies** - En analysant les données historiques et les événements de santé actuels, à l'aide de méthodes telles que l'analyse de séries chronologiques, les chercheurs peuvent prédire les épidémies et concevoir des stratégies pour prévenir ou atténuer leur propagation, sauvant ainsi des vies et des ressources.
3.  **Découverte et développement de médicaments** - Les sociétés pharmaceutiques utilisent de plus en plus des techniques d'apprentissage automatique dans le processus de découverte de médicaments. Des modèles avancés comme l'apprentissage en profondeur peuvent analyser les structures moléculaires et identifier plus efficacement de nouvelles thérapies potentielles, réduisant considérablement le temps et le coût du développement de médicaments.

## III. Analyse sportive

1. **Analyse des performances et évaluation des joueurs** - Les informations basées sur les données sont devenues essentielles dans le sport pour comprendre les performances des joueurs dans diverses situations de jeu. À l'aide de modèles statistiques et d'apprentissage automatique, les équipes peuvent analyser de grands volumes de données de jeu historiques pour déterminer les forces et les faiblesses de chaque joueur, ce qui permet de meilleures décisions de recrutement et d'entraînement.

2. **Prévention des blessures et réadaptation** - Les données sur les blessures sportives peuvent être analysées à l'aide d'algorithmes d'apprentissage automatique pour prédire la probabilité de blessure pour les athlètes individuels en fonction des données historiques et des facteurs du jeu. Ces prévisions peuvent aider les entraîneurs à prendre des décisions éclairées concernant la charge de travail des joueurs, à adapter les programmes d'entraînement et à mettre en œuvre des mesures préventives.

## IV. Demandes financières

1. **Prévision du cours des actions** - En analysant les cours historiques des actions, à l'aide de modèles d'apprentissage automatique tels que les réseaux de neurones récurrents (RNN), les institutions financières peuvent prédire les tendances futures et prendre des décisions d'investissement basées sur les données.

2. **Évaluation du risque de crédit** - Les banques et les fournisseurs de services financiers peuvent utiliser des modèles statistiques et des approches d'apprentissage automatique pour mieux évaluer

la solvabilité des emprunteurs en évaluant les données de transaction historiques, les habitudes de dépenses et d'autres facteurs pertinents pour prendre des décisions de prêt en temps réel.

## V. Changement climatique et applications environnementales

1.  **Modélisation et prévision du climat** - En analysant les données climatiques historiques et en construisant des modèles d'apprentissage automatique, les scientifiques peuvent prédire les futurs modèles météorologiques, y compris la température, les précipitations et l'activité des tempêtes. Ces prévisions aident les décideurs politiques, les entreprises et les communautés à prendre les mesures appropriées et à s'adapter au changement climatique.
2.  **Conservation écologique** - Des algorithmes d'apprentissage automatique peuvent être appliqués pour étudier les populations animales, les habitats et les schémas de migration, aidant les défenseurs de l'environnement à prendre des décisions fondées sur des données pour protéger les écosystèmes et préserver plus efficacement les espèces menacées.

En conclusion, les statistiques, les prévisions et l'apprentissage automatique sont devenus des outils essentiels pour relever les défis du monde réel dans divers domaines. En tirant parti de la puissance des données et en mettant en œuvre ces modèles dans des secteurs allant des affaires aux soins de santé, aux sports, à la finance et à l'environnement, nous pouvons prendre des décisions plus éclairées, optimiser les ressources et découvrir des solutions révolutionnaires qui stimulent l'innovation et favorisent le succès.

# Chapitre 4.4 : Intégrer les statistiques, les prévisions et l'apprentissage automatique dans la vie quotidienne

Dans cette section, nous discuterons de la façon dont les statistiques, les prévisions et l'apprentissage automatique peuvent jouer un rôle déterminant dans notre vie quotidienne. De la prise de décision personnelle aux industries professionnelles, ces méthodes ont un large éventail d'applications qui nous permettent de naviguer dans les complexités du monde.

## 4.4.1 Prise de décision personnelle

Les techniques apprises dans les statistiques, les prévisions et l'apprentissage automatique peuvent s'avérer particulièrement utiles lors de la prise de décisions importantes dans notre vie personnelle, telles que l'achat d'une maison, la planification de la retraite ou même la formation. Vous trouverez ci-dessous quelques exemples de la manière dont ces outils peuvent être utilisés dans la prise de décision personnelle.

**Exemple 1 – Achat d'une maison :** Lors de l'achat d'une maison, divers facteurs entrent en jeu tels que l'emplacement, le prix, la taille et l'accessibilité. En utilisant des méthodes statistiques, les acheteurs potentiels peuvent comparer des maisons similaires dans la région et évaluer si le prix demandé est raisonnable ou non. De plus, les méthodes de prévision peuvent aider à prévoir la croissance future du quartier, les taxes foncières et la valeur de revente potentielle. Les algorithmes d'apprentissage automatique peuvent produire des recommandations plus précises pour les maisons en fonction des préférences de l'acheteur.

**Exemple 2 – Planification de la retraite :** La planification de la retraite implique l'analyse du rendement de diverses stratégies de placement, l'estimation de l'épargne requise et la prévision de la durée de vie des fonds. Les statistiques nous permettent de prendre des décisions éclairées sur la répartition de la richesse, les prévisions aident à anticiper les besoins financiers futurs et les techniques d'apprentissage automatique peuvent optimiser les investissements pour une croissance à long terme.

**Exemple 3 – Choix d'études :** La sélection d'un collège, d'une majeure ou d'un programme d'études implique souvent de comparer de nombreuses options en fonction des salaires potentiels, des opportunités d'emploi et des niveaux de satisfaction globale. En tirant parti de l'analyse statistique, les étudiants peuvent prendre des décisions fondées sur des données concernant leur parcours scolaire. La prévision des futurs marchés du travail peut aider à sélectionner un domaine d'études qui offrira de meilleures perspectives d'emploi, tandis que les outils d'apprentissage automatique peuvent aider les étudiants à trouver des écoles qui correspondent à leurs profils uniques.

## 4.4.2 Applications professionnelles

Dans divers secteurs, les statistiques, les prévisions et l'apprentissage automatique jouent un rôle essentiel dans l'optimisation des processus, la réduction des coûts et la prise de décisions basées sur les données. Cette section explorera quelques exemples spécifiques d'applications dans des environnements professionnels.

**Exemple 4 – Soins de santé :** les prestataires de soins de santé s'appuient de plus en plus sur les statistiques pour prendre des décisions fondées sur des données concernant les soins aux patients. Cela peut inclure l'analyse de données d'essais cliniques pour évaluer de nouveaux traitements ou prévoir la propagation de maladies infectieuses. Les algorithmes d'apprentissage automatique peuvent être utilisés pour améliorer les diagnostics médicaux ou prédire les résultats des patients sur la base de données historiques.

**Exemple 5 – Vente au détail et marketing :** les détaillants et les spécialistes du marketing utilisent des analyses statistiques pour comprendre le comportement des consommateurs, évaluer les performances des campagnes et allouer des ressources. Par exemple, les tests A/B peuvent aider à identifier les stratégies les plus efficaces pour augmenter les conversions. Les méthodes de prévision peuvent prédire les tendances saisonnières ou les besoins d'inventaire, tandis que les outils d'apprentissage automatique peuvent personnaliser les communications marketing destinées aux clients individuels, améliorant ainsi leur expérience globale.

**Exemple 6 – Finance et banque :** Les institutions financières utilisent des méthodes statistiques pour gérer les risques, évaluer la solvabilité et identifier les activités frauduleuses. Les modèles de prévision permettent de prédire les tendances économiques, les mouvements boursiers ou les taux d'intérêt. L'apprentissage automatique est de plus en plus utilisé pour développer des stratégies de trading ou automatiser la prise de décision dans le secteur financier.

## 4.4.3 Société et élaboration des politiques

Les gouvernements et les décideurs politiques peuvent tirer parti de la puissance des statistiques, des prévisions et de l'apprentissage automatique pour éclairer les politiques publiques, gérer les ressources et améliorer le bien-être général de la société. Voici quelques exemples :

**Exemple 7 – Surveillance environnementale :** Les gouvernements utilisent des données statistiques pour analyser les tendances environnementales et quantifier l'impact de diverses initiatives. Les modèles de prévision peuvent aider à prédire l'état futur de l'environnement, à identifier les risques potentiels et à planifier le développement durable. Les algorithmes d'apprentissage automatique peuvent être utilisés pour analyser l'imagerie satellite afin de détecter des signes de déforestation, de pollution ou d'autres problèmes environnementaux.

**Exemple 8 – Urbanisme et infrastructure :** Les villes et les municipalités peuvent utiliser des statistiques pour comprendre les besoins de leurs collectivités, gérer des ressources limitées et optimiser les investissements dans les infrastructures. Les modèles de prévision peuvent aider à anticiper la croissance démographique ou les modèles de trafic, tandis que les outils d'apprentissage automatique peuvent être utilisés pour optimiser les itinéraires de transport public ou développer des infrastructures plus économes en énergie.

**Exemple 9 – Santé publique :** Les organisations de santé publique utilisent des méthodes statistiques pour suivre la propagation des maladies, évaluer l'efficacité des mesures préventives et allouer des ressources pour le traitement. Les modèles de prévision peuvent projeter les besoins futurs en soins de santé, permettant aux gouvernements de planifier des établissements et des services de santé adéquats. L'apprentissage automatique peut aider à identifier les facteurs qui contribuent à la propagation de la maladie ou aider à développer des campagnes d'éducation ciblées.

Dans l'ensemble, les applications des statistiques, des prévisions et de l'apprentissage automatique sont très variées et ont le potentiel d'améliorer considérablement notre vie quotidienne. Apprendre à intégrer ces méthodes dans la prise de décision et la résolution de problèmes peut conduire à des choix plus éclairés et à des prédictions précises, au bénéfice ultime des individus, des entreprises et de la société dans son ensemble.

# Chapitre 4 : Applications de la prise de décision basée sur les données : démystifier les techniques et les cas d'utilisation réels

Dans le monde d'aujourd'hui, la prise de décision basée sur les données est devenue essentielle dans diverses industries. Les décideurs s'appuient sur des méthodes statistiques, des analyses prédictives et des modèles d'apprentissage automatique pour obtenir des informations, prévoir les tendances futures et optimiser les opérations commerciales. Dans ce chapitre, nous examinerons en détail les cas d'utilisation réels spécifiques et les applications de ces techniques basées sur les données dans différents secteurs. Mais avant de plonger là-dedans, récapitulons quelques concepts fondamentaux qui forment la base de ces méthodes.

# 4.1 Récapitulatif : statistiques, prévisions et apprentissage automatique

### 4.1.1 Statistiques

La statistique est la science qui traite de la collecte, de l'analyse, de l'interprétation et de la présentation des données. Cela nous aide à comprendre les modèles et les tendances des données et à tirer des conclusions sur la base de ces observations. Il existe deux branches principales des statistiques :

1.  Statistiques descriptives : techniques permettant de résumer et de décrire les caractéristiques d'un ensemble de données, telles que la moyenne, le mode, la médiane, la variance et l'écart type.
2.  Statistiques inférentielles : techniques utilisées pour faire des généralisations et des prédictions sur des populations basées sur des échantillons, en utilisant des concepts tels que la corrélation, la régression, le test d'hypothèses et la probabilité.

### 4.1.2 Prévision

La prévision utilise des techniques basées sur les données pour prédire les événements, les tendances ou les résultats futurs en fonction des données historiques. Il est largement applicable dans divers domaines, notamment la finance, l'économie, la météorologie et les transports. Les techniques de prévision peuvent être classées en :

1.  Méthodes qualitatives : ces méthodes utilisent le jugement d'experts et des données subjectives pour établir des prévisions, comme la méthode Delphi ou les études de marché.
2.  Méthodes quantitatives : Ces approches s'appuient sur des données historiques et des modèles mathématiques pour faire des prédictions. Les exemples incluent l'analyse de séries chronologiques, les moyennes mobiles et le lissage exponentiel.

### 4.1.3 Apprentissage automatique

L'apprentissage automatique (ML) est un sous-ensemble de l'intelligence artificielle qui utilise des algorithmes pour apprendre à partir de données, identifier des modèles et prendre des décisions ou des prédictions sans intervention humaine directe. Les techniques de ML peuvent être globalement divisées en trois catégories :

1.  Apprentissage supervisé : Apprentissage à partir d'exemples étiquetés où la sortie correcte est connue, comme la classification et la régression. Les exemples incluent la régression linéaire, les arbres de décision et les machines à vecteurs de support.
2.  Apprentissage non supervisé : apprendre à partir de données non étiquetées pour découvrir des modèles ou des structures cachés, comme le regroupement et la réduction de la dimensionnalité. Les exemples incluent le clustering K-means, PCA et DBSCAN.

3. Apprentissage par renforcement : Apprendre en interagissant avec un environnement, où un agent apprend à prendre des décisions en prenant des mesures qui maximisent les récompenses cumulatives ou minimisent les pénalités. Des exemples d'algorithmes incluent Q-learning et SARSA.

Maintenant que nous avons une compréhension de base de ces concepts, explorons leurs applications réelles dans divers domaines.

# 4.2 Applications en finance

### 4.2.1 Optimisation du portefeuille

Les gestionnaires d'investissement utilisent souvent des modèles statistiques et des algorithmes d'apprentissage automatique pour optimiser leurs portefeuilles d'investissement. Ils analysent les données historiques et les corrélations entre les taux de rendement de divers actifs et appliquent des techniques d'optimisation comme la théorie du portefeuille de Markowitz pour maximiser les rendements tout en minimisant les risques.

### 4.2.2 Commerce algorithmique

De nombreuses sociétés de trading utilisent des algorithmes pour effectuer des transactions à haute fréquence à l'aide de modèles statistiques et d'apprentissage automatique. Ils utilisent l'analyse de séries chronologiques et l'analyse prédictive pour prévoir les tendances du marché, identifier les opportunités d'arbitrage et exécuter des stratégies de trading avec une intervention humaine minimale.

# 4.3 Applications dans les soins de santé

### 4.3.1 Prédiction et diagnostic des maladies

Les algorithmes d'apprentissage automatique ont permis de prédire et de diagnostiquer les maladies avec une précision remarquable à l'aide de données médicales telles que les dossiers de santé électroniques, les données génomiques et les images médicales. Par exemple, les modèles d'apprentissage en profondeur ont réussi à détecter diverses conditions médicales telles que le cancer, le diabète et les maladies cardiaques sur la base de ces sources de données.

### 4.3.2 Médecine personnalisée

Des modèles statistiques avancés et des techniques d'apprentissage automatique aident les professionnels de la santé à développer des traitements personnalisés pour les patients. En analysant des facteurs tels que les données des patients, les informations génétiques et les habitudes de vie, les médecins peuvent identifier les meilleurs traitements possibles adaptés aux besoins spécifiques de chaque patient.

# 4.4 Applications dans le commerce de détail

## 4.4.1 Prévision de la demande et gestion des stocks

Les détaillants utilisent des analyses prédictives et des modèles d'apprentissage automatique pour prévoir la demande de produits, gérer les stocks et optimiser les opérations de la chaîne d'approvisionnement. Des techniques telles que l'analyse de séries chronologiques, la régression et le regroupement aident les détaillants à identifier les tendances, la saisonnalité et les préférences des clients, en s'assurant qu'ils stockent les bons produits au bon moment.

## 4.4.2 Segmentation de la clientèle et marketing ciblé

En exploitant les données clients, les détaillants peuvent identifier des segments de clientèle distincts et adapter leurs efforts de marketing. Les algorithmes d'apprentissage automatique tels que le regroupement et la classification peuvent aider les entreprises à mieux comprendre les préférences et les comportements d'achat de leurs clients, permettant des campagnes marketing ciblées et des offres personnalisées pour stimuler les ventes et la fidélité des clients.

# 4.5 Applications dans les transports

## 4.5.1 Prévision et gestion du trafic

Les villes et les agences de transport utilisent des données historiques et des modèles prédictifs pour prévoir les modèles de trafic, optimiser les réseaux de transport et réduire la congestion. Des techniques telles que l'analyse de séries chronologiques et les modèles d'apprentissage automatique peuvent aider à prévoir l'impact de la météo, des événements spéciaux et des conditions routières sur le flux de trafic, permettant une meilleure planification et gestion des systèmes de transport.

## 4.5.2 Véhicules autonomes

L'apprentissage automatique, en particulier l'apprentissage en profondeur et l'apprentissage par renforcement, joue un rôle crucial dans le développement de systèmes avancés d'aide à la conduite (ADAS) et de véhicules autonomes. Les algorithmes aident les véhicules à percevoir leur environnement, à prendre des décisions et à naviguer en toute sécurité en apprenant à partir de grandes quantités de données, telles que des images, des Lidar et des signaux radar.

# 4.6 Applications dans la fabrication

### 4.6.1 Contrôle qualité et détection des défauts

Les fabricants utilisent de plus en plus des techniques d'apprentissage automatique, telles que la reconnaissance d'images et les algorithmes de classification, pour inspecter les produits et détecter automatiquement les défauts. Cela permet d'assurer une qualité constante, de réduire les erreurs d'inspection humaine et de minimiser les déchets résultant de produits défectueux.

### 4.6.2 Maintenance prédictive

En analysant les données des capteurs et les données historiques de défaillance de l'équipement, les algorithmes d'apprentissage automatique peuvent prédire la probabilité d'une défaillance de l'équipement et recommander des calendriers de maintenance optimaux. Cette approche proactive de la maintenance réduit les temps d'arrêt, diminue les coûts de maintenance et améliore les performances globales de l'équipement.

En conclusion, les techniques modernes basées sur les données telles que les statistiques, les prévisions et l'apprentissage automatique ont trouvé de nombreuses applications dans divers secteurs, transformant la façon dont les entreprises fonctionnent et prennent des décisions. En exploitant la puissance des données, les décideurs peuvent obtenir des informations précieuses, identifier les tendances et prendre des décisions éclairées pour optimiser les opérations, réduire les coûts et stimuler la croissance.

# Mise en œuvre des statistiques, des prévisions et de l'apprentissage automatique dans des applications réelles

Dans le monde actuel axé sur les données, les statistiques, les prévisions et l'apprentissage automatique (ML) se sont révélés être des outils inestimables pour résoudre des problèmes complexes et améliorer le processus de prise de décision dans un large éventail de domaines, notamment les affaires, la finance, la santé et la science. recherche. L'utilisation de ces techniques dans des applications réelles est non seulement bénéfique mais parfois vitale pour l'extraction d'informations précieuses à partir des volumes toujours croissants de données disponibles. Cette section décrit quelques étapes sur la façon de mettre en œuvre des techniques statistiques, de faire des prévisions et d'appliquer des modèles d'apprentissage automatique dans des applications du monde réel.

## Identification du problème

La première étape de la mise en œuvre de toute technique d'analyse de données consiste à définir le problème à résoudre. Il est essentiel d'identifier correctement les objectifs, la portée et l'impact potentiel du problème. Voici quelques questions pour vous aider à identifier le problème :

- Quels sont les objectifs de l'analyse ? Prédisez-vous des résultats futurs, recherchez-vous des schémas cachés ou identifiez-vous des anomalies ?
- Quel type de données est disponible ? Est-il propre et complet, ou nécessite-t-il un prétraitement important ?
- Quels sont les acteurs concernés ? Il peut s'agir de gestionnaires, de clients ou d'utilisateurs finaux.
- Quel est le domaine spécifique ou les connaissances de base qui peuvent aider à fournir un contexte pour l'analyse ?

**Acquisition et prétraitement des données**

Après avoir compris le problème à résoudre, il est crucial de collecter et de prétraiter les données. Les données peuvent provenir de diverses sources, telles que des bases de données structurées, des API, du grattage Web ou une saisie manuelle. Selon la nature ou le format des données, différentes étapes de prétraitement peuvent être nécessaires pour les préparer à l'analyse, telles que le nettoyage des données, la gestion des valeurs manquantes, la transformation des types de données ou la normalisation.

**Choisir la bonne technique statistique ou l'algorithme d'apprentissage automatique**

La détermination de la bonne technique statistique ou de l'algorithme d'apprentissage automatique dépend du type de problème, de la nature des données et du résultat attendu. Voici quelques exemples:

- Les techniques de régression, telles que la régression linéaire ou la régression vectorielle de support, peuvent être utilisées pour les problèmes de prédiction numérique, comme la prévision des ventes ou des prix des logements.
- Les algorithmes de classification, tels que la régression logistique ou les k plus proches voisins, peuvent être utilisés pour prédire des résultats catégoriels, tels que le taux de désabonnement des clients, le défaut de paiement ou le diagnostic médical.
- Les techniques de clustering, telles que les k-means ou le clustering hiérarchique, peuvent être appliquées à des problèmes d'apprentissage non supervisé lorsque l'objectif est de découvrir des modèles cachés ou de regrouper des données.
- Les techniques d'analyse de séries chronologiques, comme la moyenne mobile intégrée autorégressive (ARIMA), peuvent être utilisées pour les problèmes de prévision de séries chronologiques univariées.

**Formation, évaluation et sélection de modèles**

Une fois que le ou les algorithmes statistiques ou d'apprentissage automatique appropriés sont identifiés, il est temps de former, d'évaluer et de sélectionner le ou les meilleurs modèles. Voici quelques étapes à suivre :

1. **Divisez l'ensemble de données** en un ensemble d'entraînement pour l'entraînement du modèle et un ensemble de test pour évaluer les

performances du modèle. En règle générale, un rapport de fractionnement train-test de 7030 ou 8020 est fréquemment utilisé.

2.  **Ajustez le(s) modèle(s)** aux données d'apprentissage. Pour les algorithmes d'apprentissage automatique, cette étape implique généralement le réglage des hyperparamètres et l'optimisation du modèle.

3.  **Validez et évaluez le ou les modèles** à l'aide de la validation croisée et de diverses mesures de performance telles que l'exactitude, la précision, le rappel, le score F1 ou l'erreur quadratique moyenne.

4.  **Sélectionnez le ou les meilleurs modèles** en fonction des mesures de performance et des considérations spécifiques au domaine, telles que le compromis entre simplicité et complexité ou interprétabilité et précision.

## Déploiement et surveillance du modèle

Après avoir sélectionné le ou les modèles les mieux adaptés, il est essentiel de déployer le ou les modèles pour une utilisation dans le monde réel. Cette étape peut impliquer :

- Intégrer le(s) modèle(s) dans les systèmes de production, par exemple en intégrant des modèles d'apprentissage automatique dans des applications ou en les rendant disponibles via des services Web ou des API.
- Communiquer les résultats de l'analyse aux parties prenantes, comme préparer des rapports ou des visualisations pour expliquer les résultats et leurs implications.

- Surveiller les performances du modèle et le mettre à jour ou le recycler lorsque de nouvelles données deviennent disponibles. Ceci est important car les performances du modèle peuvent se dégrader avec le temps à mesure que les données pertinentes ou les caractéristiques du problème changent.

**Dernier plat à emporter**

La mise en œuvre de statistiques, de prévisions et de techniques d'apprentissage automatique dans des applications réelles peut sembler décourageante à première vue, mais la décomposer en étapes ci-dessus peut simplifier le processus. En identifiant le problème, en comprenant les données, en choisissant la technique ou l'algorithme approprié et en déployant le modèle tout en surveillant en permanence ses performances, les analystes et les scientifiques des données peuvent considérablement améliorer la prise de décision et obtenir de meilleures informations dans divers scénarios du monde réel.

---

# La puissance de l'intégration des statistiques, des prévisions et de l'apprentissage automatique pour les applications du monde réel

Dans le monde actuel axé sur les données, tirer parti de la puissance des statistiques, des prévisions et de l'apprentissage automatique peut offrir des avantages significatifs et des informations plus approfondies sur les problèmes complexes auxquels nous sommes confrontés au quotidien. En appliquant ces techniques, nous pouvons découvrir des schémas cachés, prendre des décisions plus éclairées et développer des stratégies pour optimiser nos actions pour de meilleurs résultats. Cette section explique comment l'intégration des statistiques, des prévisions et de l'apprentissage automatique peut être appliquée dans des situations réelles pour arriver à des solutions bénéfiques.

**Prendre des décisions basées sur les données**

Avant de nous plonger dans les méthodologies et les applications du sujet, il est primordial de reconnaître le rôle central que jouent les données dans l'amélioration de l'efficacité de notre processus de prise de décision. Les données imprègnent presque tous les aspects de nos vies, que ce soit dans les soins de santé, la finance, l'éducation ou tout autre domaine. Par conséquent, la capacité à tirer des enseignements significatifs des données est devenue essentielle pour les décideurs qui aspirent à avoir des impacts durables.

En utilisant des techniques d'analyse statistique et d'apprentissage automatique, nous pouvons examiner rigoureusement les données pour découvrir des modèles et des relations cachés, obtenir un soutien empirique pour nos hypothèses et quantifier les incertitudes associées à nos décisions. En conséquence, les entreprises et les organisations peuvent devenir de plus en plus agiles, basant leurs actions sur des données plutôt que sur l'intuition.

## Prévision avec des techniques statistiques

La prévision est la pratique consistant à faire des prédictions et des estimations éclairées sur des événements futurs sur la base de données historiques, de tendances et de modèles. Plusieurs techniques statistiques peuvent être utilisées pour les prévisions, telles que l'analyse de séries chronologiques, les modèles de régression et les méthodes de lissage exponentiel.

L'analyse de séries chronologiques est une méthode de prévision populaire qui consiste à examiner les points de données collectés au fil du temps pour identifier les tendances et les modèles. En comprenant ces tendances et modèles, nous pouvons les extrapoler pour prédire le comportement futur. Les exemples d'analyse de séries chronologiques incluent les moyennes mobiles, les modèles de moyenne mobile intégrée autorégressive (ARIMA) et les modèles d'espace d'état de lissage exponentiel.

Les modèles de régression, quant à eux, étudient la relation entre une variable dépendante (c'est-à-dire la variable que nous voulons prédire) et une ou plusieurs variables indépendantes (c'est-à-dire les caractéristiques qui aident à prédire la variable dépendante). Ceux-ci peuvent inclure la régression linéaire, la régression logistique et la régression multiple, entre autres.

## Machine Learning pour la prédiction et l'optimisation

L'apprentissage automatique est un sous-ensemble de l'intelligence artificielle qui permet aux ordinateurs d'apprendre à partir de données, généralement dans le but de faire des prédictions ou d'optimiser des actions. Dans le contexte des applications du monde réel, l'apprentissage automatique peut être classé en trois types principaux : l'apprentissage supervisé, l'apprentissage non supervisé et l'apprentissage par renforcement.

1.  Apprentissage supervisé : dans l'apprentissage supervisé, nous avons accès à un ensemble de données étiqueté, où chaque instance de données est associée à une valeur ou une étiquette cible. L'objectif est d'apprendre un mappage des entrées aux sorties basé sur cet ensemble de données. Cela peut être utilisé pour des tâches de régression (prédiction de valeurs continues) ou des tâches de classification (prédiction de catégories discrètes). Les techniques utilisées dans l'apprentissage supervisé comprennent la régression linéaire, les arbres de décision, les machines à vecteurs de support et les modèles d'apprentissage en profondeur.
2.  Apprentissage non supervisé : dans l'apprentissage non supervisé, l'ensemble de données ne contient pas d'étiquettes cibles, l'objectif est donc de découvrir des modèles ou une structure cachée dans les données elles-

mêmes. Cela peut être particulièrement utile pour des tâches telles que le clustering, la réduction de dimensionnalité ou la détection d'anomalies. Des exemples de techniques d'apprentissage non supervisé comprennent le clustering k-means, le clustering hiérarchique, l'analyse en composantes principales (PCA) et les auto-encodeurs.
3. Apprentissage par renforcement : L'apprentissage par renforcement est un type d'apprentissage automatique dans lequel un agent apprend à prendre des décisions en interagissant avec un environnement. L'agent reçoit des commentaires sous forme de récompenses ou de pénalités et vise à maximiser ses récompenses cumulées au fil du temps. Cette approche est particulièrement utile pour les problèmes de prise de décision dynamique ou d'optimisation, tels que la conception de systèmes de recommandation intelligents, l'optimisation des processus de fabrication ou la création de stratégies de navigation pour les véhicules autonomes.

**Applications du monde réel**

L'impact de l'intégration des statistiques, des prévisions et de l'apprentissage automatique peut se faire sentir dans une myriade d'industries et de secteurs. Voici quelques exemples concrets :

* Soins de santé : la prévision des épidémies, l'optimisation des plans de soins des patients et l'estimation des risques de réadmission des patients sont quelques-unes des façons dont ces techniques sont utilisées dans les établissements de santé.

- Finance : de nombreuses institutions financières et sociétés d'investissement s'appuient sur des analyses avancées pour prévoir les tendances du marché, gérer les risques et optimiser les portefeuilles d'investissement.
- Commerce de détail : les principaux détaillants utilisent des algorithmes d'apprentissage automatique pour une meilleure prévision de la demande, une optimisation des prix et des campagnes marketing personnalisées.
- Fabrication : l'analyse avancée peut rationaliser les processus de production en prédisant les pannes des machines, en minimisant les temps d'arrêt et en simulant les améliorations potentielles via des techniques d'optimisation.
- Sports : Les équipes sportives professionnelles ont commencé à intégrer des méthodes sophistiquées d'analyse de données pour repérer les talents, développer des stratégies de jeu et améliorer les performances des joueurs.
- Environnement : Les chercheurs en environnement utilisent des modèles statistiques pour prédire les tendances climatiques et étudier l'impact écologique des activités humaines.

En conclusion, l'intégration des statistiques, des prévisions et des techniques d'apprentissage automatique dans des contextes réels offre des informations et des capacités sans précédent qui peuvent grandement améliorer la façon dont nous comprenons et affrontons les défis qui nous attendent. En affinant continuellement ces méthodes et en exploitant la puissance des données, nous pouvons stimuler l'innovation, résoudre des problèmes complexes et, finalement, créer un avenir meilleur.

# 2. Statistiques essentielles : probabilité, analyse descriptive et inférentielle

## 2. Statistiques essentielles : probabilité, analyse descriptive et inférentielle

Dans cette section, nous présenterons les concepts fondamentaux de l'analyse probabiliste, descriptive et inférentielle, qui sont essentiels dans l'application des statistiques, des prévisions et des techniques d'apprentissage automatique aux problèmes du monde réel. Nous explorerons comment ces concepts jettent les bases de la compréhension, de l'interprétation et de l'utilisation des mesures statistiques dans la vie quotidienne et dans diverses industries.

### 2.1 Probabilité

La probabilité est une mesure de la probabilité qu'un résultat ou un événement particulier se produise dans un espace échantillon donné. Il est généralement compris entre 0 et 1, où 0 signifie que l'événement est impossible et 1 signifie que l'événement est certain. Dans le langage courant, nous utilisons souvent des incertitudes telles que « probablement » ou « peu probable », qui découlent du concept de probabilité.

La compréhension des probabilités constitue la base de l'application des statistiques, des prévisions et de l'apprentissage automatique. Dans des domaines tels que la finance, les sports, les prévisions météorologiques et les sciences de la santé, il est utile de déterminer la probabilité d'un résultat, afin que les décideurs puissent prendre des décisions éclairées.

**Notions de probabilité :**

- *Espace échantillon :* Il représente l'ensemble de tous les résultats possibles d'une expérience aléatoire, généralement désigné par le symbole S . Par exemple, lorsque vous lancez une pièce, l'espace d'échantillonnage serait {Pile, Face}.
- *Événements :* les événements sont des sous-ensembles de l'espace d'échantillonnage qui décrivent des résultats d'intérêt spécifiques. Un événement se produit si l'un de ses résultats se produit dans une expérience.
- *Règles de probabilité :*
  ○ Règle 1 : Pour tout événement A, $0 <= P(A) <= 1$
  ○ Règle 2 : La somme de toutes les probabilités d'événements dans un espace d'échantillonnage doit être égale à 1.
  ○ Règle 3 : Si les événements A et B s'excluent mutuellement (c'est-à-dire qu'ils ne peuvent pas se produire en même temps), alors $P(A \cap B) = 0$ et $P(A \cup B) = P(A) + P(B)$ .

**Distributions de probabilité:**

Dans de nombreux cas, l'application de la probabilité à des problèmes du monde réel peut être abordée à l'aide de distributions de probabilité. Les distributions de probabilité décrivent la probabilité d'occurrence de différents résultats dans une expérience. Ces distributions peuvent être théoriquement dérivées ou empiriquement observées, et elles sont de deux types : distributions de probabilité discrètes et continues.

- *Distributions de probabilités discrètes :* elles décrivent les probabilités de résultats discrets, tels que lancer une pièce de monnaie, lancer un dé ou compter le nombre d'articles défectueux d'une chaîne de production. Les exemples courants incluent les distributions binomiales, de Poisson et géométriques.
- *Distributions de probabilité continues :* elles décrivent les probabilités de résultats continus, tels que la mesure de la taille, du poids ou de la tension artérielle des individus. Les exemples courants incluent les distributions normale (gaussienne), exponentielle et uniforme.

## 2.2 Analyse descriptive

L'analyse descriptive est le processus de synthèse, d'organisation et de description des données pour transmettre efficacement des informations significatives. Cela implique le calcul et la présentation de diverses mesures pour aider à comprendre les propriétés, les modèles et les caractéristiques d'un ensemble de données. L'analyse descriptive joue un rôle crucial dans la compréhension des données qualitatives et quantitatives pour la prise de décision, l'évaluation des performances ou l'examen visuel.

**Mesures du centre :**

- *Moyenne :* La moyenne, ou moyenne, représente la somme de tous les points de données divisée par le nombre total de points, et c'est une mesure de la tendance centrale d'un ensemble de données. La moyenne peut être influencée par des valeurs extrêmes, appelées valeurs aberrantes et peut ne pas être une représentation précise du centre dans les distributions asymétriques.
- *Médiane :* la médiane est la valeur médiane d'un ensemble de données ordonné. S'il y a un nombre impair de points de données, la médiane est la valeur médiane exacte, tandis que pour un nombre pair de points, c'est la moyenne des deux valeurs médianes. La médiane est relativement immunisée contre les effets des valeurs aberrantes et mieux utilisée pour les distributions asymétriques.
- *Mode :* le mode représente la valeur la plus fréquente dans un ensemble de données. Il est utile pour les données catégorielles et peut également être appliqué aux données numériques avec des valeurs répétées.

**Mesures de dispersion:**

- *Plage :* la plage représente la différence entre les valeurs maximales et minimales dans un jeu de données. Il donne une indication de la dispersion des données mais est fortement affecté par les valeurs aberrantes.
- *Plage interquartile (IQR) :* l'IQR est la plage de valeurs entre le premier quartile (25 %) et le troisième quartile (75 %) d'un ensemble de données ordonné. Il s'agit d'une mesure plus

robuste de l'écart par rapport à la fourchette en raison de sa résistance aux effets des valeurs aberrantes.

- *Variance et écart type :* la variance mesure la distance moyenne au carré des points de données par rapport à la moyenne. Il est utile pour évaluer la dispersion des valeurs des données. L'écart type est la racine carrée de la variance et exprime la dispersion dans les mêmes unités que l'ensemble de données d'origine. Les deux mesures sont sensibles aux valeurs aberrantes et mieux utilisées pour les distributions symétriques.
- *Coefficient de variation (CV) :* le CV est l'écart type divisé par la moyenne et représente la variabilité relative dans un ensemble de données. Il est utile pour comparer la dispersion de deux ensembles de données avec des moyennes et des unités différentes.

## 2.3 Analyse inférentielle

L'analyse inférentielle est le processus d'utilisation d'un échantillon de données pour tirer des conclusions ou généraliser des résultats sur une population plus large. Il constitue la base des tests d'hypothèses, des intervalles de confiance et des techniques de construction de modèles dans divers domaines tels que la finance, la médecine, les sciences sociales, le marketing et l'ingénierie.

**Notions de statistiques inférentielles :**

- *Population et échantillon :* une population représente l'ensemble complet d'entités ou de mesures d'intérêt, tandis qu'un échantillon est un sous-ensemble de la population qui est sélectionné pour l'analyse.

- *Paramètre et statistique :* Un paramètre est un résumé numérique de la population (par exemple, moyenne ou écart-type), alors qu'une statistique est le résumé numérique correspondant d'un échantillon.

- *Distribution d'échantillonnage :* la distribution d'une statistique à partir de plusieurs échantillons d'une population est connue sous le nom de distribution d'échantillonnage. Le théorème central limite (CLT) stipule que la distribution d'échantillonnage de la moyenne de l'échantillon tend vers une distribution normale à mesure que la taille de l'échantillon augmente, quelle que soit la forme de la distribution de la population.

- *Intervalles de confiance :* les intervalles de confiance fournissent une plage estimée de valeurs susceptibles de contenir le paramètre de population d'intérêt. L'intervalle est calculé en fonction de la statistique de l'échantillon, de son erreur standard et d'un niveau de confiance spécifié (généralement 90 %, 95 % ou 99 %).

- *Test d'hypothèse :* Le test d'hypothèse est une procédure statistique utilisée pour évaluer la validité d'une affirmation ou d'une proposition concernant un paramètre de population sur la base de données d'échantillon. Elle implique la formulation d'une hypothèse nulle (H0) et d'une hypothèse alternative (H1), suivie du calcul d'une statistique de test, p-value, et d'une décision d'accepter ou de rejeter l'hypothèse nulle.

En conclusion, les analyses probabilistes, descriptives et inférentielles sont des outils essentiels pour appliquer des statistiques, des prévisions et des techniques d'apprentissage automatique dans divers scénarios du monde réel. Ils offrent des informations précieuses sur les propriétés, les modèles, les relations et les incertitudes des données, permettant des décisions éclairées, des prévisions précises et des modèles robustes.

# 2.1 Probabilité : la pierre angulaire de l'analyse statistique

La probabilité est la représentation mathématique de la probabilité qu'un événement se produise. Dans notre monde trépidant et axé sur les données, comprendre la probabilité et ses applications est essentiel pour prendre des décisions éclairées dans divers domaines tels que la finance, la santé et le sport, pour n'en nommer que quelques-uns. Nous utilisons les probabilités dans notre vie quotidienne pour analyser et prévoir les résultats, développer des stratégies et concevoir des plans. De plus, la probabilité joue un rôle essentiel dans l'apprentissage automatique, où elle est utilisée pour créer et améliorer des modèles pour analyser des données, reconnaître des modèles et prédire de futurs points de données.

### Concepts de base

Avant de plonger dans les applications de la probabilité, familiarisons-nous d'abord avec ses concepts et terminologies de base :

- **Expérience** : Une action ou un processus qui aboutit à un ensemble de résultats possibles.
- **Résultat** : Le résultat d'une expérience.
- **Espace d'échantillonnage** : L'ensemble de tous les résultats possibles d'une expérience.
- **Événement** : Un sous-ensemble de résultats dans l'espace échantillon.
- **Probabilité** : La mesure de la probabilité qu'un événement se produise.

La probabilité qu'un événement se produise est représentée par une valeur comprise entre 0 et 1, où 0 indique que l'événement est impossible et 1 signifie que l'événement est certain. Pour calculer la probabilité d'un événement, on peut utiliser la formule :

```
P(événement) = (nombre de résultats
favorables) / (nombre total de résultats)
```

### *Applications des probabilités dans la vie réelle*

Les probabilités ont de nombreuses applications pratiques dans divers domaines. Ici, nous en discutons quelques-uns :

1. **Finance** : Les investisseurs et les analystes financiers utilisent des modèles de probabilité pour évaluer le risque et le rendement des portefeuilles d'investissement, prévoir les cours des actions et prévoir les tendances du marché. Par exemple, ils utilisent des données historiques pour analyser la probabilité qu'une action atteigne un certain prix ou un retour sur investissement spécifique. En outre, les institutions financières utilisent des distributions de probabilité pour gérer les risques, par exemple pour déterminer l'admissibilité aux

prêts, fixer les primes d'assurance et évaluer le risque de crédit.

2. **Soins de santé** : les professionnels de la santé appliquent les probabilités pour diagnostiquer des maladies, mener des essais cliniques et prendre des décisions de traitement. La probabilité est utilisée pour évaluer l'efficacité des médicaments, estimer la prévalence de la maladie et évaluer le risque de complications dues aux traitements. De plus, les analystes de la santé utilisent des modèles statistiques pour prédire les résultats des patients et optimiser les ressources hospitalières.

3. **Sports** : les équipes et les entraîneurs tirent parti des probabilités pour analyser les performances des joueurs, développer des stratégies de jeu et améliorer la prise de décision. Les analystes sportifs examinent les données historiques pour estimer la probabilité que des événements spécifiques se produisent, tels que les performances des joueurs dans différentes conditions météorologiques ou l'impact d'une stratégie particulière sur la victoire. De plus, les équipes utilisent l'analyse prédictive pour recruter les meilleurs joueurs et maximiser les chances de succès de leur franchise.

4. **Ingénierie et contrôle de la qualité** : les ingénieurs s'appuient sur les probabilités pour concevoir des systèmes, prédire les pannes d'équipement et améliorer les processus de fabrication. Ils utilisent des techniques statistiques telles que les simulations de Monte Carlo pour optimiser les performances et gérer les risques dans les projets d'ingénierie. De plus, les entreprises utilisent des méthodes de contrôle qualité telles que Six Sigma pour identifier et

minimiser les défauts dans les processus de fabrication sur la base de modèles probabilistes.

### Probabilité dans l'apprentissage automatique et la prévision

L'apprentissage automatique est un sous-ensemble de l'intelligence artificielle, qui utilise des modèles statistiques pour analyser des données, reconnaître des modèles et faire des prédictions. La probabilité joue un rôle essentiel dans la construction et le raffinement de ces modèles :

1.  **Inférence Bayésienne** : Une approche statistique basée sur le théorème de Bayes, elle combine les connaissances antérieures (sous forme de probabilités) avec de nouvelles données pour mettre à jour la probabilité d'une hypothèse. L'inférence bayésienne est utilisée dans divers algorithmes d'apprentissage automatique tels que les classificateurs Naïve Bayes et les réseaux bayésiens, qui ont des applications dans le traitement du langage naturel, le filtrage du spam et la vision par ordinateur.
2.  **Arbres de décision et forêts aléatoires** : ces techniques d'apprentissage automatique reposent sur la probabilité et l'entropie pour prendre des décisions en fonction des données d'entrée. Les arbres de décision divisent les données d'entrée en branches en fonction de critères spécifiques, tandis que les forêts aléatoires utilisent une combinaison de plusieurs arbres de décision pour créer un modèle plus précis.
3.  **Réseaux de neurones** : L'utilisation de la probabilité dans les réseaux de neurones, tels que les algorithmes d'apprentissage en profondeur, permet de définir les pondérations sur les

connexions réseau et de les mettre à jour grâce à la formation. Les modèles probabilistes contribuent également à évaluer l'incertitude des prédictions du modèle.

4. **Prévision de séries chronologiques** : les modèles de probabilité tels que la moyenne mobile intégrée autorégressive (ARIMA) et les modèles d'espace d'état sont utilisés pour analyser les données de séries chronologiques, prédire les valeurs futures et évaluer l'incertitude des prévisions. Ces modèles sont applicables dans divers domaines, tels que les prévisions boursières, les prévisions météorologiques et les prévisions de charge.

En résumé, la probabilité est un élément fondamental de l'analyse statistique, avec des applications réelles dans divers domaines. Il est essentiel de comprendre et d'appliquer les concepts de probabilité pour prendre des décisions éclairées et analyser efficacement les données. De plus, l'intégration de la probabilité dans les modèles d'apprentissage automatique permet d'améliorer la précision et de gérer l'incertitude, nous dotant ainsi d'outils puissants pour la prévision et la prise de décision.

# 2.1 Théorie des probabilités : le fondement de l'analyse statistique

La théorie des probabilités est le fondement de l'analyse statistique et traite de l'étude de la probabilité d'occurrence de divers événements. Il s'agit d'un cadre mathématique qui nous permet de prendre des décisions et des prévisions éclairées, atténuant les risques et les incertitudes inhérents aux scénarios du monde réel. Dans cette sous-section, nous allons nous plonger dans les concepts critiques de la théorie des probabilités et pourquoi ils sont essentiels dans l'analyse statistique.

## 2.1.1 Bases de la théorie des probabilités

La théorie des probabilités est issue du domaine des mathématiques et a des liens étroits avec les principes de la logique et du raisonnement rationnel. Il est utilisé pour quantifier les incertitudes et est basé sur les définitions fondamentales suivantes :

- *Expérience* : Une expérience dans le langage des probabilités est un processus ou une action qui mène à un ou plusieurs résultats. Ces résultats doivent être mutuellement exclusifs, c'est-à-dire qu'il ne peut y en avoir deux simultanément.
- *Espace échantillon* : C'est l'ensemble de tous les résultats possibles d'une expérience, généralement désigné par la lettre grecque Omega ($\Omega$).
- *Evénement* : Un événement est un sous-ensemble de l'espace d'échantillonnage. Il est décrit comme le résultat spécifique ou une combinaison de résultats que vous souhaitez observer dans l'expérience.

Par exemple, lorsque nous lançons une pièce, nous pouvons la modéliser comme une expérience avec deux résultats possibles : pile ou face. L'espace d'échantillonnage est alors {Heads,

Tails}, et chaque résultat individuellement est un événement.

## 2.1.2 Mesures de probabilité

La probabilité d'un événement est une mesure de la probabilité que l'événement se produise, exprimée sous la forme d'un nombre compris entre 0 et 1, 1 indiquant la certitude de l'événement et 0 son impossibilité. Dans le contexte de l'exemple du tirage au sort, la probabilité d'obtenir face est de 0,5 et la probabilité d'obtenir pile est de 0,5.

Il existe différentes méthodes de calcul des probabilités :

1. *Probabilité empirique* : Elle est déterminée en analysant des données historiques ou en réalisant des expériences. La probabilité d'un événement est estimée en calculant le rapport entre le nombre d'essais au cours desquels l'événement s'est produit et le nombre total d'essais. Les probabilités empiriques sont sujettes à des biais et à des incohérences, en particulier dans les cas où les informations préalables font défaut ou les tailles d'échantillon sont petites.
2. *Probabilité théorique* : Elle utilise les principes et les propriétés de la théorie des probabilités pour déduire les probabilités. Les probabilités théoriques sont basées sur l'analyse de la structure ou de la logique du problème, sans nécessiter d'observations empiriques.
3. *Probabilité subjective* : Il s'agit de l'estimation personnelle d'un individu de la probabilité d'un événement, basée sur l'expérience, les

connaissances, l'intuition et les émotions de l'individu. Les probabilités subjectives sont d'une grande importance dans le domaine de la prise de décision dans l'incertitude et peuvent varier considérablement d'un individu à l'autre.

### 2.1.3 Règles de probabilité et axiomes

Pour raisonner de manière cohérente sur les probabilités, nous avons besoin de règles et d'axiomes fondamentaux qui régissent les relations entre différents événements et leurs probabilités. Ils sont:

1. *Axiome de non-négativité* : Pour tout événement A, $P(A) \geq 0$. Les valeurs de probabilité sont toujours non négatives.
2. *Axiome de mesure unitaire* : $P(S) = 1$, où S représente l'ensemble de l'espace échantillon de tous les résultats possibles. La somme totale des probabilités pour tous les événements possibles doit être égale à 1.
3. *Axiome d'additivité finie* : Pour deux événements mutuellement exclusifs A et B, $P(A \cup B) = P(A) + P(B)$. La probabilité que l'un ou l'autre des deux événements se produise est la somme de leurs probabilités.

Certaines règles dérivées cruciales incluent:

• *Règle du complément* : Le complément d'un événement A, noté A', représente les résultats de l'espace échantillon non contenus dans A. P(A') = 1 - P(A).

● *Probabilité conditionnelle* : Étant donné deux événements A et B, la probabilité conditionnelle de A étant donné que B s'est produit, notée P(A|B), mesure le degré auquel l'occurrence d'un événement affecte l'occurrence de l'autre événement.

● *Indépendance* : Deux événements A et B sont considérés comme indépendants si la survenance de l'un n'influence pas la probabilité de l'autre événement. Dans de tels cas, P(A ∩ B) = P(A) * P(B).

Ces règles et axiomes fournissent le contexte nécessaire pour effectuer des analyses statistiques impliquant des probabilités, nous permettant de comprendre les interdépendances entre les variables et de prévoir les résultats possibles.

## 2.1.4 Rôle de la théorie des probabilités dans l'analyse statistique

La théorie des probabilités est essentielle dans l'analyse statistique en raison de sa capacité à traiter de manière exhaustive les incertitudes et la variabilité des données. Voici quelques façons dont il facilite l'analyse statistique :

1. *Analyse descriptive : La* théorie des probabilités nous permet de décrire le comportement et les propriétés des données en

termes de probabilité de certains événements ou résultats, en utilisant des distributions de probabilité telles que les distributions gaussiennes ou de Poisson.

2. *Analyse inférentielle :* la théorie des probabilités nous permet de faire des inférences et des généralisations sur des populations plus importantes en analysant un échantillon. Des techniques telles que les tests d'hypothèses et les intervalles de confiance sont ancrées dans la théorie des probabilités.

3. *Modélisation et prévision :* la théorie des probabilités constitue la base de l'analyse prédictive à l'aide de modèles statistiques et d'apprentissage automatique. Par exemple, les modèles graphiques probabilistes tels que les réseaux bayésiens nous permettent de capturer des relations et des dépendances complexes au sein des données.

4. *Prise de décision dans des conditions d'incertitude :* la théorie des probabilités facilite l'analyse des décisions en aidant les entreprises à quantifier les risques et les avantages potentiels associés à différentes actions, leur permettant ainsi de faire des choix optimaux.

En conclusion, la théorie des probabilités fait partie intégrante de la compréhension des concepts et des techniques d'analyse statistique. Il sert de cadre sous-jacent pour faire face à l'incertitude et à la variabilité dans des scénarios réels, nous permettant de prendre des décisions éclairées, de tirer des conclusions précises et de faire des prévisions précises. Alors que nous poursuivons notre voyage dans le monde de l'analyse statistique, de la prévision et de l'apprentissage automatique, les concepts, principes et règles de probabilité seront nos compagnons constants.

# 2.1 Statistiques essentielles : analyse de probabilité, descriptive et inférentielle

Plongeons plus profondément dans le domaine des statistiques essentielles et explorons les trois composants critiques : probabilité, analyse descriptive et analyse inférentielle. Nous éluciderons les concepts fondamentaux, les applications réelles et leur pertinence pour les techniques de prévision et d'apprentissage automatique.

### 2.1.1 Probabilité

La probabilité fournit la base de l'analyse statistique et aide à quantifier la probabilité de résultats ou d'événements particuliers. Dans le contexte de la prévision et de l'apprentissage automatique, il joue un rôle central dans la détermination du succès potentiel de nos modèles et techniques.

**un. Concepts clés**

- *Expérience* : Toute action ou processus qui génère des résultats bien définis. Les exemples incluent lancer un dé, tirer une carte d'un jeu ou lancer une campagne de marketing.

- *Espace d'échantillonnage* : L'ensemble de tous les résultats possibles pour une expérience. Pour un dé à six faces, l'espace échantillon serait {1, 2, 3, 4, 5, 6}.
- *Événement* : Un sous-ensemble de l'espace échantillon représentant un résultat spécifique ou un groupe de résultats. Par exemple, lancer un nombre pair sur un dé est un événement.
- *Probabilité* : une valeur comprise entre 0 et 1 qui représente la probabilité qu'un événement se produise. C'est le rapport entre le nombre de résultats favorables et le nombre total de résultats possibles dans l'espace de l'échantillon.

La probabilité peut être calculée à l'aide de différentes méthodes, telles que la probabilité classique, la probabilité empirique et la probabilité subjective. La probabilité classique implique l'absence de connaissances préalables et une probabilité égale pour tous les résultats, tandis que la probabilité empirique est dérivée de données historiques ou d'événements observés. La probabilité subjective, quant à elle, repose sur le jugement d'experts ou sur des croyances personnelles.

## b. Applications réelles

La probabilité est utilisée dans divers scénarios du monde réel, comme l'évaluation des risques, le diagnostic médical, les prévisions météorologiques et la finance. Par exemple, dans le secteur financier, le calcul de la probabilité de rendement des investissements permet aux professionnels de créer des portefeuilles pour les clients qui équilibrent le risque et la récompense de manière optimale. De même, les météorologues utilisent des modèles de probabilité pour prédire la probabilité de pluie ou de neige, ce qui nous permet de planifier notre journée plus efficacement.

## c. Pertinence pour les prévisions et l'apprentissage automatique

Dans les prévisions et l'apprentissage automatique, les modèles de probabilité permettent des prédictions plus précises et aident à évaluer les performances de nos méthodes. Par exemple, dans les algorithmes de classification, la distribution de probabilité aide à déterminer la classe la plus probable pour une entrée donnée. De plus, la théorie des probabilités fournit une base pour des techniques statistiques avancées, comme les statistiques bayésiennes et les modèles de Markov, largement utilisés dans l'apprentissage automatique.

## 2.1.2 Analyse descriptive

L'analyse descriptive vise à résumer, organiser et visualiser les principales caractéristiques d'un ensemble de données, fournissant un point de départ inestimable pour un examen plus approfondi des données.

## un. Concepts clés

- *Mesures de la tendance centrale* : ces mesures quantifient le centre d'un ensemble de données, y compris la moyenne (moyenne arithmétique), la médiane (valeur médiane) et le mode (valeur la plus fréquente). Ils donnent un aperçu de la valeur typique ou représentative des données.

- *Mesures de dispersion ou de variabilité* : ces mesures évaluent la propagation des données, y compris la plage (maximum-minimum), la variance et l'écart type, fournissant des informations sur la diversité et l'hétérogénéité de l'ensemble de données.

- *Mesures de la forme de la distribution* : ces mesures décrivent la distribution des données en termes de symétrie (asymétrie) et de pic (aplatissement), offrant un aperçu des modèles ou tendances sous-jacents.

- *Visualisations* : Les représentations graphiques telles que les histogrammes, les diagrammes à barres, les nuages de points et les boîtes à moustaches sont des outils essentiels pour illustrer la distribution et les relations au sein des données.

## b. Applications réelles

L'analyse descriptive est utilisée dans un large éventail de domaines, tels que le marketing, la santé, le sport et la finance. Les détaillants peuvent utiliser l'analyse descriptive pour comprendre les modèles de comportement des clients et les tendances d'achat, tandis que les professionnels de la santé peuvent l'utiliser pour explorer les facteurs influençant les résultats des patients. Les statistiques descriptives constituent également la base de la narration basée sur les données dans le journalisme et l'intelligence économique.

## c. Pertinence pour les prévisions et l'apprentissage automatique

L'analyse descriptive est cruciale dans la phase initiale de tout projet de prévision ou d'apprentissage automatique, car elle permet d'identifier les tendances, les anomalies et les relations au sein des données qui peuvent éclairer la sélection ultérieure du modèle, l'ingénierie des fonctionnalités et l'évaluation des performances. De plus, les statistiques descriptives servent fréquemment de caractéristiques d'entrée pour les algorithmes d'apprentissage automatique.

### 2.1.3 Analyse inférentielle

Alors que l'analyse descriptive se concentre sur la synthèse et l'illustration des données, l'analyse inférentielle va plus loin en tirant des conclusions et en faisant des prédictions basées sur l'ensemble de données. À la base, l'analyse inférentielle englobe des techniques qui permettent la généralisation d'un échantillon à une population.

### un. Concepts clés

- *Estimation* : Processus d'approximation des paramètres de la population (p. ex., moyenne, proportion) sur la base de statistiques d'échantillon. Les estimations peuvent être des estimations ponctuelles (valeurs uniques) ou des estimations d'intervalle (plage de valeurs avec un niveau de confiance spécifié).
- *Test d'hypothèse* : Une procédure pour évaluer les affirmations ou les hypothèses sur les paramètres de la population à l'aide de données d'échantillon. Cela implique de mettre en place une hypothèse nulle, de formuler une hypothèse

alternative, de sélectionner une statistique de test appropriée, de calculer la valeur de p et de prendre une décision en fonction du niveau de signification choisi.

- *Analyse de régression* : un ensemble de techniques utilisées pour modéliser la relation entre une variable de réponse (dépendante) et une ou plusieurs variables explicatives (indépendantes). Les modèles de régression, tels que la régression linéaire et la régression logistique, permettent de prédire et d'estimer l'effet causal de facteurs spécifiques sur la variable de réponse.
- *Tests non paramétriques* : méthodes qui ne reposent pas sur certaines hypothèses concernant la distribution sous-jacente de la population, comme l'hypothèse de normalité. Des tests non paramétriques, comme le test de somme de Wilcoxonrank ou la corrélation de rang de Spearman, peuvent être utilisés lorsque les tests paramétriques ne sont pas appropriés.

## b. Applications réelles

L'analyse inférentielle est largement utilisée dans divers domaines, tels que les politiques publiques, le marketing, les soins de santé et la recherche scientifique. Par exemple, les essais de médicaments utilisent des techniques inférentielles pour déterminer l'efficacité de nouveaux médicaments, tandis que les chercheurs du marché utilisent une analyse inférentielle pour évaluer l'impact de différentes campagnes publicitaires.

## c. Pertinence pour les prévisions et l'apprentissage automatique

L'analyse inférentielle sous-tend de nombreuses techniques de prévision, telles que l'analyse des séries chronologiques, et joue un rôle essentiel dans l'évaluation et le réglage fin des modèles d'apprentissage automatique. Les tests d'hypothèse peuvent être utilisés pour évaluer l'importance des caractéristiques individuelles ou pour comparer les performances de plusieurs modèles, tandis que l'analyse de régression fournit un moyen de quantifier l'importance des caractéristiques et de découvrir les relations causales dans les données. De plus, des concepts inférentiels tels que l'échantillonnage, les intervalles de confiance et l'analyse des erreurs sont tous essentiels pour une estimation et une évaluation robustes des résultats de prévision et d'apprentissage automatique.

# 2.1 Probabilité : le langage de l'incertitude

La probabilité est un concept fondamental en statistique qui quantifie l'incertitude associée à des événements ou à des situations. C'est une mesure de la probabilité qu'un événement se produise, et il joue un rôle essentiel dans la compréhension et l'analyse des phénomènes du monde réel. Dans cette sous-section, nous discuterons des bases de la probabilité, de sa relation avec le hasard et de son application dans l'analyse statistique.

## 2.1.1 Concepts de base et terminologie

En théorie des probabilités, nous traitons *d'expériences* et *d'événements* . Une expérience est une procédure qui produit un ou plusieurs résultats, tandis qu'un événement est un résultat spécifique ou un ensemble de résultats d'une expérience. Examinons quelques exemples :

*   Lancer une pièce : l'expérience lance la pièce et les événements possibles sont "face" et "face".
*   Lancer un dé : l'expérience lance les dés, et les événements possibles sont "lancer un 1", "lancer un 2", etc.

La probabilité d'un événement est exprimée sous la forme d'un nombre compris entre 0 et 1, où 0 signifie que l'événement est impossible et 1 signifie que l'événement est certain. Les probabilités de tous les événements possibles dans une expérience totalisent toujours 1. Définissons maintenant certains concepts en termes formels :

*   **Espace d'échantillonnage (S)** : L'ensemble de tous les résultats possibles d'une expérience, par exemple, S = {H, T} pour lancer une pièce.
*   **Evénement (E)** : Un sous-ensemble de l'espace échantillon, par exemple, E = {H} pour l'événement "face" en lançant une pièce.
*   **Probabilité (P)** : Une fonction qui attribue un nombre entre 0 et 1 à chaque événement dans l'espace échantillon, satisfaisant les axiomes suivants :
1.  Pour tout événement E, $0 <= P(E) <= 1$
2.  $P(S) = 1$
3.  Si deux événements E et F sont mutuellement

exclusifs (c'est-à-dire qu'ils ne peuvent pas se

produire simultanément), alors $P(E \cup F) = P(E) + P(F)$.

## 2.1.2 Caractère aléatoire et interprétation des fréquences

Le concept d'événement aléatoire joue un rôle crucial en probabilité. Le caractère aléatoire fait référence à l'imprévisibilité d'un événement, ce qui signifie qu'il est impossible de déterminer avec certitude le résultat exact. Cependant, l'interprétation fréquentielle de la probabilité fournit un moyen de comprendre et de quantifier la probabilité d'événements aléatoires.

Dans l'interprétation de la fréquence, la probabilité d'un événement est considérée comme la fréquence relative à long terme de son apparition dans un grand nombre d'essais. Par exemple, si la probabilité de retourner face sur une pièce est de 0,5, alors nous nous attendons à ce que dans un grand nombre de lancers, la moitié d'entre eux se traduira par face. Il est essentiel de noter que l'interprétation de la fréquence ne garantit pas le résultat d'un essai individuel ; il donne simplement une description du comportement à long terme de l'expérience.

## 2.1.3 Probabilité conditionnelle et indépendance

La probabilité conditionnelle est une mesure de la probabilité qu'un événement se produise, étant donné qu'un autre événement s'est déjà produit.

La probabilité conditionnelle de l'événement E étant donné que l'événement F s'est produit est notée P(E|F) et est définie comme :

P(E|F) = P(E ∩ F) / P(F), si P(F) > 0.

Deux événements E et F sont considérés comme **indépendants** si l'occurrence d'un événement n'affecte pas la probabilité de l'autre événement. Mathématiquement, deux événements sont indépendants si P(E|F) = P(E), ou de manière équivalente, P(E ∩ F) = P(E)P(F).

L'indépendance est un concept crucial dans l'analyse statistique car elle simplifie le calcul des probabilités et nous permet de faire des inférences sur les événements sans avoir besoin d'informations complètes sur les processus sous-jacents.

### 2.1.4 Théorème de Bayes

Le théorème de Bayes est un résultat puissant de la théorie des probabilités qui nous permet de mettre à jour nos croyances sur la base de nouvelles preuves. En termes statistiques, cela nous aide à calculer la probabilité conditionnelle d'un événement compte tenu des données observées. Le théorème énonce que, pour tous les événements E et F :

P(E|F) = P(F|E) * P(E) / P(F), si P(F) > 0.

Dans les applications pratiques, le théorème de Bayes peut être utilisé dans un large éventail de domaines, du diagnostic médical au filtrage du spam, et il constitue la base des statistiques bayésiennes, une branche des statistiques qui se concentre sur la mise à jour des probabilités à mesure que de nouvelles informations deviennent disponibles.

### 2.1.5 Application : Modélisation et prévision statistiques

La probabilité est au cœur de la modélisation statistique et de la prévision. En développant des modèles qui quantifient l'incertitude associée à différents événements, nous pouvons prendre des décisions et des prévisions éclairées sur la base des données disponibles. Certaines applications incluent :

- **Évaluation des risques** : L'analyse des probabilités d'événements indésirables dans divers secteurs, tels que la finance, l'assurance et la santé publique, permet aux organisations de gérer les risques et de planifier en conséquence.
- **Contrôle qualité** : En utilisant la théorie des probabilités, les entreprises peuvent estimer la probabilité de produits défectueux et mettre en œuvre des stratégies pour améliorer les processus de fabrication.
- **Traitement du signal** : dans les systèmes de communication, les modèles probabilistes aident à identifier les modèles dans les signaux bruyants et à améliorer la précision de la transmission et de la réception des informations.

- **Prévision et prédiction** : Les modèles probabilistes sont largement utilisés dans les prévisions météorologiques, l'analyse sportive et les projections économiques pour faire des prédictions basées sur des données historiques.

En conclusion, la probabilité est un outil indispensable dans les statistiques et l'apprentissage automatique, nous permettant de quantifier l'incertitude et de prendre des décisions fondées sur des données dans des situations réelles. Comprendre les principes de probabilité est crucial pour appliquer efficacement les méthodes statistiques et les techniques d'apprentissage automatique pour résoudre des problèmes pratiques.

# Analyser et prévoir le comportement des clients

## Introduction

Un aspect clé de la gestion d'une entreprise prospère est la compréhension du client. Connaître leurs préférences, leurs habitudes de dépenses et leur probabilité d'acheter un produit ou un service peut changer la donne lorsqu'il s'agit de prendre des décisions stratégiques. À l'ère moderne, les entreprises ont accès à des quantités sans précédent de données liées au comportement des clients. Ces données, lorsqu'elles sont analysées efficacement, peuvent fournir des informations qui permettent aux entreprises de prendre des décisions éclairées.

Dans cette sous-section, nous discuterons du rôle des statistiques, des prévisions et de l'apprentissage automatique dans l'analyse et la prédiction du comportement des clients. Vous découvrirez les différentes techniques et modèles utilisés dans ces domaines, ainsi que leurs applications réelles. Nous commencerons par un aperçu général de l'analyse du comportement des clients, puis nous nous pencherons sur des méthodes et des cas d'utilisation spécifiques.

## Analyse du comportement des clients

L'analyse du comportement des clients est le processus d'examen des décisions et des actions des clients concernant leurs interactions avec des produits ou des services. Cela peut impliquer le suivi des historiques d'achat, les comportements de navigation sur les sites Web ou les applications, les interactions sur les réseaux sociaux, etc. Les données collectées à partir de divers points de contact peuvent être utilisées pour créer une image complète des préférences des clients, ce qui peut aider les entreprises à améliorer leurs stratégies marketing, leurs offres de produits et l'expérience client globale.

Il existe plusieurs façons d'analyser le comportement des clients, telles que :

1.  **Analyse descriptive** : cette approche se concentre sur la compréhension des modèles historiques dans les données. Les entreprises peuvent utiliser des analyses descriptives pour résumer le comportement passé des clients, ce qui peut aider à identifier les tendances ou les modèles saisonniers qui éclairent la prise de décision.

2.  **Analyse prédictive** : l'analyse prédictive consiste à utiliser des données historiques pour créer des modèles capables de prévoir le comportement futur des clients. Ces modèles peuvent aider les entreprises à anticiper les besoins ou les préférences des clients, leur permettant d'adapter de manière proactive leurs stratégies en conséquence.

3.  **Analyse prescriptive** : grâce à l'analyse prescriptive, les entreprises peuvent déterminer le meilleur plan d'action en tenant compte de diverses contraintes, coûts et résultats potentiels. Cette approche aide les entreprises à évaluer différentes stratégies et à choisir celle qui donnera les meilleurs résultats.

Examinons maintenant de plus près les techniques spécifiques utilisées dans les prévisions et l'apprentissage automatique pour analyser le comportement des clients.

# Techniques de prévision statistique du comportement des clients

Les techniques de prévision statistique impliquent l'utilisation de données historiques pour prévoir les tendances ou les modèles futurs. Voici quelques méthodes couramment utilisées :

1. **Moyenne mobile** : cette technique calcule la valeur moyenne d'une variable sur une période de temps spécifiée. La moyenne mobile lisse les fluctuations à court terme des données, mettant en évidence les tendances sous-jacentes. Il est utile pour détecter les modèles saisonniers ou capturer les tendances générales du comportement des clients.

2. **Lissage exponentiel** : Le lissage exponentiel est une extension de la méthode de la moyenne mobile mais accorde plus de poids aux points de données les plus récents. Cela le rend plus réactif aux changements récents dans le comportement des clients et est utile pour comprendre les tendances à court terme.

3. **Décomposition** : cette technique décompose les données historiques en trois composants : tendance, saisonnalité et caractère aléatoire. Ces composants peuvent être utilisés pour comprendre les modèles sous-jacents du comportement des clients et éclairer les modèles de prévision.

4. **Modèle Box-Jenkins (ARIMA)** : le modèle Box-Jenkins est utilisé pour décrire les données de séries chronologiques à l'aide de composants d'autorégression (AR), d'intégration (I) et de moyenne mobile (MA). Cette technique polyvalente peut capturer des schémas complexes dans le comportement des clients et générer des prévisions précises.

# Techniques d'apprentissage automatique pour l'analyse du comportement des clients

Les techniques d'apprentissage automatique utilisent des algorithmes qui apprennent à partir de données historiques pour prédire ou détecter des modèles de comportement des clients. Certaines méthodes d'apprentissage automatique populaires incluent :

1. **Arbres de décision : les** arbres de décision sont un type d'algorithme qui peut classer ou prédire le comportement des clients en fonction d'une hiérarchie de conditions ou de caractéristiques. Ils sont hautement interprétables, ce qui les rend utiles pour comprendre les facteurs qui motivent la prise de décision des clients.
2. **Forêt aléatoire :** La forêt aléatoire est un ensemble d'arbres de décision qui fonctionnent ensemble pour améliorer la précision des prédictions. Il s'agit d'une technique efficace et précise pour prédire le comportement des clients et peut gérer de grands ensembles de données avec de multiples fonctionnalités.
3. **Clustering :** le clustering est une technique d'apprentissage automatique non supervisée qui regroupe les clients en fonction de similitudes dans leur comportement ou leurs préférences. Cela peut aider les entreprises dans leurs efforts de segmentation, de marketing ciblé et de personnalisation.
4. **Réseaux de neurones :** les réseaux de neurones sont un type de modèle d'apprentissage

automatique inspiré du cerveau humain. Ils peuvent être utilisés pour prédire le comportement et les préférences des clients, mais leur structure peut être complexe et difficile à interpréter.

## Applications réelles

Voici quelques applications concrètes de la façon dont les entreprises utilisent les techniques de prévision statistique et d'apprentissage automatique pour analyser le comportement des clients :

1. **Segmentation de la clientèle :** grâce au regroupement et à d'autres techniques d'apprentissage non supervisé, les entreprises peuvent regrouper les clients en fonction de leurs préférences, de leur comportement, de leurs données démographiques et d'autres caractéristiques. Cela aide à créer des campagnes marketing ciblées, à améliorer l'expérience client et à créer des offres personnalisées.
2. **Prédiction de l'attrition des clients :** les modèles de prédiction de l'attrition peuvent aider les entreprises à identifier les clients susceptibles d'arrêter d'utiliser leurs produits ou services. En comprenant les facteurs qui contribuent au désabonnement, les entreprises peuvent prendre des mesures proactives pour l'atténuer, telles que l'amélioration du support client ou l'adaptation des efforts de marketing.
3. **Recommandations de produits :** le filtrage collaboratif et d'autres algorithmes de recommandation peuvent être utilisés pour suggérer des produits ou des services pertinents

pour un client spécifique, en fonction de ses préférences et de son comportement passé. Cela peut améliorer l'expérience client globale et augmenter les ventes.

4. **Prévision des ventes** : en tirant parti des modèles statistiques et des algorithmes d'apprentissage automatique, les entreprises peuvent prédire les volumes de ventes futurs avec plus de précision. Des prévisions de ventes précises permettent d'améliorer la planification de la production, l'allocation des ressources et les stratégies de tarification.

5. **Optimisation des campagnes marketing :** les entreprises peuvent utiliser des algorithmes d'apprentissage automatique pour optimiser leurs campagnes marketing, en déterminant les stratégies qui résonnent le mieux avec leur public cible. Cela peut conduire à des retours sur investissement plus élevés, à un engagement accru des clients et à une meilleure fidélité à la marque.

## Conclusion

Comprendre et prévoir le comportement des clients est crucial si une entreprise veut prospérer sur le marché concurrentiel d'aujourd'hui. Les techniques de prévision statistique et d'apprentissage automatique offrent de puissants moyens d'analyser, de comprendre et de prédire le comportement des clients, aidant les entreprises à prendre des décisions éclairées pour améliorer leurs produits, leurs services, leurs stratégies marketing et l'expérience client globale.

À mesure que de plus en plus de données deviennent disponibles, il est essentiel que les entreprises investissent dans les compétences, les outils et les connaissances nécessaires pour appliquer efficacement ces techniques dans des scénarios réels. Ce faisant, ils seront mieux placés pour s'adapter à l'évolution rapide du paysage et garder une longueur d'avance sur la concurrence.

## Combinaison de techniques statistiques, de méthodes de prévision et de modèles d'apprentissage automatique pour des solutions optimales

Dans les applications du monde réel, il est souvent avantageux d'intégrer des techniques statistiques, des méthodes de prévision et des modèles d'apprentissage automatique pour développer des solutions robustes et optimales pour divers scénarios. Cette sous-section décrira comment ces approches peuvent fonctionner ensemble puissamment dans la pratique, améliorant l'efficacité de chaque outil.

## Exploration et préparation des données

Avant d'appliquer des modèles statistiques ou prédictifs, il est essentiel d'explorer et de comprendre les données sous-jacentes, ce qui implique :

1.  **Nettoyage et prétraitement des données** : cette phase comprend la gestion des valeurs manquantes, la suppression des doublons, la correction des incohérences et la détection des valeurs aberrantes. L'utilisation de techniques statistiques telles que l'imputation médiane, les intervalles interquartiles ou les scores z peut aider à résoudre efficacement ces problèmes.
2.  **Transformation des données** : l'application de transformations, telles que les transformations logarithmiques ou les transformations de Box-Cox, peut stabiliser la variance et réduire l'asymétrie des données, ce qui améliore en fin de compte les performances des modèles prédictifs.
3.  **Ingénierie des caractéristiques** : la création de caractéristiques pertinentes à partir de données brutes est essentielle pour des modèles d'apprentissage automatique efficaces. Des techniques telles que l'encodage à chaud, la normalisation et la réduction de la dimensionnalité à l'aide de l'analyse en composantes principales (ACP) ou d'autres méthodes statistiques peuvent être appliquées pour créer des caractéristiques efficaces.

## Statistiques descriptives et inférentielles

Les statistiques descriptives servent de base à l'analyse des données en fournissant un résumé des données, tandis que les statistiques inférentielles utilisent des exemples de données pour faire des prédictions sur la population. Ces techniques peuvent aider à identifier les modèles et les tendances critiques dans les données, qui peuvent, à leur tour, soutenir la sélection de méthodes de prévision ou de modèles d'apprentissage automatique appropriés. Voici des exemples de techniques à utiliser :

1. **Mesures centrales de tendance et de dispersion** : la moyenne, la médiane, le mode, la variance et l'écart type peuvent fournir des informations précieuses sur la distribution des données, permettant une meilleure compréhension et une meilleure sélection du modèle.
2. **Test d'hypothèse** : Des techniques telles que les tests t, les tests du chi carré et l'ANOVA peuvent aider à évaluer la signification statistique des modèles observés ou des différences entre les groupes, ce qui pourrait influencer les caractéristiques choisies pour les modèles prédictifs.
3. **Analyse de corrélation et de régression** : L'identification des relations entre les variables, qu'elles soient linéaires ou non linéaires, peut être vitale pour sélectionner le modèle le plus approprié et garantir la validité des prédictions.

## Analyse et prévision des séries chronologiques

Les données de séries chronologiques, qui sont une séquence d'observations recueillies au fil du temps, nécessitent souvent des techniques spécialisées d'analyse et de prévision, car elles présentent des caractéristiques particulières telles que la saisonnalité, les tendances et le bruit. Voici des exemples de méthodes largement utilisées :

1. **Lissage exponentiel** : Une approche qui applique différents poids aux observations passées, les observations plus récentes recevant une plus grande importance. Des techniques telles que le lissage exponentiel simple, la méthode de tendance linéaire de Holt et la méthode saisonnière de Holt-Winters peuvent être utilisées en fonction des caractéristiques des données de la série chronologique.
2. **ARIMA (AutoRegressive Integrated Moving Average)** : Une méthode statistique populaire qui combine l'auto-régression, la moyenne mobile et la différenciation pour modéliser et prévoir les données de séries chronologiques.
3. **Prophet** : Un outil de prévision open-source développé par Facebook, conçu pour gérer automatiquement les caractéristiques communes des données de séries chronologiques.

# Modèles d'apprentissage automatique

En plus des statistiques traditionnelles et des techniques de prévision, les algorithmes d'apprentissage automatique peuvent être utilisés pour faire des prédictions basées sur des modèles complexes dans les données. Voici des exemples de modèles d'apprentissage automatique populaires :

1. **Régression linéaire et logistique** :
techniques simples mais puissantes utilisées
principalement pour les tâches de régression et de
classification. Ils peuvent être améliorés avec des
techniques de régularisation telles que la
régression Lasso et Ridge pour de meilleures
performances.
2. **Arbres de décision et forêts aléatoires** :
modèles non linéaires construits à l'aide d'un
ensemble de règles de décision pouvant gérer à la
fois des tâches de régression et de classification.
Les forêts aléatoires améliorent cette technique en
construisant plusieurs arbres et en agrégeant
leurs résultats.
3. **Réseaux de neurones et apprentissage en
profondeur** : modèles hautement flexibles qui
peuvent approximer des fonctions complexes et
s'adapter à un large éventail de types de données,
y compris des images, du texte et des séries
chronologiques.

# Évaluation et sélection du modèle

Après avoir développé plusieurs modèles à l'aide
des techniques susmentionnées, il est crucial
d'évaluer et de sélectionner celui qui offre les
meilleures performances pour la tâche à
accomplir. Des mesures telles que l'erreur
quadratique moyenne (RMSE), l'erreur absolue
moyenne (MAE) et le R-carré peuvent être
utilisées pour comparer des modèles et choisir
celui qui convient le mieux.

De plus, les méthodes de validation croisée, telles
que la validation croisée k-fold ou la validation
croisée de séries chronologiques, peuvent aider à

estimer les performances d'un modèle sur des données invisibles en divisant l'ensemble de données et en entraînant le modèle sur différents sous-ensembles.

## Conclusion

L'intégration de techniques statistiques, de méthodes de prévision et de modèles d'apprentissage automatique peut améliorer considérablement l'efficacité globale de la résolution de problèmes réels. En comprenant et en préparant les données, en sélectionnant les techniques appropriées et en évaluant les performances des modèles, il est possible de dériver des solutions optimales adaptables à des situations uniques dans divers domaines, tels que la finance, la santé et les transports, entre autres.

## Applications réelles des statistiques, des prévisions et de l'apprentissage automatique

Ces dernières années, l'omniprésence croissante des données et les progrès rapides de la technologie ont entraîné une augmentation significative de la demande de personnes qualifiées dans les domaines des statistiques, des prévisions et de l'apprentissage automatique. Ces disciplines sont cruciales dans un large éventail d'applications du monde réel, couvrant diverses industries et secteurs. Dans cette sous-section, nous discuterons de plusieurs exemples importants de la façon dont ces techniques sont appliquées dans des contextes réels, stimulant l'innovation, éclairant la prise de décision et façonnant notre compréhension du monde qui nous entoure.

## Soins de santé

L'application des statistiques, des prévisions et de l'apprentissage automatique dans les soins de santé a révolutionné l'industrie et sauvé d'innombrables vies. Ces techniques jouent un rôle essentiel dans divers aspects des soins de santé, tels que le diagnostic, la planification du traitement et la médecine personnalisée.

- **Diagnostic** : Les algorithmes d'apprentissage automatique, en particulier les modèles d'apprentissage en profondeur, ont montré des résultats impressionnants dans le diagnostic de diverses maladies comme les cancers, les maladies cardiaques et les troubles neurodégénératifs sur la base de données d'imagerie médicale. Ces algorithmes peuvent analyser des modèles complexes dans les images pour identifier les premiers signes de maladie, conduisant à des interventions précoces et à de meilleurs résultats pour les patients.
- **Planification du traitement** : Un autre domaine où ces techniques ont un impact est l'élaboration de plans de traitement personnalisés pour les patients. Les algorithmes d'apprentissage automatique peuvent analyser de grandes quantités de données médicales pour déterminer la réponse d'un patient à différents traitements. Cela permet aux professionnels de la santé de

créer des recommandations de traitement sur mesure qui sont plus susceptibles d'être efficaces et d'avoir moins d'effets secondaires.

- **Prévision des épidémies** : La capacité de prévoir la propagation des maladies infectieuses est essentielle pour une gestion efficace de la santé publique. Les modèles statistiques et les techniques d'apprentissage automatique sont largement utilisés pour prévoir les épidémies, identifier les points chauds et élaborer des plans d'intervention stratégiques. Cela était particulièrement évident pendant la pandémie de COVID-19 lorsque des chercheurs du monde entier ont utilisé ces méthodes pour prédire les schémas de progression de la maladie et évaluer l'efficacité de diverses stratégies d'atténuation.

## Finance

Le secteur financier est un autre domaine où les statistiques, les prévisions et l'apprentissage automatique se sont révélés très prometteurs. Les institutions financières et les investisseurs s'appuient fortement sur ces techniques pour éclairer leurs processus décisionnels et minimiser l'exposition aux risques.

- **Évaluation du crédit** : les établissements de crédit utilisent des modèles statistiques et des algorithmes d'apprentissage automatique pour évaluer la solvabilité des emprunteurs potentiels. Des facteurs tels que les antécédents de crédit, le niveau de revenu et les dettes impayées sont intégrés au modèle pour produire une cote de crédit qui aide les prêteurs à déterminer la probabilité de défaut.

- **Gestion de portefeuille** : les algorithmes d'apprentissage automatique sont couramment utilisés pour optimiser les portefeuilles d'investissement et gérer les risques. Ces modèles peuvent analyser des données financières historiques et appliquer diverses techniques de prévision pour prédire les performances futures de différents actifs. Cela informe les stratégies d'investissement qui cherchent à maximiser les rendements tout en respectant des niveaux de tolérance au risque spécifiés.
- **Trading algorithmique** : Le trading à haute fréquence et algorithmique domine de plus en plus les marchés financiers. Ces systèmes de négociation s'appuient sur les statistiques et l'apprentissage automatique pour identifier des modèles dans les données de marché, éclairer les décisions de négociation et exécuter des ordres à des vitesses ultra-rapides. L'utilisation de ces techniques a transformé la dynamique des marchés financiers mondiaux en améliorant la liquidité et en réduisant les coûts de transaction.

# Commercialisation

L'une des applications les plus évolutives des statistiques, des prévisions et de l'apprentissage automatique se situe dans le domaine du marketing. Les entreprises tirent parti de ces techniques pour comprendre le comportement des consommateurs, éclairer les stratégies marketing et optimiser les performances globales.

- **Segmentation de la clientèle** : les algorithmes d'apprentissage automatique sont utilisés pour analyser de grandes quantités de données démographiques, comportementales et transactionnelles afin d'identifier les similitudes entre les clients. Ces similitudes sont ensuite utilisées pour regrouper les clients en segments, permettant aux spécialistes du marketing de concevoir des campagnes publicitaires ciblées qui résonnent mieux auprès de différents publics.

- **Analyse des sentiments** : l'analyse des sentiments, un sous-domaine du traitement du langage naturel, est utilisée pour évaluer l'opinion publique sur un produit, un service ou une idée en particulier en analysant des données textuelles, telles que des publications sur les réseaux sociaux et des critiques de produits. Ces informations permettent aux spécialistes du marketing d'identifier les opportunités et de répondre aux éventuels problèmes avant qu'ils ne s'aggravent.
- **Prévision de la demande** : Une prévision précise de la demande est cruciale pour une gestion efficace des stocks et une allocation des ressources. Les modèles statistiques et les techniques d'apprentissage automatique permettent aux entreprises de prévoir la demande future de produits et de services en analysant les données de ventes historiques, les tendances économiques et d'autres facteurs pertinents. Cela permet aux entreprises de prendre des décisions plus éclairées et d'éviter les pièges potentiels.

Ce n'est qu'un aperçu des nombreuses applications réelles des statistiques, des prévisions et de l'apprentissage automatique. Alors que les données continuent de croître à un rythme exponentiel et que les technologies progressent encore, le potentiel de ces techniques pour transformer les industries et améliorer les vies ne fera probablement que continuer à se développer. Il n'y a jamais eu de moment meilleur ou plus excitant pour plonger dans le monde des données, des algorithmes et des probabilités.

# Tirer parti des statistiques, des prévisions et de l'apprentissage automatique dans des applications du monde réel

Dans le monde d'aujourd'hui axé sur les données, il est primordial de prendre des décisions fondées sur des preuves. En tirant parti de la puissance des statistiques, des prévisions et de l'apprentissage automatique, les individus et les organisations peuvent obtenir des informations exploitables et faire des choix plus éclairés. Cette section explorera plusieurs applications réelles de ces techniques, en soulignant leur caractère pratique et leur efficacité dans diverses industries et situations.

## Prévision des ventes et de la demande

L'une des applications les plus courantes des statistiques et des prévisions consiste à prédire les ventes et la demande futures de produits ou de services. Les détaillants, les fabricants et les fournisseurs de services peuvent bénéficier de prévisions précises pour optimiser la gestion des stocks, la planification de la production et l'allocation des ressources.

Des méthodes telles que l'analyse de séries chronologiques, les modèles de régression et les algorithmes d'apprentissage automatique (par exemple, ARIMA, le lissage exponentiel et les réseaux de neurones) peuvent être utilisées pour analyser les données historiques, identifier les modèles et les tendances et générer des prévisions. Ces techniques permettent aux entreprises de prendre des décisions basées sur les données, de réduire les coûts opérationnels et d'améliorer la satisfaction client en garantissant la disponibilité des produits et services.

**Marketing et segmentation client**

Comprendre le comportement des clients est essentiel pour développer des stratégies marketing efficaces. En appliquant des algorithmes de clustering, des modèles de classification et d'autres techniques d'apprentissage automatique, les spécialistes du marketing peuvent segmenter les clients en groupes ayant des caractéristiques, des préférences et des habitudes d'achat similaires.

Cette approche ciblée permet aux organisations d'adapter leurs messages marketing, leurs offres promotionnelles et leurs recommandations de produits à chaque segment, ce qui se traduit par des taux de conversion plus élevés et une fidélisation accrue de la clientèle. De plus, des modèles avancés d'apprentissage automatique peuvent être utilisés pour analyser le sentiment des clients et suivre la réputation de la marque sur les plateformes de médias sociaux, permettant aux entreprises de prendre des décisions basées sur les données concernant le développement de produits et les stratégies de relations publiques.

## Soins de santé et recherche médicale

Les statistiques, les prévisions et l'apprentissage automatique jouent un rôle crucial dans le secteur de la santé. De l'analyse des données des essais cliniques à la prévision des épidémies, ces techniques sont essentielles pour faire progresser la médecine et améliorer les résultats pour les patients.

Par exemple, les algorithmes d'apprentissage automatique peuvent être utilisés pour prédire la progression de la maladie et développer des plans de traitement personnalisés pour les patients atteints de maladies chroniques, telles que le diabète ou le cancer. De plus, l'analyse statistique des dossiers de santé électroniques peut révéler des corrélations entre les caractéristiques des patients, les traitements et les résultats, permettant aux chercheurs d'identifier les facteurs de risque potentiels et de développer des interventions ciblées.

## Finances et gestion des risques

Dans le secteur financier, l'utilisation des statistiques et de l'apprentissage automatique est importante. Les entreprises d'investissement utilisent des algorithmes prédictifs pour prévoir les tendances du marché et éclairer les décisions d'investissement, tandis que les banques et les établissements de crédit utilisent des modèles d'apprentissage automatique pour évaluer la solvabilité des clients et prédire la probabilité de défaut de paiement.

La gestion des risques, en particulier, s'appuie fortement sur l'analyse statistique et la prévision. Par exemple, les modèles de valeur à risque (VaR) sont largement utilisés pour estimer les pertes potentielles d'un portefeuille donné, permettant aux gestionnaires financiers de prendre des décisions plus éclairées sur l'allocation d'actifs et les stratégies d'atténuation des risques.

## Contrôle de la qualité de fabrication et maintenance prédictive

Assurer la qualité des produits et maintenir la disponibilité des équipements sont des facteurs critiques de succès dans le secteur manufacturier. En exploitant la puissance des statistiques, des prévisions et de l'apprentissage automatique, les entreprises peuvent optimiser ces deux aspects.

Les méthodes statistiques, telles que les cartes de contrôle et les tests d'hypothèses, peuvent être utilisées pour surveiller les processus de fabrication en temps réel, détecter les anomalies et les écarts, et signaler quand une action corrective est nécessaire. Des algorithmes d'apprentissage automatique peuvent également être appliqués pour prédire les pannes d'équipement et estimer les besoins de maintenance en fonction des données des capteurs, évitant ainsi les arrêts coûteux et augmentant l'efficacité opérationnelle.

## Optimisation du transport et de la logistique

Dans le transport et la logistique, des algorithmes sophistiqués et des techniques de prévision sont essentiels pour réduire les coûts, améliorer la prestation de services et optimiser les opérations. Les modèles de prévision de vol, par exemple, peuvent fournir des indications sur les trajectoires de vol optimales, en tenant compte de facteurs tels que les conditions météorologiques et le trafic aérien.

De même, les entreprises de logistique utilisent des algorithmes de routage et des modèles de prévision de la demande pour planifier des itinéraires de livraison optimaux et assurer une utilisation efficace des ressources. Les développements récents de l'apprentissage automatique et de l'intelligence artificielle, tels que les véhicules autonomes et les systèmes intelligents de gestion du trafic, promettent des avancées encore plus importantes dans ce domaine.

En conclusion, les applications des statistiques, des prévisions et de l'apprentissage automatique sont vastes et variées, couvrant un large éventail d'industries et de cas d'utilisation. En appliquant ces techniques à des problèmes du monde réel, les entreprises et les organisations peuvent débloquer des informations précieuses, améliorer la prise de décision et augmenter l'efficacité, ce qui conduit finalement à de meilleurs résultats.

# Section : Application des statistiques, des prévisions et de l'apprentissage automatique IRL

## Sous-section : Cas d'utilisation réels et conseils pratiques

Dans le paysage numérique en constante évolution d'aujourd'hui, l'application des statistiques, des prévisions et de l'apprentissage automatique s'avère essentielle dans un large éventail de scénarios réels. Des soins de santé à la finance, ces approches proactives ont apporté des améliorations significatives à divers secteurs, permettant aux organisations d'extraire des informations précieuses des données disponibles. Cette sous-section vise à fournir un aperçu des cas d'utilisation pratiques de ces technologies et à offrir quelques conseils pour leur mise en œuvre réussie.

### 1. Santé

**Cas d'utilisation : diagnostic et traitement de la maladie**

Les techniques d'apprentissage automatique, en particulier l'apprentissage en profondeur, se sont révélées très prometteuses pour transformer la façon dont les professionnels de la santé diagnostiquent et traitent divers problèmes de santé. Par exemple, des modèles de reconnaissance d'images ont été utilisés avec succès pour identifier les tumeurs dans les scanners médicaux, permettant une meilleure prédiction et une intervention plus précoce.

**Conseils pratiques :**

- Collaborer avec des professionnels de la santé pour comprendre les besoins spécifiques en matière de diagnostic et de traitement.
- Assurez la conformité avec les réglementations de protection des données telles que HIPAA.
- Investissez dans des données de formation de haute qualité et utilisez la validation croisée pour évaluer les performances du modèle.

## 2. Finances

**Cas d'utilisation : détection de la fraude et gestion des risques**

Les institutions financières s'appuient souvent sur des modèles statistiques avancés et des algorithmes d'apprentissage automatique pour identifier les transactions suspectes et évaluer les risques associés aux décisions de prêt et d'investissement. En exploitant les données de transaction historiques et d'autres informations pertinentes, ces modèles peuvent détecter des schémas suggérant une activité frauduleuse ou un risque de crédit potentiel.

**Conseils pratiques :**

- Mettez régulièrement à jour vos modèles avec de nouvelles données pour maintenir l'efficacité contre l'évolution des stratégies de fraude.

- Utilisez des méthodes d'ensemble pour combiner les points forts de divers algorithmes et améliorer les performances globales.
- Comprendre les risques spécifiques liés aux différents produits financiers et ajuster les modèles en conséquence.

## 3. Vente au détail

**Cas d'utilisation : prévision de la demande**

Une prévision précise de la demande joue un rôle crucial pour assurer une gestion efficace des stocks et des processus de distribution. En analysant les données historiques sur les ventes, ainsi que des facteurs externes tels que les tendances saisonnières et les activités des concurrents, les modèles statistiques et les techniques d'apprentissage automatique peuvent prédire la demande future, permettant aux détaillants d'optimiser les quantités de commandes et d'allouer efficacement les ressources.

## Conseils pratiques :

- Intégrez des facteurs externes tels que les jours fériés, les promotions des concurrents et les cycles de vie des produits dans votre modèle de prévision.
- Examinez régulièrement les performances de votre modèle pour identifier les opportunités d'amélioration.
- Utilisez plusieurs techniques de prévision, telles que l'analyse de séries chronologiques et les

algorithmes d'apprentissage automatique, pour augmenter la précision.

## 4. Commercialisation

**Cas d'utilisation : segmentation et ciblage de la clientèle**

Les entreprises peuvent segmenter leur clientèle en analysant des données telles que la démographie, le comportement d'achat et les modèles d'engagement avec des techniques statistiques avancées et des algorithmes d'apprentissage automatique. Cela permet un meilleur ciblage des campagnes marketing, garantissant que les efforts promotionnels trouvent un écho auprès du public visé, ce qui se traduit par une amélioration de la satisfaction et de la fidélisation des clients.

**Conseils pratiques :**

- Commencez par une approche de segmentation simple, telle que le regroupement ou les arbres de décision, et passez progressivement à des techniques plus avancées.
- Réévaluez régulièrement vos segments de clientèle pour tenir compte des changements dans le comportement et les préférences des consommateurs.
- Intégrez vos informations de segmentation dans divers aspects de votre entreprise, du développement de produits au service client.

## 5. Transport

**Cas d'utilisation : prévision du trafic et optimisation des itinéraires**

Les organisations de transport utilisent souvent des modèles statistiques et des techniques d'apprentissage automatique pour analyser les modèles de trafic et prévoir les niveaux de congestion. De telles prévisions peuvent aider à réduire les embouteillages, à améliorer l'efficacité des systèmes de transport public et à améliorer la planification des itinéraires.

**Conseils pratiques :**

- Intégrez des données en temps réel, telles que les conditions météorologiques et les événements, dans vos modèles de prévision du trafic.
- Utilisez les données géolocalisées pour améliorer les algorithmes d'optimisation des itinéraires.
- Collaborez avec des experts en urbanisme et en transport pour comprendre les changements dans les infrastructures de transport qui peuvent avoir un impact sur vos modèles.

## 6. Fabrication

**Cas d'utilisation : maintenance prédictive**

En combinant les données des capteurs avec les enregistrements de maintenance historiques et en utilisant des algorithmes d'apprentissage automatique, les fabricants peuvent prévoir avec précision les pannes d'équipement et autres problèmes de maintenance. Cela leur permet de planifier les activités de maintenance de manière proactive, en évitant les temps d'arrêt coûteux et en garantissant des performances optimales de la ligne de production.

**Conseils pratiques :**

● Sélectionnez avec soin les fonctionnalités et les capteurs qui fournissent des données pertinentes pour la maintenance prédictive.
● Entraînez vos modèles d'apprentissage automatique sur divers ensembles de scénarios de maintenance pour garantir des performances robustes.
● Faites attention à l'interprétabilité de vos modèles, car cela peut aider à renforcer la confiance entre les équipes de maintenance et faciliter l'adoption.

En comprenant les cas d'utilisation réels des modèles statistiques, des prévisions et des techniques d'apprentissage automatique, et en suivant les conseils pratiques décrits dans cette sous-section, les professionnels de divers secteurs peuvent optimiser les processus, s'adapter au changement et naviguer dans les complexités du paysage numérique d'aujourd'hui avec une plus grande confiance.

# 3. Techniques d'analyse et de prévision des séries chronologiques

# 3. Techniques d'analyse et de prévision des séries chronologiques

L'analyse et la prévision de séries chronologiques sont des techniques essentielles utilisées dans divers domaines, notamment la finance, l'économie, l'écologie et la météorologie. Ces techniques permettent aux praticiens d'analyser et de prédire les tendances et les modèles de données séquentielles, ce qui en fait des outils précieux pour la prise de décision et la gestion des risques.

Dans cette section, nous discuterons des méthodes populaires d'analyse et de prévision des séries chronologiques, de leurs applications dans le monde réel et du rôle de l'apprentissage automatique dans ces techniques.

## 3.1 Introduction à l'analyse des séries chronologiques

Une série chronologique est une séquence de points de données indexés dans l'ordre du temps. L'analyse de séries chronologiques englobe les méthodes utilisées pour extraire des statistiques significatives et d'autres caractéristiques à partir de données de séries chronologiques observées.

L'objectif principal de l'analyse des séries chronologiques est de comprendre la structure et les modèles sous-jacents des données, qui peuvent ensuite être utilisés pour faire des prévisions éclairées.

L'analyse des séries chronologiques comporte deux éléments principaux :

1.  *Analyse des tendances* : il s'agit d'examiner le mouvement ou la direction à long terme de la série dans son ensemble.
2.  *Analyse saisonnière* : Cela implique de découvrir des modèles récurrents dans la série, tels que des variations cycliques ou des fluctuations périodiques, sur une période de temps fixe (par exemple, quotidienne, hebdomadaire, mensuelle ou annuelle).

Les applications réelles de l'analyse des séries chronologiques comprennent la prévision du cours des actions, la prévision des ventes, la prévision météorologique et l'estimation de la consommation d'énergie.

## 3.2 Techniques de prévision des séries chronologiques

Il existe de nombreuses techniques parmi lesquelles choisir lors de la prévision de séries chronologiques. Ici, nous allons explorer certaines des approches les plus populaires et leurs avantages et inconvénients respectifs.

1.  *Autorégression (AR)* : Le modèle autorégressif suppose que la valeur actuelle d'une série temporelle dépend linéairement de ses valeurs passées. Le modèle d'autorégression aide à

décrire la structure d'autocorrélation de la série et peut être utilisé pour les prévisions à court terme.

2.  *Moyennes mobiles (MA)* : Le modèle de moyenne mobile est utilisé pour lisser la série, réduire le bruit et identifier les tendances sous-jacentes. Cela implique de calculer la moyenne d'une fenêtre glissante dans la série, ce qui peut aider à détecter des modèles et des tendances dans le temps. Il s'agit d'une technique simple qui peut ne pas capturer des modèles complexes dans les données de séries chronologiques.

3.  *Lissage exponentiel* : Le lissage exponentiel est une méthode de prévision de séries chronologiques qui attribue des poids décroissants de manière exponentielle aux observations passées. Le principal avantage de cette technique est qu'elle est plus sensible aux changements récents dans les modèles de données que les modèles de moyenne mobile simples.

4.  *ARIMA (Autoregressive Integrated Moving Average)* : ARIMA est une classe de modèles linéaires qui combine les techniques d'autorégression et de moyennes mobiles. Il est conçu pour gérer des données de séries chronologiques stationnaires et peut être appliqué à des données de séries chronologiques univariées. Cela nécessite un réglage minutieux des paramètres, ce qui peut être difficile pour les praticiens.

5. *Décomposition saisonnière des séries chronologiques (STL)* : la STL est une méthode qui décompose une série chronologique en composantes de tendance, saisonnières et résiduelles. Il permet d'identifier et de quantifier les composants sous-jacents, ce qui facilite la

création de modèles de prévision basés sur les séries chronologiques décomposées.

6. *Prophet* : Développé par Facebook, Prophet est une bibliothèque open-source de prévision de séries temporelles basée sur des modèles de régression additive. Il est conçu pour gérer les données de séries chronologiques avec la saisonnalité, les vacances et d'autres événements spéciaux. Il est particulièrement utile pour les données de séries chronologiques commerciales, offrant une solution de prévision précise et flexible.

## 3.3 Apprentissage automatique pour la prévision de séries chronologiques

Les modèles d'apprentissage automatique sont devenus de plus en plus populaires dans les prévisions de séries chronologiques en raison de leur capacité à apprendre des modèles complexes et des dépendances non linéaires dans les données. Certains modèles d'apprentissage automatique courants utilisés pour les prévisions de séries chronologiques incluent :

1. *Réseaux de neurones récurrents (RNN)* : les RNN sont un type de réseau de neurones artificiels conçu pour traiter des données séquentielles. Ils sont particulièrement bien adaptés aux prévisions de séries chronologiques, car ils peuvent apprendre des modèles à différentes échelles de temps et tenir compte des dépendances à long terme dans les données.

2. *Réseaux de mémoire longue à court terme (LSTM)* : LSTM est un type d'architecture RNN qui relève les défis de la capture des dépendances à long terme dans les données de séries

chronologiques. Les réseaux LSTM ont été largement utilisés dans des applications telles que la prévision des ventes, la prévision du cours des actions et la prévision météorologique.

3. *Réseaux de neurones convolutifs (CNN)* : Bien qu'ils soient principalement utilisés dans des tâches de reconnaissance d'images, les CNN se sont avérés efficaces pour la prévision de séries chronologiques, en particulier lorsqu'il s'agit de données de séries chronologiques multivariées. En traitant les modèles temporels locaux, les CNN peuvent capturer les caractéristiques hiérarchiques et les dépendances dans les données de la série chronologique.

4. *Machines à vecteurs de support (SVM)* : les SVM sont une classe de classificateurs discriminants largement utilisés pour leur capacité à gérer des données de grande dimension. Ils ont également été appliqués à la prévision de séries chronologiques, où ils peuvent être combinés avec des noyaux et des techniques d'extraction de caractéristiques pour prédire les valeurs futures.

5. *Méthodes d'ensemble* : Les méthodes d'ensemble combinent plusieurs modèles de base pour améliorer la précision et la robustesse des prévisions de séries chronologiques. Les exemples de méthodes d'ensemble incluent le bagging, le boosting et l'empilement, qui combinent les points forts de modèles individuels pour créer un prédicteur plus puissant.

En conclusion, l'analyse des séries chronologiques et les techniques de prévision sont des outils essentiels pour comprendre et prévoir les tendances et les modèles dans les données séquentielles. Qu'elles utilisent des méthodes statistiques traditionnelles ou des approches d'apprentissage automatique plus avancées, ces techniques fournissent des informations inestimables dans divers domaines, favorisant une prise de décision intelligente et améliorant notre capacité à anticiper les événements futurs.

# 3. Techniques d'analyse et de prévision des séries chronologiques

L'analyse de séries chronologiques est l'étude de points de données, ordonnés séquentiellement dans le temps ou dans l'espace. En général, l'analyse des séries chronologiques se concentre sur l'analyse des modèles et des tendances dans les données pour faire des interprétations significatives, comprendre la force motrice derrière le comportement observé et faire des prédictions et des prévisions précises pour les futurs points de données. L'analyse de séries chronologiques est largement utilisée dans de nombreux domaines, notamment l'économie, la finance, la médecine, la météorologie et les sciences sociales.

Dans cette section, nous allons plonger dans diverses techniques d'analyse et de prévision des séries chronologiques, en discutant de leur théorie, des cas d'utilisation, des avantages et des limites.

## 3.1 Composantes des données de séries chronologiques

Avant de plonger dans diverses techniques, nous devons comprendre les composants des données de séries chronologiques. Les quatre composantes suivantes sont généralement observées dans les données de séries chronologiques :

1.  **Tendance** : la progression globale des données de la série chronologique dans le temps, soit à la hausse, soit à la baisse.
2.  **Saisonnalité** : Un schéma répétitif ou une variation sur des périodes fixes, généralement due au calendrier ou à la saison (par exemple, fluctuations mensuelles ou trimestrielles).
3.  **Cyclique** : Fluctuations sans période fixe, qui sont causées par des événements non saisonniers tels que les cycles économiques ou les conditions du marché.
4.  **Bruit irrégulier** : Variations ou fluctuations résiduelles qui ne peuvent être attribuées à aucun des composants ci-dessus et sont considérées comme aléatoires.

## 3.2 Techniques de lissage

Les techniques de lissage dans l'analyse des séries chronologiques sont conçues pour éliminer le bruit et la variation dans les données, aidant à identifier la tendance sous-jacente, la saisonnalité et les composantes cycliques.

-   **Moyenne mobile** : cette méthode calcule la moyenne des points de données dans une fenêtre spécifiée, lissant efficacement les fluctuations à court terme et identifiant les tendances à long terme.

- **Moyenne mobile pondérée de manière exponentielle** : Semblable à la moyenne mobile, mais attribue plus de poids aux points de données récents, donnant ainsi une représentation plus précise des dernières tendances.
- **Ajustement saisonnier** : Cette technique applique des corrections aux données de la série chronologique en tenant compte des composantes saisonnières, dans le but de discerner plus précisément la tendance sous-jacente et les composantes cycliques.

## 3.3 Moyenne mobile intégrée autorégressive (ARIMA)

ARIMA est un modèle statistique populaire pour la prévision et la compréhension des données de séries chronologiques. Il combine les composants des modèles autorégressifs (AR), des modèles de moyenne mobile (MA) et le concept de différenciation pour stationnariser les données.

- **Autorégressif (AR)** : prédit la valeur d'une variable en fonction de ses valeurs précédentes. Mathématiquement, c'est la combinaison linéaire des points de données précédents, multipliée par des coefficients spécifiques.
- **Moyenne mobile (MA)** : utilise une approche mathématique similaire pour prédire les valeurs en fonction des erreurs ou des résidus précédents dans les données. Les erreurs des prévisions précédentes sont utilisées pour ajuster la prévision actuelle.
- **Intégré (I)** : Représente l'ordre de différenciation nécessaire pour rendre les données stationnaires. La stationnarité est essentielle dans

la plupart des techniques d'analyse de séries chronologiques, car elle réduit les effets des tendances et de la saisonnalité, ce qui nous permet de nous concentrer sur le modèle inhérent des données.

Les modèles ARIMA sont particulièrement utiles lorsque les données ont un modèle linéaire, stationnaire et n'ont pas de valeurs manquantes.

### 3.4 Décomposition saisonnière des séries temporelles (STL)

STL est une technique qui décompose une série chronologique en trois composantes : tendance, saisonnière et résiduelle (reste). Il utilise des méthodes de lissage telles que LOESS (Locally Estimated Scatterplot Smoothing) pour estimer chaque composante.

- **Lissage LOESS** : Une méthode de régression non paramétrique qui combine plusieurs modèles linéaires dans un méta-modèle basé sur les k plus proches voisins. Il est particulièrement utile pour analyser les modèles non linéaires et créer des courbes de tendance précises et lisses.

Après avoir décomposé les données de la série chronologique à l'aide de STL, nous pouvons analyser et prévoir chaque composant séparément, fournissant une compréhension plus précise et complète des modèles sous-jacents et du comportement futur.

## 3.5 Réseau de mémoire longue à court terme (LSTM)

LSTM est un type de réseau neuronal récurrent (RNN) conçu pour apprendre les dépendances et les modèles à long terme dans les données de séries chronologiques. Ce modèle d'apprentissage automatique est particulièrement utile pour gérer de grands ensembles de données avec des modèles complexes et des relations non linéaires.

Les LSTM fonctionnent en maintenant un état caché qui évolue avec le temps, à mesure que de nouveaux points de données sont ajoutés. Le modèle ajuste ses pondérations et ses biais au fur et à mesure qu'il apprend la séquence de données, ce qui lui permet d'intégrer efficacement les dépendances à long terme dans ses prévisions.

Les LSTM ont trouvé une utilisation significative dans diverses applications, notamment la reconnaissance vocale, le traitement du langage naturel et les prévisions financières, en raison de leur capacité à capturer des modèles complexes et des dynamiques de séquence.

## 3.6 Facebook Prophète

Prophet est une bibliothèque open-source de prévision de séries chronologiques développée par Facebook. Il est construit sur les langages de programmation statistique populaires R et Python, ce qui le rend facile à utiliser et à intégrer aux pipelines d'analyse de données existants.

Prophet utilise un modèle de régression additif pour créer des prévisions en combinant une tendance de courbe de croissance linéaire ou logistique par morceaux, une composante saisonnière annuelle et une composante saisonnière hebdomadaire. Il dispose également de fonctionnalités pour gérer les vacances et les événements spéciaux, fournissant des prévisions plus précises pour les séries chronologiques irrégulières.

La simplicité, la flexibilité et la robustesse de Prophet l'ont rendu populaire parmi les débutants et les praticiens expérimentés, leur permettant d'analyser et de prévoir une grande variété de données de séries chronologiques.

En conclusion, l'analyse et la prévision des séries chronologiques sont des outils essentiels pour comprendre les données et prévoir les tendances futures. Les techniques décrites dans cette section peuvent être appliquées à divers secteurs et cas d'utilisation, fournissant des informations précieuses et améliorant la prise de décision. En comprenant les principes sous-jacents et les limites de chaque méthode, nous pouvons appliquer plus efficacement ces techniques dans notre travail et approfondir notre compréhension des modèles complexes et de la dynamique des données du monde réel.

# 3. Techniques d'analyse et de prévision des séries chronologiques

Les techniques d'analyse et de prévision des séries chronologiques sont des composants essentiels dans de nombreuses applications du monde réel, allant de l'économie à la prévision météorologique, à la prévision des ventes et même à la santé. Cette sous-section se penchera sur diverses techniques d'analyse et de prévision de séries chronologiques utilisées dans des contextes réels, ainsi que sur leur importance et leur fonctionnalité.

## 3.1 Comprendre les données des séries chronologiques

Avant de plonger dans les techniques, il est crucial de vous familiariser avec les données de séries chronologiques. Les données de séries chronologiques sont une séquence de points de données collectés à des intervalles de temps cohérents. Par exemple, les cours boursiers quotidiens ou les chiffres de vente mensuels sont des données de séries chronologiques. L'analyse des séries chronologiques vise à découvrir des modèles et des tendances cachés dans les données, qui peuvent ensuite être exploités pour prévoir les valeurs futures.

## 3.2 Techniques d'analyse des séries chronologiques

Il existe de nombreuses techniques d'analyse de séries chronologiques, chacune offrant des informations et des capacités de prévision uniques. Les méthodes suivantes sont largement utilisées dans les applications réelles :

### 3.2.1 Modèle autorégressif (AR)

Un modèle autorégressif suppose que la valeur actuelle d'une série chronologique peut être estimée à l'aide d'une combinaison linéaire de valeurs précédentes. Cette technique est souvent utilisée dans des applications telles que la finance et l'économie, où les tendances historiques sont importantes pour faire des prévisions. Le modèle AR peut être utilisé pour des prévisions à court terme mais présente des limites lorsqu'il est appliqué à des prévisions à plus long terme.

### 3.2.2 Modèle de moyenne mobile (MA)

Un modèle de moyenne mobile calcule la moyenne des points de données dans une fenêtre spécifiée de la série temporelle. En "lissant" les données, les moyennes mobiles peuvent aider à éliminer le bruit et à révéler les tendances sous-jacentes. Il est souvent utilisé pour interpréter des séries chronologiques dans les ventes et la finance, où la révélation de modèles et de tendances saisonniers est cruciale.

### 3.2.3 Modèle de moyenne mobile intégrée autorégressive (ARIMA)

ARIMA combine les avantages des modèles AR et MA. Cela inclut la différenciation de la série chronologique pour la rendre stationnaire, par exemple, la suppression de la saisonnalité et des tendances qui peuvent être présentes. Cette technique est polyvalente et peut gérer divers types de données de séries chronologiques, ce qui la rend largement utilisée à des fins de prévision.

### 3.2.4 Modèle d'espace d'état de lissage exponentiel (ES)

Le lissage exponentiel englobe plusieurs techniques de prévision qui attribuent différents poids aux observations passées, en diminuant généralement le poids à mesure que l'observation vieillit. Le lissage exponentiel simple, le lissage exponentiel double (méthode de Holt) et le lissage exponentiel triple (méthode de Holt-Winters) sont des exemples de techniques de lissage exponentiel. Ils sont largement utilisés dans les affaires, la finance et l'économie pour des prévisions précises à court terme.

### 3.2.5 Modèles d'apprentissage automatique

Les techniques d'apprentissage automatique, telles que les réseaux de neurones à mémoire longue à court terme (LSTM) et Gated Recurrent Unit (GRU), peuvent également être adoptées pour l'analyse et la prévision de séries chronologiques. Ces modèles d'apprentissage en profondeur ont gagné en popularité ces dernières années en raison de leur capacité à modéliser des modèles complexes et de grands ensembles de données. Ils sont fréquemment utilisés dans des applications où de lourdes ressources de calcul sont disponibles et où des prévisions de haute précision sont souhaitées.

## 3.3 Techniques de prévision en action : applications dans le monde réel

### 3.3.1 Prévisions météorologiques

Les prévisions météorologiques utilisent largement l'analyse de séries chronologiques pour prédire les conditions météorologiques futures. Des techniques telles que les modèles AR, le lissage exponentiel et les modèles d'apprentissage en profondeur aident à prévoir les températures, les précipitations et d'autres variables météorologiques en tirant parti des données météorologiques précédentes.

### 3.3.2 Prévision boursière

Dans le secteur financier, les techniques d'analyse des séries chronologiques sont essentielles pour prévoir les cours des actions, les taux de change et les tendances du marché. En utilisant des données historiques pour prédire les valeurs futures, les traders et les investisseurs peuvent prendre des décisions éclairées pour minimiser les risques et maximiser les rendements.

### 3.3.3 Prévisions économiques

Les indicateurs économiques tels que le PIB, l'inflation et les taux d'emploi sont fréquemment modélisés à l'aide d'une analyse de séries chronologiques. En analysant les données historiques et en identifiant les tendances, les décideurs et les économistes peuvent développer de meilleures stratégies pour la croissance et la stabilité économiques.

### 3.3.4 Soins de santé

L'analyse des séries chronologiques joue un rôle crucial dans les soins de santé, aidant à prévoir la prévalence des maladies, les admissions de patients et les ressources nécessaires dans les hôpitaux. Dans le contexte de la prévention des maladies, les modèles de séries chronologiques peuvent aider à détecter les épidémies potentielles, permettant aux professionnels de la santé de réagir rapidement et efficacement.

**3.3.5 Gestion de la chaîne d'approvisionnement et prévision de la demande**

Les entreprises utilisent l'analyse des séries chronologiques pour prévoir la demande future de leurs produits, ce qui leur permet d'optimiser les niveaux de stocks, les calendriers de fabrication et les stratégies marketing. En utilisant des techniques telles que ARIMA et des modèles d'apprentissage automatique, les entreprises peuvent prendre des décisions en toute confiance sur la base de prévisions précises de la demande.

En conclusion, l'analyse des séries chronologiques et les techniques de prévision sont des outils indispensables dans une grande variété d'applications du monde réel. Devenir compétent dans ces méthodes améliorera vos compétences en analyse de données et en modélisation prédictive, vous permettant de libérer le potentiel caché des données de séries chronologiques dans divers domaines.

# 3. Techniques d'analyse et de prévision des séries chronologiques

L'analyse de séries chronologiques est une technique statistique utilisée pour étudier et analyser une série de points de données, collectés sur des intervalles de temps discrets et équidistants. L'objectif principal de l'analyse des séries chronologiques est d'extraire des informations significatives, d'identifier les modèles, les tendances et la saisonnalité des données, et de prévoir les points de données futurs en fonction des modèles historiques.

Dans cette section, nous aborderons les techniques d'analyse et de prévision des séries chronologiques suivantes, largement utilisées dans tous les secteurs et applications, notamment la finance, l'économie, le marketing et l'analyse quantitative :

## 3.1 Modèles autorégressifs (AR)

Un modèle autorégressif (AR) est un modèle linéaire qui utilise des points de données antérieurs (valeurs décalées) pour prévoir les valeurs futures. L'hypothèse principale dans les modèles AR est que la valeur actuelle de la variable dépend linéairement de ses valeurs précédentes. Les modèles autorégressifs sont couramment utilisés dans divers domaines, tels que la finance, l'économie et l'ingénierie, pour analyser et prévoir des données de séries chronologiques.

L'équation de base d'un modèle autorégressif d'ordre $p$ (AR(p)) est définie comme suit :

$Y_t = c + \phi_1Y_{t-1} + \phi_2Y_{t-2} + \dots + \phi_pY_{t-p} + \epsilon_t$

Où:

- $Y_t$ est la valeur de la série chronologique au temps $t$
- $c$ est le terme constant
- $\phi_1, \phi_2, \dots, \phi_p$ sont les paramètres du modèle
- $Y_{t-1}, Y_{t-2}, \dots, Y_{t-p}$ sont les valeurs précédentes de la série temporelle
- $\epsilon_t$ est le terme d'erreur au temps $t$

## 3.2 Modèles de moyenne mobile (MA)

Les modèles de moyenne mobile (MA) sont une autre technique de prévision linéaire populaire utilisée pour les données de séries chronologiques. Au lieu d'utiliser des observations précédentes comme les modèles AR, les modèles MA utilisent des termes d'erreur passés pour prévoir les points de données futurs. Les modèles MA supposent que la valeur actuelle est une combinaison linéaire des termes d'erreur précédents, qui peuvent être interprétés comme des « chocs » ou du « bruit » dans les données de la série chronologique.

L'équation de base d'un modèle à moyenne mobile d'ordre $q$ (MA(q)) est définie comme suit :

$Y_t = \mu + \epsilon_t + \theta_1\epsilon_{t-1} + \theta_2\epsilon_{t-2} + \dots + \theta_q\epsilon_{t-q}$

Où:

- $Y_t$ est la valeur de la série chronologique au temps $t$
- $\mu$ est le terme constant (moyenne de la série temporelle)
- $\theta_1, \theta_2, \dots, \theta_q$ sont les paramètres du modèle
- $\epsilon_{t-1}, \epsilon_{t-2}, \dots, \epsilon_{tq}$ sont les termes d'erreur précédents
- $\epsilon_t$ est le terme d'erreur au temps $t$

### 3.3 Modèles de moyenne mobile intégrée autorégressive (ARIMA)

Les modèles de moyenne mobile intégrée autorégressive (ARIMA) combinent à la fois des composants autorégressifs (AR) et de moyenne mobile (MA), et prennent également en compte le processus de différenciation pour rendre la série chronologique stationnaire (c'est-à-dire moyenne et variance constantes dans le temps). Les modèles ARIMA sont particulièrement utiles pour prévoir des données de séries chronologiques non stationnaires avec une tendance bien définie et/ou des composantes saisonnières.

Le modèle ARIMA est défini par trois paramètres :
$p$ (ordre du terme autorégressif), $d$ (degré de différenciation) et $q$ (ordre du terme moyen mobile). Un modèle ARIMA(p, d, q) peut être exprimé comme suit :

$$(1-\Sigma \phi_i L^i)(1-L)^d Y_t = \mu + (1+\Sigma \theta_j L^j)\epsilon_t$$

Où:

- $Y_t$ est la valeur de la série chronologique au temps $t$
- $L$ est l'opérateur de décalage (par exemple, $L^1 Y_t = Y_{t-1}$)
- $\phi_i$ sont les paramètres autorégressifs
- $\theta_j$ sont les paramètres de moyenne mobile
- $d$ est le degré de différenciation
- $\epsilon_t$ est le terme d'erreur au temps $t$
- $\mu$ est le terme constant

## 3.4 Décomposition saisonnière des séries temporelles (STL)

La décomposition saisonnière des séries chronologiques (STL) est une technique utilisée pour séparer les données des séries chronologiques en plusieurs composants, tels que les composants de tendance, saisonniers et résiduels. STL est particulièrement utile pour analyser les modèles de saisonnalité dans les données de séries chronologiques et apporter des ajustements aux prévisions des effets saisonniers.

La décomposition STL peut être représentée comme suit :

$$Y_t = T_t + S_t + R_t$$

Où:

- $Y_t$ est la valeur de la série chronologique au temps $t$
- $T_t$ est la composante de tendance au temps $t$
- $S_t$ est la composante saisonnière au temps $t$
- $R_t$ est la composante résiduelle au temps $t$

## 3.5 Modèle d'espace d'état de lissage exponentiel (ETS)

Les modèles d'espace d'état de lissage exponentiel (ETS) sont une famille de modèles de prévision qui s'étendent sur les techniques de lissage exponentiel avec la modélisation d'espace d'état. Les modèles ETS peuvent gérer divers types de modèles de séries chronologiques, tels que les tendances additives ou multiplicatives et les saisonnalités. Le principal avantage de l'utilisation des modèles ETS est leur capacité à produire des prévisions précises à court terme avec une complexité de calcul relativement inférieure par rapport à d'autres techniques avancées.

Les modèles ETS peuvent être classés en trois composants principaux :

- Niveau (désigné par *l* ): La valeur persistante ou à long terme de la série chronologique
- Tendance (notée *b* ) : la pente ou le changement de la composante de niveau au fil du temps
- Saisonnier (désigné par *s* ): Le modèle périodique ou répétitif dans la série temporelle

La représentation de l'espace d'état d'un modèle ETS est donnée par :

$Y_t = l_{t-1} + \alpha \epsilon_t$ $l_t = l_{t-1} + b_{t-1} + \alpha \epsilon_t$ $b_t = b_{t-1} + \beta \epsilon_t$

Où:

- $Y_t$ est la valeur de la série chronologique au temps *t*
- $l_t$ est le niveau au temps *t*
- $b_t$ est la tendance au temps *t*
- $s_t$ est le facteur saisonnier au temps *t*
- $\alpha, \beta$ sont les paramètres de lissage
- $\epsilon_t$ est le terme d'erreur au temps *t*

## 3.6 Techniques d'apprentissage automatique et d'apprentissage en profondeur pour la prévision de séries chronologiques

Outre les modèles de séries chronologiques traditionnels, diverses techniques d'apprentissage automatique et d'apprentissage en profondeur ont gagné en popularité ces dernières années pour résoudre des problèmes complexes de prévision de séries chronologiques. Certaines de ces techniques comprennent :

- **Support Vector Machines (SVM)** : SVM est une technique d'apprentissage automatique qui peut être utilisée pour la prévision de séries chronologiques en transformant les données de séries chronologiques en un espace de dimension supérieure à l'aide de fonctions de noyau et en trouvant l'hyperplan de séparation optimal.
- **Random Forests and Gradient Boosting Machines** : Ces techniques d'ensemble peuvent être appliquées aux problèmes de prévision de séries chronologiques en utilisant des stratégies de fenêtre glissante ou de validation croisée « d'origine glissante » pour former plusieurs arbres de décision ou des apprenants faibles sur différents sous-ensembles de données de séries chronologiques.
- **Réseaux de neurones récurrents (RNN)** : les RNN sont un type de réseaux de neurones artificiels spécialement conçus pour gérer des données de séquence, telles que des séries chronologiques, en utilisant des connexions de rétroaction ou des unités de "mémoire" pour stocker les informations passées.
- **Réseaux de neurones à mémoire longue à court terme (LSTM) et à unité récurrente fermée (GRU)** : les modèles LSTM et GRU sont des variantes avancées des RNN, avec des unités de mémoire améliorées capables d'apprendre les dépendances à long terme dans les données de séries chronologiques, ce qui les rend adaptés aux problèmes de prévision.
- **Réseaux de neurones convolutifs (CNN)** : les CNN sont des réseaux de neurones

spécialisés conçus à l'origine pour l'analyse d'images, mais peuvent également être appliqués aux problèmes de prévision de séries chronologiques en traitant les données de séries chronologiques comme une "image" unidimensionnelle et en apprenant des représentations hiérarchiques à l'aide de couches convolutives.

Toutes ces techniques, lorsqu'elles sont appliquées de manière appropriée, offrent des méthodes robustes et précises pour l'analyse et la prévision de séries chronologiques. Le choix de la bonne technique dépend de la nature et de la complexité des données de séries chronologiques, de la connaissance du domaine et des exigences spécifiques de la tâche de prévision à accomplir.

# 3. Techniques d'analyse et de prévision des séries chronologiques

L'analyse des séries chronologiques implique l'étude des données historiques pour identifier les modèles et les tendances afin de prédire les événements futurs. Ce type d'analyse est essentiel dans de nombreux domaines commerciaux, économiques et scientifiques, car il aide à guider la prise de décision et à comprendre la dynamique temporelle de divers processus. Dans cette section, nous aborderons les techniques de prévision suivantes :

- Modèles de moyenne mobile intégrée autorégressive (ARIMA)
- Décomposition saisonnière des séries chronologiques (STL) et décomposition des tendances saisonnières à l'aide de LOESS (STL)
- Modèles d'espace d'états à lissage exponentiel (ETS)
- Modèles de mémoire longue à court terme (LSTM)

## 3.1 Modèles de moyenne mobile intégrée autorégressive (ARIMA)

Le modèle ARIMA est une approche largement utilisée pour la prévision de séries chronologiques. Il combine des éléments autorégressifs (AR) et de moyenne mobile (MA) avec une différenciation pour rendre la série chronologique stationnaire. En termes simples, les données de séries chronologiques stationnaires n'ont pas de tendances ni de saisonnalité, ce qui facilite l'analyse et la prévision. Le modèle est défini par trois paramètres : p (ordre du terme AR), d (degré de différenciation) et q (ordre du terme MA).

La sélection des paramètres optimaux pour le modèle ARIMA peut être effectuée à l'aide d'une recherche par grille, dans le but de minimiser une métrique telle que le critère d'information d'Akaike (AIC) ou le critère d'information bayésien (BIC). Une fois les paramètres choisis, le modèle peut être ajusté aux données historiques et utilisé pour prévoir les observations futures. Cependant, ARIMA a du mal à traiter des données irrégulières, à haute fréquence ou saisonnières.

## 3.2 Décomposition saisonnière des séries chronologiques (STL) et décomposition des tendances saisonnières à l'aide de LOESS (STL)

Les techniques de décomposition saisonnière, telles que STL, sont utilisées pour décomposer une série chronologique en ses composants constitutifs : saisonnier, tendance et résiduel. Cette décomposition nous permet de comprendre les modèles et comportements sous-jacents dans les données, tels que la façon dont la tendance et la saisonnalité changent au fil du temps. STL est un acronyme pour la décomposition saisonnière et tendance à l'aide de Loess, une méthode non paramétrique pour ajuster une courbe lisse aux données.

La méthode STL est hautement personnalisable et robuste, permettant l'analyse de données avec des observations manquantes ou contaminées. De plus, STL peut être combiné avec d'autres méthodes de prévision, telles que ARIMA ou ETS, pour tenir compte de la saisonnalité, qui peut ne pas être capturée par ces modèles.

## 3.3 Modèles d'espace d'états à lissage exponentiel (ETS)

Les modèles d'espace d'états à lissage exponentiel, parfois appelés `méthode de Holt-Winters`, sont une famille de techniques de prévision de séries chronologiques qui généralisent diverses formes de lissage exponentiel. Ces modèles peuvent tenir compte des tendances et de la saisonnalité, ainsi que générer des prévisions ponctuelles, des intervalles de prévision et un lissage. ETS se distingue d'ARIMA en étant capable de gérer des séries temporelles avec des modèles irréguliers et des données à haute fréquence.

Il existe trois composantes principales des modèles ETS : l'erreur (E), la tendance (T) et la saisonnalité (S). Le choix de ces composants est déterminé par les données et les propriétés de prévision souhaitées. Par exemple, un modèle avec des erreurs additives, des tendances additives et aucune saisonnalité serait désigné par ETS(A, A, N). La sélection des paramètres de modèle optimaux peut être effectuée à l'aide de divers critères, tels que la minimisation de l'AIC ou du BIC.

### 3.4 Modèles de mémoire longue à court terme (LSTM)

La mémoire longue à court terme (LSTM) est un type d'architecture de réseau neuronal récurrent (RNN) spécialement conçu pour gérer les données de séries chronologiques en capturant les dépendances à long terme. Les LSTM ont réussi à prédire des modèles complexes et des relations non linéaires, ce qui en fait un excellent choix pour les tâches de prévision de séries chronologiques.

Les LSTM sont constitués de plusieurs couches, chaque couche ayant plusieurs cellules de mémoire. Ces cellules ont des portes d'entrée, de sortie et d'oubli qui aident à contrôler et à maintenir le flux d'informations à travers le réseau. Cette conception permet d'atténuer le problème de gradient de fuite, qui est courant dans les RNN traditionnels.

La formation d'un modèle LSTM implique de diviser les données de la série chronologique en séquences et de fournir ces séquences en tant qu'entrées au modèle. Le modèle est ensuite formé pour prédire une ou plusieurs étapes à venir dans la série chronologique. L'optimisation des hyperparamètres, par exemple le nombre de couches, le nombre de cellules par couche, le taux d'apprentissage et le taux d'abandon, est une étape essentielle du développement du modèle LSTM.

## Conclusion

L'analyse et la prévision des séries chronologiques jouent un rôle crucial dans diverses applications réelles. Comprendre et mettre en œuvre les techniques appropriées peut fournir des informations précieuses et aider à prendre des décisions éclairées. Les techniques abordées dans cette section (ARIMA, STL, ETS et LSTM) offrent une gamme intéressante d'options pour les analystes et les praticiens qui cherchent à exploiter la puissance de l'analyse des séries chronologiques. Le choix de la méthode dépend de la nature des données, des propriétés de prévision souhaitées et, bien sûr, des ressources de calcul nécessaires.

# Intégration des statistiques, des prévisions et de l'apprentissage automatique dans la prise de décision

Dans notre monde de plus en plus axé sur les données, il est essentiel pour les individus et les organisations non seulement de comprendre et de travailler avec les données, mais aussi de les exploiter pour prendre des décisions éclairées. C'est là que l'intégration des statistiques, des prévisions et de l'apprentissage automatique entre en jeu. La mise en œuvre combinée de ces approches aide à affiner la prise de décision et conduit finalement à des résultats plus précis. Dans cette sous-section, nous discuterons de quelques étapes pratiques et des meilleures pratiques pour intégrer ces techniques dans votre processus décisionnel réel.

## 1. Définir le problème

Avant de plonger dans l'analyse des données, il est crucial d'identifier d'abord le problème à résoudre ou la question à laquelle vous essayez de répondre. En établissant un objectif clair, vous pouvez adapter votre approche statistique et vos modèles d'apprentissage automatique pour obtenir les résultats souhaités. Pour définir le problème :

• Décrivez clairement la question ou le problème en question,

- Déterminer les variables et les facteurs qui peuvent influer sur le résultat, et
- Définir l'approche analytique, qu'elle soit descriptive, prédictive ou prescriptive.

## 2. Assemblage de vos données

Après avoir déterminé les questions auxquelles il faut répondre, rassemblez les données dont vous aurez besoin pour mener votre analyse. Les données peuvent provenir de différentes sources telles que des bases de données structurées, du texte non structuré ou même des sources en ligne comme les plateformes de médias sociaux. Assurez-vous que les données sont fiables et pertinentes pour le problème à résoudre. Le nettoyage et le prétraitement des données, y compris l'organisation, la déduplication, la gestion des valeurs manquantes et la normalisation, sont des étapes essentielles pour garantir des résultats précis et robustes.

## 3. Choisir la bonne méthode

Selon votre problème, différentes méthodes statistiques et d'apprentissage automatique peuvent être plus appropriées que d'autres. Une bonne règle empirique consiste à commencer par des techniques statistiques traditionnelles telles que les tests d'hypothèses, la régression ou l'analyse de séries chronologiques. Si ces méthodes ne donnent pas de résultats satisfaisants ou si le problème est complexe, des algorithmes d'apprentissage automatique tels que des arbres de décision, des réseaux de neurones

ou des méthodes d'ensemble peuvent être utilisés.
Pour choisir la bonne méthode :

• Comprendre les hypothèses et les limites des
méthodes que vous utiliserez,
• Commencez avec des modèles simples et
augmentez la complexité si nécessaire, et
• Effectuez une validation approfondie des
modèles pour comparer la précision et la fiabilité
de vos modèles.

## 4. Mise en œuvre des modèles et interprétation des résultats

Une fois que vous avez choisi vos méthodes
d'analyse, l'étape suivante consiste à construire
vos modèles et à générer des prévisions ou des
prédictions. Il est essentiel de faire attention au
surajustement, qui peut se produire lorsqu'un
modèle est trop compliqué ou trop entraîné sur les
données données. Dans des situations réelles,
mieux vaut opter pour un modèle plus simple et
plus généralisé qu'un modèle trop complexe.
Interpréter les résultats de votre analyse implique :

• Évaluer l'importance et la pertinence de vos
résultats,
• Comprendre comment vos résultats sont liés
au problème à résoudre, et
• Communiquer les résultats et les idées aux
parties prenantes à l'aide de visualisations et d'un
langage clair.

## 5. Traduire les idées en action

Après avoir interprété vos résultats, prenez le temps d'examiner comment ils peuvent se traduire en recommandations exploitables. Il est essentiel de tenir compte des implications réelles de vos découvertes, car elles peuvent aider à guider les décideurs sur la voie d'une meilleure résolution des problèmes. Pour transformer les informations en action :

- Décrivez clairement les étapes qui, selon vous, devraient être prises en fonction de vos conclusions,
- Quantifiez vos recommandations si possible (par exemple, augmentation prévue des revenus), et
- Soyez prêt à réviser vos modèles et à ajuster vos recommandations en fonction des nouvelles données et de l'évolution des conditions.

## 6. Surveillez et mettez à jour vos modèles

À mesure que davantage de données deviennent disponibles et que les situations évoluent au fil du temps, réévaluez et mettez à jour régulièrement vos modèles pour maintenir leur précision et leur pertinence. Cette étape assure un affinage continu de votre processus de prise de décision en s'adaptant aux environnements changeants et en incorporant de nouvelles informations. Pour rester à jour :

- Définissez des repères et des mesures de performance pour votre analyse,
- Recueillez régulièrement les commentaires des utilisateurs finaux et des décideurs, et

- Apportez des ajustements et des améliorations à vos modèles en fonction de nouvelles données, méthodologies ou connaissances du domaine.

En conclusion, l'intégration des statistiques, des prévisions et de l'apprentissage automatique dans la prise de décision réelle implique l'identification du problème, la collecte de données pertinentes, la sélection des méthodes appropriées, l'évaluation des résultats du modèle et la traduction des informations en recommandations exploitables. En suivant ces meilleures pratiques et en surveillant et en mettant à jour en permanence les modèles, les individus et les organisations peuvent prendre des décisions basées sur les données qui conduisent à de meilleurs résultats et succès.

## Tirer parti du Big Data : extraire des informations et des modèles

Dans le monde trépidant d'aujourd'hui, les entreprises et les organisations génèrent quotidiennement une immense quantité de données. Ces données sont une mine d'or, contenant des informations et des modèles qui peuvent avoir un potentiel important pour gérer les entreprises, faire des prédictions et influencer la prise de décision. C'est là que les statistiques, les prévisions et l'apprentissage automatique jouent un rôle crucial qui ne peut être sous-estimé.

Dans cette section, nous verrons comment tirer parti du Big Data pour extraire des informations et des modèles et les utiliser efficacement dans des situations réelles.

# 1. Analyse exploratoire des données (EDA)

La première étape du processus d'extraction des modèles à partir des données est **l'analyse exploratoire des données (EDA)** . Cela implique d'explorer visuellement et quantitativement les données pour comprendre leurs principales caractéristiques et identifier les modèles, tendances et relations initiaux. Cette étape nous permet de :

- Étudier la variabilité et la cohérence des données
- Identifier les anomalies et les valeurs aberrantes
- Identifier les corrélations entre les variables
- Formuler des hypothèses pour une analyse plus approfondie

**Outils et techniques**

Plusieurs outils et techniques peuvent nous aider pendant le processus EDA, notamment :

1. *Statistiques descriptives* : les mesures de la tendance centrale (moyenne, médiane et mode) et de la variabilité (étendue, variance et écart type) peuvent être utilisées pour résumer les données et décrire leur distribution.
2. *Visualisations* : divers graphiques tels que des diagrammes à barres, des histogrammes, des

diagrammes de dispersion et des boîtes à moustaches peuvent révéler la structure sous-jacente des données, les relations entre les variables et les éventuelles valeurs aberrantes.
3. *Analyse de corrélation* : identifiez la corrélation possible entre les variables à l'aide de mesures telles que le coefficient de corrélation de Pearson ou le coefficient de corrélation de rang de Spearman.

## 2. Prétraitement des données

Le prétraitement des données est une étape cruciale qui garantit la qualité des données introduites dans le processus de modélisation. Les mégadonnées se présentent souvent sous une forme brute, non traitée et bruyante ; par conséquent, les techniques de prétraitement des données sont essentielles pour nettoyer, transformer et préparer les données à utiliser efficacement dans les tâches de modélisation prédictive et d'apprentissage automatique. Certaines tâches courantes de prétraitement des données incluent :

1. *Nettoyage des données* : traitez et gérez les données manquantes, les enregistrements en double et les valeurs aberrantes.
2. *Ingénierie des fonctionnalités* : création de nouvelles fonctionnalités à partir de données existantes susceptibles d'améliorer la précision du modèle.
3. *Mise à l'échelle des fonctionnalités* : normalisez ou standardisez les fonctionnalités pour qu'elles se situent dans la même plage ou distribution.

4. *Sélection de fonctionnalités* : identifiez les fonctionnalités les plus pertinentes qui contribuent à la prédiction.

# 3. Choisir le bon modèle

Après avoir préparé les données, il est essentiel de sélectionner le(s) modèle(s) le(s) plus adapté(s) à votre problématique spécifique. Cela nécessite la connaissance de diverses méthodes, la compréhension du domaine du problème et une prise de conscience des compromis associés à chaque algorithme. Voici quelques aspects clés à prendre en compte lors du choix d'un modèle :

1. *Complexité du modèle* : l'équilibre entre la complexité du modèle et l'interprétabilité du modèle doit être pris en compte. Les modèles complexes, tels que l'apprentissage en profondeur ou les méthodes d'ensemble, peuvent produire de meilleures prédictions, mais être plus difficiles à expliquer ou à interpréter.
2. *Hypothèses du modèle* : assurez-vous que les hypothèses formulées par le modèle correspondent à vos données et qu'elles sont vraies.
3. *Métriques* : utilisez des métriques d'évaluation appropriées qui correspondent à votre domaine de problème et à vos objectifs, telles que la précision, le score F1 ou l'erreur quadratique moyenne.

# 4. Validation et évaluation du modèle

Une fois que vous avez choisi et formé votre modèle, il est important de valider ses performances et d'évaluer sa précision. Ce processus vous aidera à comprendre la robustesse du modèle face à de nouvelles données et à vérifier qu'il se généralise bien au-delà de l'ensemble de données d'apprentissage.

1.  *Validation croisée* : Divisez votre ensemble de données en plusieurs ensembles de formation et de validation pour savoir dans quelle mesure votre modèle se généralise à des données invisibles.
2.  *Réglage des hyperparamètres* : parcourez différentes configurations d'hyperparamètres pour identifier le modèle le plus performant.
3.  *Visualisation des performances du modèle* : utilisez des outils tels que les courbes d'apprentissage, les matrices de confusion ou les courbes ROC pour évaluer les performances du modèle de manière visuelle et quantitative.

## 5. Déploiement et suivi du modèle

Il est essentiel de déployer et d'intégrer votre modèle formé dans une situation réelle pour utiliser efficacement ses connaissances et ses prédictions. Cela pourrait impliquer l'intégration du modèle dans diverses applications, services ou plates-formes. Il est essentiel de surveiller votre modèle en continu, car les performances d'un modèle peuvent se détériorer avec le temps en raison de changements dans la distribution des données, connus sous le nom de *dérive de concept* .

1. *Déploiement de modèle* : Déployez votre modèle sur des systèmes de production ou intégrez-le à des API.
2. *Surveillance du modèle* : évaluez régulièrement les performances de votre modèle via des métriques et des retours d'utilisateurs.
3. *Maintenance et mise à jour* : mettez à jour et formez votre modèle en continu sur de nouvelles données, au besoin.

## Conclusion

Comprendre comment appliquer efficacement les statistiques, les prévisions et l'apprentissage automatique dans des situations réelles est essentiel pour libérer le vaste potentiel caché dans le Big Data. En maîtrisant l'analyse exploratoire des données, le prétraitement des données, la sélection, la validation et le déploiement de modèles, vous améliorez votre capacité à générer des prédictions précises et robustes qui peuvent guider et orienter la prise de décision dans divers domaines.

# Démystifier les mythes entourant les statistiques, les prévisions et l'apprentissage automatique pour les applications réelles

Dans notre vie quotidienne, nous rencontrons de nombreux problèmes pratiques qui peuvent potentiellement être résolus à l'aide de techniques

statistiques, de méthodes de prévision et
d'algorithmes d'apprentissage automatique.
Cependant, il est important de dissiper d'abord
certaines idées fausses qui peuvent entraver la
compréhension et l'application efficace de ces
concepts puissants.

## Mythe 1 : Vous devez être titulaire d'un diplôme spécialisé ou être un « mathématicien » pour comprendre et appliquer les statistiques, les prévisions et l'apprentissage automatique.

S'il est vrai qu'une base solide en mathématiques
et en statistiques peut vous donner un avantage
lors de l'apprentissage et de l'application de ces
concepts, ce n'est en aucun cas une condition
préalable. De nombreux problèmes réels peuvent
être décomposés en composants plus simples et
résolus à l'aide de techniques statistiques de base
ou de modèles de prévision simples. Il existe de
nombreuses ressources, y compris des livres, des
cours en ligne et des didacticiels, qui permettent
aux personnes d'horizons différents de saisir
efficacement les fondements de ces domaines.

De plus, nous vivons à une époque où des
langages de programmation comme Python et R,
ainsi que des progiciels et des bibliothèques
conviviaux, sont disponibles pour résoudre des
problèmes statistiques et d'apprentissage

automatique complexes. Ces outils permettent aux non-experts de mettre en œuvre, d'affiner et de visualiser plus facilement les prédictions à partir de leurs données.

## Mythe 2 : Des modèles et algorithmes complexes garantissent de meilleurs résultats

Bien que les progrès de l'apprentissage automatique aient conduit au développement d'algorithmes puissants et complexes, cela ne signifie pas nécessairement que des modèles plus compliqués donnent toujours de meilleurs résultats. En fait, pour de nombreux problèmes réels, l'application de méthodes statistiques traditionnelles ou de modèles simples peut donner des résultats tout aussi précis, voire plus interprétables.

Les modèles très complexes peuvent parfois conduire à un surajustement, où le modèle capture le bruit dans les données au lieu du modèle sous-jacent. Cela peut entraîner une mauvaise précision de prédiction, rendant le modèle inadapté au déploiement dans des applications du monde réel. Il est crucial de comprendre d'abord la nature du problème et les données avant de choisir un modèle ou un algorithme approprié.

## Mythe 3 : vous avez besoin de grandes quantités de données pour que les modèles d'apprentissage automatique et de prévision soient efficaces

S'il est vrai que certains algorithmes d'apprentissage automatique, tels que l'apprentissage en profondeur, nécessitent de grandes quantités de données, de nombreuses techniques peuvent fonctionner efficacement avec des ensembles de données plus petits. Des techniques telles que la validation croisée, le bootstrap et les méthodes bayésiennes peuvent aider à améliorer la précision du modèle même lorsque les données sont rares.

De même, dans le cas de la prévision, la connaissance du domaine et l'ingénierie des fonctionnalités peuvent souvent compenser les données limitées. Comprendre les tendances saisonnières, le comportement cyclique et les changements de tendance peut grandement faciliter le processus de prévision.

De plus, l'apprentissage par transfert, une technique dans laquelle un modèle est pré-formé sur de grands ensembles de données, puis affiné à l'aide de petites quantités de données spécifiques à un domaine, peut largement surpasser les modèles formés à partir de zéro avec des données limitées.

# Application des statistiques, des prévisions et de l'apprentissage automatique pour résoudre des problèmes réels

Pour illustrer les applications pratiques des statistiques, des prévisions et de l'apprentissage automatique, considérons quelques exemples de scénarios qui peuvent être abordés à l'aide de ces techniques.

## 1. Prise de décision commerciale

Dans le monde des affaires, la prise de décision basée sur les données est souvent cruciale pour rester compétitif. Les données de vente peuvent être analysées pour identifier les tendances du marché, les préférences des clients et les fluctuations saisonnières. Les modèles de prévision peuvent ensuite être utilisés pour estimer la demande future, optimiser les niveaux de stocks et allouer les ressources. L'apprentissage automatique peut être déployé pour segmenter les clients pour des campagnes marketing ciblées, prévoir le taux de désabonnement des clients et identifier les sources potentielles de croissance des revenus.

## 2. Soins de santé

Les méthodologies quantitatives jouent un rôle important dans l'avancement des soins de santé. Les analyses statistiques sont largement utilisées dans les essais cliniques, l'épidémiologie et les opérations de soins de santé. Les modèles de prévision peuvent être utilisés pour prédire les épidémies, les taux d'admission des patients et les besoins en personnel médical. Les techniques d'apprentissage automatique peuvent être appliquées au diagnostic précoce, à la médecine personnalisée et à l'identification des modèles de progression de la maladie.

### 3. Finance et économie

Le secteur financier s'appuie fortement sur les techniques statistiques, les méthodes de prévision et les algorithmes d'apprentissage automatique pour l'optimisation du portefeuille, la gestion des risques, les prévisions boursières et les prévisions économiques. Les informations basées sur les données peuvent guider les stratégies d'investissement, et l'apprentissage automatique peut être utilisé pour détecter la fraude ou créer des modèles de risque de crédit précis.

En démystifiant les mythes entourant les statistiques, les prévisions et l'apprentissage automatique, nous pouvons mieux comprendre comment ces techniques peuvent être utilisées pour résoudre les problèmes du monde réel. Armées des bons outils et de la bonne compréhension, des personnes d'horizons divers peuvent tirer parti de ces méthodologies puissantes pour améliorer la prise de décision et générer des résultats significatifs dans divers domaines.

# Tirer parti des probabilités, modéliser l'incertitude et influencer les décisions

Dans cette sous-section, nous nous concentrerons sur la compréhension de l'importance d'utiliser efficacement la probabilité, la modélisation de l'incertitude et la persuasion des processus de prise de décision dans des contextes réels. En pratique, lorsque nous travaillons avec des statistiques ou des modèles d'apprentissage automatique, nous rencontrons souvent des incertitudes qui nécessitent une approche rigoureuse pour l'interprétation, la communication et, finalement, l'orientation de l'action.

## Comprendre les probabilités et les applications réelles

La probabilité est un concept crucial qui nous permet de mesurer la probabilité qu'un événement se produise. La théorie des probabilités peut nous aider à modéliser l'incertitude et à prendre des décisions éclairées dans diverses situations de la vie réelle. Prenons quelques exemples courants :

1. **Finance** : Évaluer le risque des portefeuilles d'investissement, prévoir les cours des actions et estimer la probabilité de défaillance des prêts.
2. **Soins de santé** : prévoir la probabilité d'épidémies, analyser le taux de réussite de divers

traitements et déterminer l'efficacité des médicaments sur ordonnance.

3.  **Fabrication** : prévoir les pannes des machines, améliorer les processus de production et l'efficacité de la chaîne d'approvisionnement, et déterminer les paramètres de contrôle de la qualité.

4.  **Sports** : analyse des performances d'une équipe ou d'un athlète, prévision des résultats des matchs et définition des cotes pour les marchés des paris.

Dans chacun de ces cas, la probabilité nous aide à prendre des décisions en quantifiant l'incertitude impliquée dans le problème à résoudre.

# Incertitude de modélisation

La modélisation efficace de l'incertitude est un aspect clé du travail avec les données, car les données du monde réel contiennent généralement un certain degré d'ambiguïté. Pour améliorer la prise de décision, nous devons être conscients des diverses sources d'incertitude et des techniques correspondantes pour les gérer. Certaines sources courantes d'incertitude comprennent :

1.  **Erreurs de mesure** : les données peuvent contenir des inexactitudes dues aux limites des appareils de mesure, à des interprétations subjectives ou à un enregistrement défectueux des données.

2.  **Incertitudes d'échantillonnage** : Les enquêtes ou études impliquent souvent un nombre limité d'échantillons, l'extrapolation des

conclusions sur l'ensemble de la population peut introduire une incertitude.

3. **Inexactitudes des modèles** : les hypothèses et les simplifications que nous faisons lors de la construction de modèles statistiques ou d'apprentissage automatique peuvent entraîner des inexactitudes dans les prédictions.

Pour faire face aux incertitudes associées à ces situations, on peut s'appuyer sur des méthodes telles que :

- **Statistiques bayésiennes** : Cette approche nous permet de mettre à jour nos croyances (sous la forme de distributions de probabilités) au fur et à mesure que nous recueillons plus de preuves (données). Lorsque vous travaillez avec des données limitées ou bruitées, les méthodes bayésiennes peuvent fournir un cadre robuste pour gérer l'incertitude.
- **Intervalles de confiance** : Ceux-ci fournissent une plage estimée de valeurs dans laquelle la valeur réelle du paramètre est susceptible de se situer. Les intervalles de confiance peuvent nous aider à quantifier l'incertitude entourant les estimations fondées sur des échantillons.
- **Simulations de Monte Carlo** : Cette technique consiste à simuler un grand nombre de scénarios possibles et à calculer les résultats correspondants. Il est particulièrement utile pour modéliser des systèmes complexes à plusieurs variables où les solutions analytiques sont difficiles à calculer.

# Influencer les décisions

En tant que scientifiques ou analystes de données, nous devons communiquer efficacement nos conclusions et persuader les parties prenantes de prendre les mesures appropriées en fonction de nos analyses. Voici quelques conseils pour communiquer les incertitudes et influencer les décisions :

1. **Visualisation** : exprimer correctement l'incertitude à l'aide de visualisations (par exemple, des barres d'erreur, des bandes de confiance ou des diagrammes de densité de probabilité) peut aider les décideurs à saisir les principaux résultats de manière plus intuitive.
2. **Narratif** : encadrez vos résultats dans un récit convaincant qui met en évidence les principales idées et leurs implications pour l'objectif de la partie prenante.
3. **Simplifier** : présentez les principaux points à retenir d'une manière facile à comprendre, en évitant le jargon technique accablant. Soulignez comment les résultats auront un impact sur les préoccupations spécifiques des parties prenantes.
4. **Reconnaître les limites** : Soyez transparent sur les limites de votre analyse et les hypothèses formulées. Cette ouverture favorise la confiance entre les parties prenantes et encourage une interprétation plus précise des résultats.

En résumé, l'application des statistiques, des prévisions et de l'apprentissage automatique dans des contextes réels nécessite que nous comprenions, modélisions et communiquions efficacement les incertitudes. En tirant parti des probabilités, en tenant compte de diverses sources d'incertitude et en influençant la prise de décision grâce à une communication efficace, nous pouvons transformer la complexité inhérente des problèmes du monde réel en informations bien informées et exploitables.

# Applications réelles des statistiques, des prévisions et de l'apprentissage automatique

Dans le monde actuel axé sur les données, comprendre comment appliquer efficacement les statistiques, les prévisions et l'apprentissage automatique peut faire la différence dans divers contextes, de l'industrie à la vie quotidienne. Ces méthodes ont un large éventail d'applications, allant de la publicité ciblée et de la détection des fraudes à la gestion de l'énergie et à la modélisation du climat. Dans cette section, nous explorerons plusieurs utilisations importantes et pratiques de ces techniques.

### 1. Finances et économie

Les statistiques, les prévisions et l'apprentissage automatique font partie intégrante de la finance et de l'économie, où la prévision des tendances futures et la gestion des risques sont essentielles.

- **Prédictions boursières** : les algorithmes d'apprentissage automatique, tels que l'apprentissage en profondeur et les réseaux de neurones, peuvent traiter de grandes quantités de données financières pour analyser des modèles et faire des prédictions sur les cours des actions. Les investisseurs utilisent ces prévisions pour prendre des décisions éclairées et maximiser les rendements.

- **Évaluation du crédit et prédiction des défauts** : les banques et les institutions financières doivent évaluer la solvabilité de leurs clients. Ils utilisent l'apprentissage automatique et des modèles statistiques pour analyser les antécédents financiers d'une personne, y compris les dettes impayées, l'historique des paiements et les revenus, afin de prédire la probabilité de défaut.
- **Gestion des risques** : Le secteur financier doit identifier et gérer les risques potentiels pour minimiser les pertes. L'apprentissage automatique et les modèles statistiques aident à identifier les tendances dans les données du marché et à prévoir les menaces potentielles, permettant une meilleure prise de décision et une meilleure atténuation des risques.

## 2. Santé

L'industrie de la santé bénéficie de l'application de techniques analytiques avancées pour améliorer les soins aux patients et le diagnostic des maladies.

- **Diagnostic** : les algorithmes d'apprentissage automatique peuvent analyser des images médicales (telles que des radiographies, des IRM et des tomodensitogrammes) et identifier des modèles qui indiquent des maladies spécifiques. Cela permet aux médecins de diagnostiquer les maladies plus précisément et plus rapidement.
- **Développement de médicaments** : Les sociétés pharmaceutiques sont confrontées au

défi de déterminer rapidement et avec précision quels composés sont les plus efficaces contre les maladies. L'analyse de données biologiques complexes avec l'apprentissage automatique accélère la découverte de médicaments et réduit le temps et les ressources nécessaires aux essais cliniques.

- **Génétique et génomique** : Des techniques statistiques et d'apprentissage automatique avancées aident les chercheurs à comprendre la relation entre les variations génétiques et l'expression des maladies, ouvrant la voie à une médecine et des thérapies personnalisées.

## 3. Analyses sportives

Les organisations sportives s'appuient de plus en plus sur les données pour prendre des décisions éclairées concernant les performances des joueurs, la stratégie et la gestion d'équipe.

- **Analyse des performances** : les entraîneurs et la direction peuvent utiliser des algorithmes d'apprentissage automatique pour extraire des informations des données de performances des joueurs (telles que les jeux, les statistiques et les schémas de mouvement) afin d'évaluer les forces, les faiblesses et les domaines à améliorer.
- **Prévention des blessures** : En analysant les données historiques sur les blessures, les clubs peuvent identifier les schémas et les facteurs communs qui contribuent aux blessures, ce qui leur permet de développer des stratégies de prévention et de minimiser les risques.
- **Stratégie de jeu** : Des modèles statistiques avancés peuvent aider les équipes à étudier leurs

adversaires et à créer des stratégies de jeu plus efficaces.

## 4. Marketing et publicité

Les entreprises utilisent des stratégies de marketing basées sur les données pour cibler plus efficacement les clients et améliorer l'efficacité de leurs campagnes publicitaires.

* **Segmentation de la clientèle** : les techniques d'apprentissage automatique aident les entreprises à identifier les segments de clientèle en fonction du comportement, des préférences et des données démographiques. Cela leur permet de cibler plus précisément les campagnes marketing et d'obtenir de meilleurs résultats.
* **Recommandations de produits** : les détaillants en ligne peuvent analyser des ensembles de données massifs sur le comportement des clients pour identifier les habitudes d'achat, les préférences et les tendances. Des algorithmes d'apprentissage automatique sont ensuite utilisés pour fournir des recommandations de produits personnalisées aux clients, augmentant ainsi les ventes et la satisfaction des clients.
* **Analyse des sentiments** : les modèles d'apprentissage automatique peuvent traiter des données textuelles provenant des médias sociaux, des avis clients et d'autres sources pour comprendre le sentiment des clients concernant une marque, un produit ou un service. Les marques peuvent utiliser ces informations pour améliorer leurs offres, répondre aux

préoccupations des clients et lancer des campagnes marketing ciblées.

## 5. Environnement et gestion de l'énergie

Des prévisions précises du climat, des conditions météorologiques et de la consommation d'énergie sont cruciales pour la conservation de l'environnement et la gestion des ressources.

- **Modélisation climatique** : les scientifiques utilisent des modèles statistiques sophistiqués et des algorithmes d'apprentissage automatique pour analyser de vastes volumes de données climatiques, ce qui leur permet de faire des projections sur les tendances climatiques futures, l'élévation du niveau de la mer et les événements météorologiques extrêmes.
- **Prévisions météorologiques** : des prévisions météorologiques précises ont des implications importantes pour des secteurs tels que l'agriculture, l'aviation et la gestion de l'énergie. Les modèles d'apprentissage automatique aident à améliorer la précision de ces prévisions en analysant des données météorologiques complexes.
- **Prévision de la consommation d'énergie** : les entreprises de services publics peuvent utiliser l'apprentissage automatique et la modélisation statistique pour estimer la demande énergétique future, ce qui leur permet d'optimiser la production d'énergie, de réduire les déchets et de gérer efficacement les ressources.

En conclusion, les statistiques, les prévisions et les techniques d'apprentissage automatique ont un large éventail d'applications réelles dans diverses industries. En exploitant la puissance des données et en mettant en œuvre ces méthodes, les organisations peuvent prendre des décisions éclairées pour améliorer la prise de décision, optimiser les opérations et stimuler l'innovation.

# 4. Modèles de régression et analyse prédictive

## 4.1 Modèles de régression et analyse prédictive

Les modèles de régression sont l'une des techniques les plus largement utilisées dans le domaine de l'analyse prédictive. Ces modèles sont utilisés pour comprendre les relations entre les variables et faire des prédictions sur les valeurs futures d'une variable cible en fonction des valeurs actuelles d'une ou plusieurs variables d'entrée. Dans cette section, nous découvrirons différents types de modèles de régression, leur fonctionnement et leur utilisation dans les applications de prévision et d'apprentissage automatique.

### 4.1.1 Régression linéaire simple

La régression linéaire simple est une méthode statistique qui modélise la relation entre deux variables en ajustant une équation linéaire aux données observées. Cela se fait en ajustant la pente et l'ordonnée à l'origine de la ligne de sorte que la somme des différences au carré entre les valeurs observées et les valeurs prédites correspondantes soit minimisée. La ligne résultante peut ensuite être utilisée pour prédire la valeur de la variable cible pour toute valeur donnée de la variable d'entrée.

Un modèle de régression linéaire simple peut être représenté comme suit :

$$ y = \beta_0 + \beta_1 \times x $$

où:

- $y$ représente la variable dépendante (c'est-à-dire la variable que nous voulons prédire)
- $x$ représente la variable indépendante (c'est-à-dire la variable utilisée pour faire des prédictions)
- $\beta_0$ est l'ordonnée à l'origine (c'est-à-dire la valeur de $y$ lorsque $x$ vaut zéro)
- $\beta_1$ est la pente (c'est-à-dire la force et la direction de la relation entre $x$ et $y$)

Une fois le modèle ajusté aux données, les coefficients ($\beta_0$ et $\beta_1$) peuvent être utilisés pour faire des prédictions pour les nouvelles valeurs de $x$. Les modèles de régression linéaire simples sont souvent utilisés dans les applications de prévision, où l'objectif est de faire des prédictions pour les valeurs futures basées sur des données historiques.

## 4.1.2 Régression linéaire multiple

Alors que la régression linéaire simple modélise la relation entre deux variables, la régression linéaire multiple étend ce concept pour modéliser la relation entre une variable dépendante et plusieurs variables indépendantes. Comme dans la régression linéaire simple, l'objectif est de trouver l'équation linéaire la mieux ajustée qui minimise la somme des différences au carré entre les valeurs observées et les valeurs prédites correspondantes. Le modèle résultant peut être utilisé pour prédire la valeur de la variable cible sur la base de n'importe quelle combinaison de valeurs de variable d'entrée.

Une régression linéaire multiple peut être représentée comme suit :

$$ y = \beta_0 + \beta_1 \times x_1 + \beta_2 \times x_2 + ... + \beta_n \times x_n $$

où:

- $x_1, x_2, ..., x_n$ représentent les variables indépendantes
- $\beta_0$ est l'ordonnée à l'origine, et $\beta_1, \beta_2, ..., \beta_n$ représentent les coefficients de chaque variable indépendante

Les modèles de régression linéaire multiple sont couramment utilisés dans l'apprentissage automatique pour faire des prédictions avec de nombreuses caractéristiques d'entrée. Ils peuvent également être utilisés comme modèle de référence pour comparer des techniques plus avancées, telles que les réseaux de neurones ou les arbres de décision.

### 4.1.3 Régression logistique

La régression logistique est une variante de la régression linéaire utilisée pour modéliser la probabilité d'un résultat catégoriel, généralement sous la forme de problèmes de classification binaire (par exemple, oui/non ou 0/1). Il est particulièrement utile dans les situations où la relation entre les variables indépendantes et dépendantes n'est pas linéaire, ou lorsque la variance des résidus n'est pas constante.

Un modèle de régression logistique peut être représenté comme suit :

$$ \hat{p}(x) = \frac{e^{\beta_0 + \beta_1 \times x}}{1 + e^{\beta_0 + \beta_1 \times x}} $$

où:

- $\hat{p}(x)$ est la probabilité estimée que la variable cible soit égale à 1 (généralement un succès ou un résultat positif)
- Les autres variables et coefficients sont similaires à ceux utilisés dans la régression linéaire

Une fois le modèle ajusté aux données, les coefficients peuvent être utilisés pour estimer la probabilité que la variable cible soit égale à 1 pour toute valeur donnée des variables d'entrée. Ces probabilités peuvent ensuite être seuillées pour faire des prédictions binaires.

Les modèles de régression logistique sont largement utilisés dans l'apprentissage automatique pour les tâches de classification binaire ou dans les cas où la variable cible est une probabilité.

## 4.1.4 Régression polynomiale

La régression polynomiale est un type d'analyse de régression qui modélise la relation entre les variables dépendantes et indépendantes sous la forme d'un polynôme du nième degré. La régression polynomiale peut être utilisée pour ajuster des relations non linéaires plus complexes entre les variables, et elle peut être considérée comme une extension de la régression linéaire multiple.

Un modèle de régression polynomial avec une seule variable indépendante peut être représenté comme suit :

$$ y = \beta_0 + \beta_1 x + \beta_2 x^2 + ... + \beta_n x^n $$

Les modèles de régression polynomiale sont particulièrement utiles dans les cas où la relation entre les variables n'est pas linéaire ou lorsqu'il existe de fortes interactions entre les variables indépendantes. Cependant, ces modèles peuvent également être sujets à un surajustement, en particulier lorsque le degré du polynôme est grand.

## 4.1.5 Modèles de régression régularisés

Les modèles de régression régularisés, tels que la régression Ridge et la régression Lasso, sont des extensions des modèles de régression linéaire qui introduisent un terme de pénalité dans la fonction de perte. Ce terme de pénalité permet de contrôler la complexité du modèle et d'éviter le surajustement en réduisant les coefficients vers zéro. Les modèles de régression régularisés sont particulièrement utiles lorsqu'il s'agit d'un grand nombre de variables d'entrée corrélées, car ils peuvent aider à réduire la multicolinéarité et à améliorer la stabilité du modèle.

**Conclusion**

En résumé, les modèles de régression sont une technique fondamentale de prévision et d'apprentissage automatique, nous permettant de modéliser et de prédire les relations entre les variables. Ces modèles englobent un large éventail de techniques, de la simple régression linéaire à des modèles plus complexes comme la régression logistique et les modèles de régression régularisés. Comprendre chaque type de modèle de régression et ses applications dans des scénarios réels est essentiel pour prendre des décisions éclairées lors de la création de modèles prédictifs et de prévisions.

# 4.1 Modèles de régression et analyse prédictive

## 4.1.1 Introduction aux modèles de régression

Les modèles de régression sont de puissants outils statistiques utilisés pour estimer la relation entre une ou plusieurs variables indépendantes (prédicteurs) et une variable dépendante (réponse) tout en tenant compte de la variabilité des données. En d'autres termes, les modèles de régression aident à comprendre les associations et les tendances sous-jacentes entre les variables en identifiant une relation directe qui peut être traduite en une équation mathématique pour prédire ou expliquer le comportement de la variable de réponse.

Il existe différents types de modèles de régression, y compris la régression linéaire, la régression logistique et la régression multiple, entre autres, chacun avec des applications spécifiques en fonction de la nature des variables impliquées, de la distribution des données et du résultat souhaité.

## 4.1.2 Régression linéaire

La régression linéaire est une méthode statistique qui cherche à modéliser la relation linéaire entre une ou plusieurs variables indépendantes et une variable dépendante continue. La méthode estime les coefficients des variables indépendantes, qui peuvent être interprétés comme la quantité de variation de la variable dépendante pour chaque changement unitaire de la ou des variables indépendantes, tout le reste étant maintenu constant.

L'objectif principal de la régression linéaire est de minimiser la somme des différences au carré entre les valeurs observées et les valeurs prédites. C'est ce qu'on appelle la somme résiduelle des carrés (RSS), qui peut être représentée mathématiquement par :

$$ RSS = \sum_{i=1}^n (Y_i - \hat{Y}_i)^2, $$

où :

- $n$ est le nombre d'observations,
- $Y_i$ est les valeurs observées de la variable dépendante, et
- $\hat{Y}_i$ correspond aux valeurs prédites de la variable dépendante.

La régression linéaire a plusieurs applications dans la vie réelle, telles que la prévision des ventes, l'estimation des prix des logements et la détermination de la relation entre la croissance du PIB et le taux de chômage.

### 4.1.3 Régression logistique

La régression logistique est similaire à la régression linéaire mais est utilisée lorsque la variable dépendante est de nature binaire ou catégorielle. Le modèle estime les probabilités de chaque résultat en appliquant la fonction logistique à l'équation de régression linéaire, représentée par :

$$ \text{logit}(p) = \text{ln}\left(\frac{p}{1-p}\right) = \beta_0 + \beta_1 X_1 + \cdots + \beta_n X_n, $$

où :

- $p$ est la probabilité que l'événement d'intérêt (succès) se produise,
- $X_i$ sont les variables indépendantes, et
- $\beta_i$ sont les coefficients à estimer (similaire à la régression linéaire).

Le modèle de régression logistique peut être étendu pour gérer plusieurs résultats catégoriels (régression logistique multinomiale) et des résultats catégoriels ordonnés (régression logistique ordinale). La régression logistique est largement utilisée dans la recherche médicale, le marketing et la recherche en sciences sociales à des fins telles que la prédiction du taux de désabonnement des clients ou l'analyse de la probabilité qu'un patient développe une maladie spécifique en fonction de certains attributs.

### 4.1.4 Régression multiple

La régression multiple étend l'idée de régression linéaire et logistique en incluant plusieurs variables indépendantes pour mieux expliquer la variabilité de la variable dépendante. Cela peut être particulièrement utile lorsque vous travaillez avec des systèmes complexes où une seule variable ne peut pas expliquer les changements de la variable dépendante.

En régression linéaire multiple, l'équation devient :

$$ Y = \beta_0 + \beta_1 X_1 + \beta_2 X_2 + \cdots + \beta_n X_n + \epsilon, $$

où:

- $Y$ est la variable dépendante,
- $X_i$ sont les variables indépendantes, et
- $\beta_i$ sont les coefficients à estimer.

De même, la régression logistique multiple modélise l'influence de plusieurs variables indépendantes sur une variable dépendante binaire ou catégorielle.

En plus des avantages de prendre en compte plus d'une variable indépendante, la régression multiple permet également l'analyse des interactions entre les variables, les effets de confusion potentiels et l'identification des prédicteurs les plus importants pour un résultat donné.

### 4.1.5 Applications en prévision et en apprentissage automatique

Les modèles de régression jouent un rôle essentiel dans l'analyse prédictive en fournissant un cadre mathématique pour estimer ou prévoir la valeur d'une variable dépendante basée sur une ou plusieurs variables indépendantes. Dans l'apprentissage automatique, les modèles de régression, en particulier la régression linéaire, sont souvent utilisés comme référence pour comparer les performances de modèles plus complexes tels que les arbres de décision, les machines à vecteurs de support et les algorithmes d'apprentissage en profondeur.

De plus, les modèles de régression peuvent être intégrés à d'autres techniques telles que l'analyse de séries chronologiques, l'apprentissage d'ensemble et les méthodes de régularisation pour améliorer leurs performances prédictives et permettre une meilleure généralisation à des données inédites.

### 4.1.6 Principaux points à retenir pour les modèles de régression

1.  Les modèles de régression sont des outils robustes pour estimer la relation entre les variables, fournissant une équation mathématique pour prédire ou expliquer le comportement des variables dépendantes basées sur des variables indépendantes.

2.  La régression linéaire, la régression logistique et la régression multiple sont des modèles de régression largement utilisés, chacun avec des applications spécifiques en fonction de la nature des variables impliquées, de la distribution des données et du résultat souhaité.

3.  Les modèles de régression jouent un rôle essentiel dans l'analyse prédictive et peuvent être utilisés pour un large éventail d'applications de prévision et d'apprentissage automatique dans divers domaines tels que l'économie, le marketing, la médecine et les sciences sociales.

## Titre : 4. Modèles de régression et analyse prédictive

### 4.1 Introduction aux modèles de régression

Les modèles de régression sont des outils statistiques utilisés pour comprendre la relation entre une variable dépendante et une ou plusieurs variables indépendantes. Ils sont principalement utilisés pour l'analyse prédictive, la prévision et l'inférence occasionnelle. Les modèles de régression sont largement utilisés dans divers domaines, tels que la finance, la santé, le sport et les sciences sociales.

## 4.2 Régression linéaire

La régression linéaire est le modèle de régression le plus basique et le plus largement utilisé. Il établit une relation linéaire entre la variable dépendante (Y) et la ou les variables indépendantes (X). L'équation d'une régression linéaire simple (une variable indépendante) est :

$$Y = \alpha + \beta X + \epsilon$$

Où:

- $Y$ est la variable dépendante
- $X$ est la variable indépendante
- $\alpha$ est l'ordonnée à l'origine (valeur de Y lorsque X=0)
- $\beta$ est la pente (changement de Y pour un changement unitaire de X)
- $\epsilon$ est le terme d'erreur (différence entre les valeurs prédites et réelles de Y)

Dans la régression linéaire multiple, l'équation se développe pour inclure plusieurs variables indépendantes *(X1, X2, ..., Xn)* :

$$Y = \alpha + \beta_1 X_1 + \beta_2 X_2 + ... + \beta_n X_n + \epsilon$$

## 4.3 Évaluation du modèle et hypothèses

L'évaluation des performances d'un modèle de régression implique de vérifier son exactitude et son adhésion aux hypothèses sous-jacentes. Les mesures clés pour l'évaluation du modèle comprennent :

1. **R au carré (R²)** : mesure de la capacité du modèle à expliquer la variation de la variable dépendante. Le R au carré est compris entre 0 et 1, les valeurs les plus élevées indiquant un meilleur ajustement du modèle.
2. **R-carré ajusté** : Similaire au R-carré mais ajuste le nombre de variables indépendantes dans le modèle. Cette métrique permet de meilleures comparaisons de modèles.
3. **Erreur quadratique moyenne (MSE)** : mesure de la différence quadratique moyenne entre les valeurs prédites et réelles de la variable dépendante. Des valeurs MSE inférieures indiquent de meilleures performances du modèle.
4. **Erreur absolue moyenne (MAE)** : mesure de la différence absolue moyenne entre les valeurs prédites et réelles de la variable dépendante. Des valeurs MAE inférieures indiquent de meilleures performances du modèle.

Les modèles de régression linéaire reposent sur plusieurs hypothèses :

1. **Linéarité** : Il existe une relation linéaire entre les variables dépendantes et indépendantes.
2. **Indépendance** : Les observations sont indépendantes les unes des autres.
3. **Variance constante** : la variance du terme d'erreur est constante pour toutes les valeurs des variables indépendantes.
4. **Normalité** : le terme d'erreur suit une distribution normale.

Si ces hypothèses ne sont pas respectées, les prédictions du modèle pourraient ne pas être fiables. Pour vérifier ces hypothèses, une analyse résiduelle et des tests de diagnostic peuvent être effectués.

## 4.4 Régularisation dans les modèles de régression

Le surajustement est un problème courant dans l'apprentissage automatique, où le modèle fonctionne bien sur les données de formation mais mal sur les nouvelles données invisibles. Les techniques de régularisation peuvent aider à résoudre ce problème en ajoutant un terme de pénalité à l'équation de régression, ce qui empêche le modèle d'ajuster le bruit dans les données.

Deux techniques de régularisation populaires dans les modèles de régression sont la régression Lasso (L1) et Ridge (L2). La régression au lasso ajoute un terme de pénalité L1, qui est la somme des valeurs absolues des coefficients de régression, à la fonction de coût. La régression Ridge ajoute un terme de pénalité L2, qui est la somme des carrés des coefficients de régression, à la fonction de coût.

Ces techniques peuvent aider à réduire la complexité du modèle, à éviter le surajustement et à améliorer la généralisation à des données invisibles.

## 4.5 Modèles de régression non linéaire

Dans les scénarios du monde réel, la relation entre les variables dépendantes et indépendantes peut ne pas toujours être linéaire. Les modèles de régression non linéaire peuvent aider à capturer ces non-linéarités et à améliorer la précision des prédictions. Certains modèles de régression non linéaire couramment utilisés incluent :

1. **Régression polynomiale** : le modèle introduit des termes d'ordre supérieur de la ou des variables indépendantes pour capturer les relations non linéaires.
2. **Régression logistique** : un modèle linéaire généralisé utilisé pour les tâches de classification binaire. Il modélise la probabilité que la variable dépendante soit 0 ou 1.
3. **Modèles additifs généralisés (GAM)** : ces modèles utilisent des fonctions lisses pour modéliser des relations non linéaires entre les variables dépendantes et indépendantes.
4. **Réseaux de neurones** : ce sont des modèles puissants capables de capturer des relations non linéaires complexes dans des ensembles de données avec un grand nombre de fonctionnalités.

## 4.6 Conclusion

Les modèles de régression et l'analyse prédictive jouent un rôle crucial dans diverses applications réelles, de la prévision des ventes aux diagnostics médicaux. La compréhension des concepts et des techniques sous-jacents est essentielle pour une application et une interprétation efficaces des résultats.

Lorsque vous travaillez avec des modèles de régression, il est essentiel de s'assurer que le modèle respecte les hypothèses et fonctionne bien sur les données données. Envisagez d'utiliser des techniques de régularisation pour éviter le surajustement et explorez les modèles de régression non linéaire lorsque les relations linéaires ne sont pas évidentes dans les données.

# 4. Modèles de régression et analyse prédictive

## 4.1 Présentation

Dans cette section, nous allons nous plonger dans l'une des techniques les plus utilisées en statistique et en apprentissage automatique : les modèles de régression. Un modèle de régression est un type de modèle statistique qui tente de prédire la relation entre une variable dépendante (cible) et une ou plusieurs variables indépendantes (prédictives). Bien qu'il existe différents types de modèles de régression, ils ont tous un objectif essentiel : comprendre et prévoir le comportement d'un phénomène en analysant l'impact de certains facteurs sur la variable de réponse.

L'analyse prédictive est une branche de l'analyse de données qui utilise des modèles statistiques et des techniques d'apprentissage automatique pour faire des prédictions et des prévisions sur des événements futurs basés sur des données historiques. Les modèles de régression jouent un rôle crucial dans l'analyse prédictive, permettant aux parties prenantes de prendre des décisions éclairées et de prendre les mesures appropriées dans divers scénarios réels, tels que la gestion des risques, les prévisions financières, le ciblage des clients et les soins de santé.

Dans cette section, nous explorerons différents types de modèles de régression, leurs hypothèses et comment ils peuvent être appliqués dans divers domaines de l'industrie. De plus, nous discuterons des métriques d'évaluation, des techniques de validation des modèles et des meilleures pratiques pour optimiser et régler les modèles de régression afin d'obtenir les performances prédictives les plus élevées possibles.

## 4.2 Modèles de régression linéaire

La régression linéaire est probablement le modèle de régression le plus connu et le plus utilisé. Il suppose que la relation entre la variable dépendante et les prédicteurs est linéaire. Dans sa forme la plus simple, un modèle de régression linéaire avec une variable prédictive peut être représenté comme :

$$y = \alpha + \beta x + \varepsilon$$

où:

- $y$ est la variable dépendante,
- $\alpha$ est l'ordonnée à l'origine du modèle (valeur de $y$ lorsque $x=0$ ),
- $\beta$ est le coefficient (pente) de la variable prédictive $x$ , et
- $\varepsilon$ est le terme d'erreur, représentant les résidus du modèle (différence entre les valeurs observées et prédites).

Lorsqu'il s'agit de variables prédictives multiples, l'équation prend la forme suivante :

$$y = \alpha + \beta_1 x_1 + \beta_2 x_2 + \ldots + \beta_n x_n + \varepsilon$$

Il existe divers algorithmes pour estimer les paramètres, tels que les moindres carrés ordinaires (OLS), la descente de gradient, etc. Les modèles de régression linéaire sont faciles à interpréter et servent souvent de point de départ à des modèles plus sophistiqués.

## 4.3 Modèles de régression non linéaires et généralisés

Bien que les modèles de régression linéaire puissent être très utiles, ils ne capturent souvent pas la complexité et les relations non linéaires dans les données du monde réel. Ainsi, nous avons des modèles de régression non linéaires et généralisés qui peuvent répondre à ces limitations. Certains exemples sont:

1. **Régression polynomiale** : implique l'ajout de termes de degré supérieur de variables prédictives, capturant ainsi les relations non linéaires.
2. **Modèles linéaires généralisés (GLM)** : une famille de modèles qui permettent aux variables dépendantes de suivre diverses distributions autres que la distribution normale (par exemple, Poisson ou binomiale), tout en maintenant une relation linéaire dans un certain espace fonctionnel (par exemple, la régression logistique pour la classification binaire ).
3. **Arbres de décision et forêts aléatoires** : modèles hiérarchiques non linéaires qui peuvent

s'adapter à des modèles de données complexes et capturer les interactions entre les variables prédictives.

4. **Support Vector Machines (SVM)** : Un algorithme polyvalent qui peut être adapté pour les applications de régression (par exemple, Support Vector Regression) en minimisant une fonction de perte spécifique.

5. **Réseaux de neurones artificiels (ANN)** : Une famille de modèles inspirés des réseaux de neurones biologiques, qui peuvent apprendre des relations non linéaires complexes entre les prédicteurs et la variable dépendante en utilisant une combinaison de neurones artificiels et de couches.

## 4.4 Évaluation et validation du modèle

La sélection du meilleur modèle de régression pour un problème particulier n'est pas une tâche simple. Outre le choix du modèle, de nombreux facteurs tels que la sélection des fonctionnalités, les hypothèses du modèle et le réglage des hyperparamètres peuvent affecter de manière significative les performances du modèle. Par conséquent, il est essentiel d'évaluer et de valider les performances prédictives du modèle de régression.

Dans ce contexte, les métriques d'évaluation et les techniques de validation des modèles sont deux aspects clés à considérer. Les métriques d'évaluation les plus courantes pour les modèles de régression sont :

1.  **Erreur quadratique moyenne (MSE)** : mesure la différence quadratique moyenne entre les valeurs prévues et réelles.

2.  **Root Mean Squared Error (RMSE)** : La racine carrée de MSE, qui représente l'écart moyen (dans la même unité que la variable dépendante).

3.  **Erreur absolue moyenne (MAE)** : La moyenne des différences absolues entre les valeurs prédites et réelles.

4.  **R-Squared (Coefficient of Determination)** : Représente la proportion de la variance de la variable dépendante expliquée par les variables prédictives.

Pour valider les performances du modèle, des techniques de validation croisée sont souvent utilisées, telles que :

1.  **K-Fold Cross-Validation** : Partitionnement de l'ensemble de données en $k$ sous-échantillons de taille égale, formation du modèle sur $k-1$ plis et validation sur le pli restant. Ce processus est répété $k$ fois et la performance moyenne est calculée.

2.  **Validation croisée Leave-One-Out (LOO)** : Un cas particulier de K-Fold où $k$ est égal au nombre de points de données, fournissant une estimation moins biaisée des performances du modèle.

3.  **Bootstrapping** : rééchantillonnage avec remplacement à partir de l'ensemble de données d'origine, formation et validation du modèle sur chaque ensemble de données rééchantillonné, fournissant une estimation plus robuste des performances et de l'incertitude du modèle.

## 4.5 Applications et cas d'utilisation

Les modèles de régression et l'analyse prédictive peuvent être appliqués à un large éventail de domaines industriels et de cas d'utilisation. Voici quelques exemples :

1.  **Finance** : prévision des cours des actions, évaluation du risque de crédit, valeur à vie du client et optimisation du portefeuille.
2.  **Soins de santé** : prévoir les résultats pour les patients, la progression de la maladie et identifier les facteurs de risque de diverses conditions médicales.
3.  **Marketing** : Segmentation de la clientèle, ciblage et prédiction de l'efficacité des campagnes marketing.
4.  **Sports** : Analyse et prédiction des performances d'équipes ou d'athlètes individuels.
5.  **Supply Chain et Logistique** : Prévision de la demande, optimisation des stocks et planification des transports.

En conclusion, les modèles de régression et l'analyse prédictive sont des outils essentiels pour analyser les données du monde réel et prendre des décisions éclairées. En comprenant la théorie sous-jacente et en appliquant les meilleures pratiques, les praticiens peuvent tirer parti de ces techniques pour générer une valeur substantielle et trouver des solutions aux défis contemporains auxquels sont confrontés divers secteurs industriels.

# 4. Modèles de régression et analyse prédictive

## 4.1 Introduction aux modèles de régression

L'analyse de régression est une puissante technique statistique et d'apprentissage automatique utilisée pour comprendre les relations entre les variables et nous permet de faire des prédictions sur les événements futurs en fonction des données historiques observées. En un mot, l'analyse de régression nous aide à découvrir des modèles, des tendances et des relations au sein des données, ce qui nous permet de prendre des décisions éclairées.

Il existe de nombreux types de modèles de régression, mais les plus largement utilisés sont la régression linéaire, la régression logistique et la régression multiple. Chacun de ces modèles a ses propres forces et limites, et leur applicabilité dépend du type de données analysées, ainsi que des objectifs de l'analyse. Dans cette sous-section, nous nous concentrerons sur les concepts et les applications de ces modèles de régression, et sur la manière dont ils peuvent être utilisés efficacement dans des scénarios réels.

## 4.2 Régression linéaire

La régression linéaire est une approche pour modéliser la relation entre une variable dépendante (souvent désignée par « y ») et une ou plusieurs variables indépendantes (souvent désignées par « x »). Cette relation est décrite par l'équation :

$$y = a + bx + \varepsilon$$

où 'a' est l'ordonnée à l'origine (la valeur de 'y' lorsque 'x' vaut 0), 'b' est la pente (la vitesse à laquelle 'y' change à mesure que 'x' augmente), et '$\varepsilon$' est la terme d'erreur (la différence entre les valeurs prédites et réelles de 'y'). L'objectif de la régression linéaire est de déterminer la ligne la mieux ajustée (c'est-à-dire la ligne avec la plus petite erreur) qui peut être utilisée pour prédire « y » en fonction de « x ».

Dans les applications réelles, la régression linéaire peut être utilisée à de nombreuses fins, telles que prédire les ventes d'un produit en fonction de son prix et de ses dépenses publicitaires, estimer la consommation d'énergie d'un bâtiment en fonction de la température extérieure et des taux d'occupation, et prédire le revenu des individus en fonction de leur niveau d'éducation et de leur expérience.

### 4.2.1 Hypothèses de régression linéaire

Pour que la régression linéaire produise des résultats précis et fiables, un certain nombre d'hypothèses doivent être satisfaites. Certaines des hypothèses clés incluent :

1. Linéarité : La relation entre les variables indépendantes et dépendantes doit être linéaire.
2. Indépendance : les observations (lignes de données) doivent être indépendantes les unes des autres.
3. Homoscédasticité : la variance des termes d'erreur doit être constante à tous les niveaux des variables indépendantes.

4.  Normalité : les termes d'erreur (résidus)
doivent être distribués normalement.

Si ces hypothèses ne sont pas satisfaites, la
régression linéaire n'est peut-être pas la meilleure
technique de modélisation et des méthodes
alternatives (par exemple, régression non linéaire,
transformations de variables) doivent être
envisagées.

## 4.3 Régression logistique

Alors que la régression linéaire est utilisée lorsque
la variable dépendante est continue, la régression
logistique est utilisée lorsque la variable
dépendante est binaire (c'est-à-dire qu'elle ne
prend que deux valeurs possibles, telles que 0 ou
1, succès ou échec, oui ou non). L'objectif
principal de la régression logistique est d'estimer
la probabilité qu'un événement se produise,
compte tenu d'un ensemble de variables
prédictives.

Le modèle de régression logistique prend la forme
de la fonction logistique, qui est une courbe en
forme de S qui cartographie la relation entre les
variables indépendantes et dépendantes, et elle
est délimitée entre 0 et 1. La fonction logistique
est donnée par :

$$P(y=1) = 1/(1 + e^{-(a + bx)})$$

où 'P(y=1)' représente la probabilité que
l'événement se produise et 'e' est la base du
logarithme népérien.

La régression logistique a de nombreuses applications réelles, y compris le diagnostic médical (prédire la présence ou l'absence d'une maladie en fonction des caractéristiques du patient), la notation de crédit (déterminer la probabilité qu'un emprunteur ne rembourse pas un prêt en fonction de ses antécédents de crédit) et le taux de désabonnement des clients. analyse (identifiant la probabilité qu'un client quitte un service en fonction de ses habitudes d'utilisation).

## 4.4 Régression multiple

Dans de nombreuses situations réelles, plusieurs variables indépendantes peuvent influencer la variable dépendante. La régression multiple est une extension des modèles de régression linéaire et logistique, qui nous permet d'incorporer plusieurs variables prédictives dans l'équation de régression. Le modèle de régression linéaire multiple a la forme :

$$y = a + b_1 x_1 + b_2 x_2 + \ldots + b_n x_n + \varepsilon$$

où 'x1, x2, ..., xn' sont les variables indépendantes et 'b1, b2, ..., bn' sont les coefficients de régression correspondants.

La régression multiple nous permet d'extraire plus d'informations des données et d'obtenir de meilleures prévisions en tenant compte des effets interactifs de plusieurs variables. Certaines applications réelles de la régression multiple comprennent la prévision du prix des logements (basée sur des facteurs tels que l'emplacement, la taille et les commodités), la prévision financière (basée sur des indicateurs économiques, des variables spécifiques à l'entreprise et les conditions du marché) et l'analyse du changement climatique (basée sur sur les émissions de $CO_2$, le rayonnement solaire et les activités humaines).

## 4.5 Évaluation et sélection du modèle

Après avoir ajusté un modèle de régression aux données, il est crucial d'évaluer ses performances et sa qualité d'ajustement pour garantir l'exactitude et la fiabilité des prédictions. Une mesure populaire pour l'évaluation du modèle est le coefficient de détermination (R au carré), qui représente la proportion de la variance de la variable dépendante qui peut être expliquée par les variables indépendantes. D'autres mesures courantes incluent l'erreur quadratique moyenne (RMSE), l'erreur absolue moyenne (MAE) et le critère d'information d'Akaike (AIC).

En plus d'évaluer les performances d'un seul modèle, il est souvent nécessaire de comparer et de sélectionner le meilleur modèle parmi plusieurs modèles concurrents. Dans ce contexte, des techniques telles que la validation croisée, la sélection par étapes et la régularisation (crête, LASSO et filet élastique) peuvent être utilisées pour trouver la combinaison optimale de variables prédictives et de paramètres de modèle.

## 4.6 Conclusion

Les modèles de régression et l'analyse prédictive ont un large éventail d'applications réelles dans divers domaines, notamment les affaires, la finance, la santé et les sciences de l'environnement. En comprenant et en appliquant ces techniques efficacement, les professionnels peuvent exploiter la puissance des données pour prendre des décisions plus éclairées et stimuler l'innovation dans leurs domaines respectifs. La maîtrise de ces modèles et de leurs hypothèses sous-jacentes, ainsi que des meilleures pratiques d'évaluation et de sélection de modèles, est une compétence essentielle pour les statisticiens, les scientifiques des données et les praticiens de l'apprentissage automatique.

# Applications réelles des statistiques, des prévisions et de l'apprentissage automatique

Dans un monde de plus en plus axé sur les données, il est essentiel pour les entreprises, les chercheurs et les décideurs d'exploiter la puissance de l'analyse des données pour obtenir des informations, prendre des décisions éclairées et prévoir les tendances futures. Dans cette section, nous explorerons une grande variété d'applications réelles des statistiques, des prévisions et de l'apprentissage automatique, en soulignant comment ces techniques peuvent être appliquées dans diverses disciplines et industries.

### Affaires et finances

Les entreprises de divers secteurs utilisent largement les statistiques, les prévisions et l'apprentissage automatique pour optimiser leurs opérations, surveiller les indicateurs de performance clés (KPI) et obtenir des avantages concurrentiels. Les applications spécifiques dans ce domaine incluent :

1.  **Prévision des ventes** : les entreprises peuvent utiliser les données de ventes historiques et des facteurs externes tels que les jours fériés, les indicateurs économiques et les promotions pour prédire les modèles de ventes futurs. Des prévisions précises peuvent aider les entreprises à optimiser la gestion de la chaîne d'approvisionnement, à allouer efficacement les ressources et à réduire les coûts.

2.  **Segmentation de la clientèle** : les données des clients, y compris les données démographiques, le comportement d'achat et les préférences, peuvent être analysées pour regrouper les clients en segments de marché. Grâce à ces informations, les entreprises peuvent concevoir des campagnes de marketing ciblées, développer des produits ou services spécialisés et améliorer les relations avec les clients.

3. **Détection de la fraude** : les algorithmes d'apprentissage automatique peuvent identifier les irrégularités dans les transactions financières en analysant les modèles de comportement de dépenses. Les banques et les sociétés de cartes de crédit peuvent utiliser ces informations pour signaler et prévenir rapidement les activités frauduleuses, se protégeant ainsi que leurs clients.

4. **Prédictions boursières** : les analystes quantitatifs ou "quants" utilisent des modèles statistiques et des algorithmes d'apprentissage automatique pour prévoir les cours des actions,

identifier les opportunités d'investissement et gérer
le risque financier.

**Santé et médecine**

Les statistiques, les prévisions et l'apprentissage
automatique jouent un rôle essentiel dans
l'amélioration des soins aux patients, l'optimisation
des plans de traitement et l'avancement de la
recherche médicale. Certaines applications
spécifiques incluent :

1.  **Prédiction des maladies et évaluation des
risques** : en analysant les données génétiques,
les facteurs liés au mode de vie et les conditions
environnementales, les prestataires de soins de
santé peuvent évaluer le risque qu'un patient
développe certaines maladies et recommander
des mesures préventives.
2.  **Médecine personnalisée** : L'analyse des
données peut identifier des modèles dans les
antécédents médicaux d'un patient et sa réponse
aux traitements, permettant aux médecins
d'adapter les thérapies et les médicaments sur
une base individuelle, augmentant potentiellement
leur efficacité et réduisant les effets secondaires.
3.  **Développement de médicaments** : Les
algorithmes d'apprentissage automatique peuvent
analyser de grands ensembles de données de
structures moléculaires et prédire leurs propriétés
pharmacologiques, aidant au processus de
découverte de médicaments et aidant à identifier
de nouvelles cibles thérapeutiques.
4.  **Épidémiologie** : Les modèles de prévision
peuvent prédire la propagation des maladies
infectieuses, aider à l'allocation des ressources de

santé publique et éclairer les politiques publiques. Par exemple, lors de la pandémie de COVID-19, les modèles statistiques ont été cruciaux pour prédire la propagation du virus et guider la mise en œuvre des mesures de confinement.

## Gouvernement et politique publique

Les institutions publiques s'appuient sur l'analyse des données pour façonner les politiques, allouer les ressources et évaluer l'efficacité des programmes. Les principales applications incluent :

1.  **Prévisions démographiques** : les gouvernements utilisent des données démographiques pour prévoir la croissance démographique et estimer les besoins futurs en matière d'infrastructures, de soins de santé, d'éducation et d'autres services publics.
2.  **Justice pénale** : les modèles basés sur les données peuvent aider à identifier les zones à forte criminalité et à éclairer les stratégies d'application de la loi. De plus, l'apprentissage automatique peut aider à prédire les taux de récidive et à identifier des programmes de réadaptation efficaces.
3.  **Surveillance de l'environnement** : l'analyse des données issues des technologies de télédétection, des modèles climatiques et d'autres sources peut aider à prévoir les catastrophes naturelles, à surveiller la pollution et à évaluer l'impact des politiques environnementales.
4.  **Élections et sondages** : les campagnes politiques et les organisations médiatiques utilisent les données des sondages pour estimer le

sentiment des électeurs, créer des modèles statistiques pour prévoir les résultats des élections et éclairer la stratégie politique.

## Éducation

Les éducateurs et les administrateurs peuvent tirer parti de l'analyse des données pour améliorer les méthodes d'enseignement, évaluer les performances des élèves et optimiser la gestion de l'école. Certaines applications incluent :

1. **Développement du programme** : En analysant les résultats des tests et les styles d'apprentissage des élèves, les éducateurs peuvent identifier les domaines dans lesquels les élèves éprouvent des difficultés et adapter le matériel pédagogique pour mieux répondre à leurs besoins.
2. **Prédire les performances des élèves** : les algorithmes d'apprentissage automatique peuvent aider à prédire quels élèves sont susceptibles d'éprouver des difficultés ou d'exceller dans des matières spécifiques, permettant aux enseignants de fournir des interventions ciblées, un soutien supplémentaire ou des opportunités de cours avancés.
3. **Allocation des ressources** : Les établissements d'enseignement peuvent utiliser les données sur les inscriptions, la démographie et les besoins de la communauté pour allouer stratégiquement des ressources telles que les enseignants, le financement et les installations.

## Fabrication et Logistique

Le fonctionnement efficace des usines de fabrication et des chaînes d'approvisionnement dépend fortement de l'analyse des données de production et de l'optimisation des processus. Les principales applications incluent :

1. **Assurance qualité** : les fabricants peuvent utiliser le contrôle statistique des processus pour identifier les problèmes dans les chaînes de production, ce qui contribue à réduire les défauts et à maintenir des niveaux élevés de qualité des produits.
2. **Maintenance prédictive** : les algorithmes d'apprentissage automatique peuvent analyser les données des capteurs d'équipement pour prédire quand une machine est susceptible de tomber en panne, ce qui permet de planifier la maintenance de manière proactive et de minimiser les temps d'arrêt.
3. **Optimisation de la chaîne d'approvisionnement** : en analysant les prévisions de la demande et les calendriers de production, les entreprises peuvent optimiser les opérations de leur chaîne d'approvisionnement, réduire les coûts d'inventaire et améliorer la satisfaction client.

Les applications des statistiques, des prévisions et de l'apprentissage automatique dans diverses disciplines et industries décrites dans cette section illustrent la puissance et la flexibilité de ces méthodes. En tirant parti de ces techniques basées sur les données, les entreprises, les gouvernements et d'autres organisations peuvent prendre des décisions plus éclairées, optimiser l'allocation des ressources et, en fin de compte, réaliser des gains significatifs en termes d'efficience et d'efficacité.

# Applications réelles des statistiques, des prévisions et de l'apprentissage automatique

Dans le monde actuel axé sur les données, la connaissance des statistiques, des prévisions et de l'apprentissage automatique est devenue essentielle pour prendre des décisions éclairées, que ce soit dans le domaine des affaires, de la recherche ou dans d'autres domaines. Cette section explorera diverses applications réelles de ces techniques, montrant comment elles peuvent améliorer la prise de décision, découvrir des modèles cachés et prédire les événements futurs avec plus de précision.

## Soins de santé

Dans le domaine de la santé, l'utilisation appropriée de ces techniques peut conduire à de meilleurs résultats pour les patients, à une détection précoce des maladies et à des plans de traitement personnalisés. Par exemple:

- *Prédiction des maladies* : grâce aux algorithmes d'apprentissage automatique, les professionnels de la santé peuvent analyser de grandes quantités de données historiques sur les patients pour prédire les maladies et identifier les facteurs de risque. Cela peut conduire à une détection précoce et à de meilleures stratégies de prévention.

- *Médecine personnalisée* : l'apprentissage automatique peut aider à créer des plans de traitement individualisés en analysant le profil génétique et moléculaire unique d'un patient, ainsi que ses antécédents médicaux et ses facteurs liés au mode de vie.
- *Développement de médicaments* : L'apprentissage automatique et des techniques statistiques avancées sont utilisés pour analyser des données biologiques complexes, accélérer le processus de découverte de médicaments et permettre des thérapies plus ciblées et plus efficaces.

## Finance et économie

De la gestion des risques aux stratégies d'investissement et à l'analyse du comportement des consommateurs, le secteur financier s'appuie fortement sur les statistiques, les prévisions et les méthodes d'apprentissage automatique. Certaines applications incluent :

- *Notation de crédit* : les banques et autres institutions financières utilisent des modèles d'apprentissage automatique pour prédire la probabilité que les clients ne remboursent pas leurs prêts, ce qui leur permet de prendre de meilleures décisions en matière de crédit.
- *Trading algorithmique* : les algorithmes d'apprentissage automatique sont utilisés pour analyser les données de marché en temps réel, identifier les opportunités de trading et exécuter

les transactions automatiquement, optimisant ainsi les performances du portefeuille.

- *Détection des fraudes* : les institutions financières utilisent des techniques d'apprentissage automatique et de reconnaissance de formes pour identifier et signaler les activités suspectes, améliorer la cybersécurité et prévenir la fraude financière.

## Vente au détail et marketing

Les secteurs de la vente au détail et du marketing peuvent tirer parti de ces techniques pour prédire les préférences des clients, optimiser les prix et améliorer l'efficacité de la chaîne d'approvisionnement. Les principales applications dans ces domaines sont :

- *Recommandation de produits* : les algorithmes d'apprentissage automatique examinent les préférences des utilisateurs, la navigation passée et le comportement d'achat pour générer des recommandations de produits personnalisées, améliorer l'expérience client et stimuler les ventes.
- *Prévision de la demande* : en utilisant des modèles statistiques et des techniques d'apprentissage automatique, les détaillants peuvent prédire les futurs schémas de vente et élaborer des stratégies marketing efficaces, en s'assurant que les bons produits sont disponibles au bon moment.
- *Tarification dynamique* : des algorithmes avancés peuvent déterminer des stratégies de tarification optimales en fonction de facteurs tels que l'offre, la demande et la concurrence, en maximisant les revenus et la rentabilité.

# Transport et Logistique

L'optimisation des opérations de transport et de logistique peut entraîner une réduction des coûts, une efficacité accrue et une meilleure satisfaction des clients. Voici quelques cas où les statistiques, les prévisions et l'apprentissage automatique peuvent être utilisés :

- *Optimisation des itinéraires* : les modèles d'apprentissage automatique peuvent identifier des modèles dans les données de trafic, permettant aux entreprises de transport et de logistique d'optimiser les itinéraires et de réduire les temps de trajet.
- *Maintenance prédictive* : en analysant les données historiques sur les performances des véhicules et les défaillances des composants, les modèles d'apprentissage automatique peuvent prédire quand la maintenance sera nécessaire, réduisant ainsi les temps d'arrêt et les coûts de maintenance.
- *Prévision des délais de livraison* : Des prévisions efficaces des délais de livraison peuvent être obtenues en tirant parti des algorithmes d'apprentissage automatique, en tenant compte de facteurs tels que le trafic, la météo et les délais de livraison historiques. Cela améliore la satisfaction des clients et l'efficacité opérationnelle.

# Sciences de l'environnement et durabilité

Relever les défis environnementaux et favoriser la durabilité bénéficient également de l'utilisation de modèles statistiques et de techniques d'apprentissage automatique. Par exemple:

- *Modélisation climatique* : Des techniques statistiques avancées sont utilisées pour analyser les données environnementales, prédire les tendances climatiques futures et éclairer les décisions politiques sur les stratégies d'atténuation et d'adaptation au changement climatique.
- *Gestion des ressources naturelles* : l'apprentissage automatique peut être utilisé pour détecter les modèles de consommation des ressources et optimiser l'allocation des ressources, en promouvant des pratiques durables.
- *Énergie renouvelable* : les algorithmes de prévision peuvent prédire la production d'énergie renouvelable, comme l'énergie solaire et éolienne, aidant les opérateurs de réseau à équilibrer efficacement l'offre et la demande.

Ces exemples illustrent l'impact vaste et transformateur des statistiques, des prévisions et de l'apprentissage automatique dans diverses industries. En investissant dans ces techniques, les organisations peuvent améliorer la prise de décision, accroître l'efficacité et stimuler l'innovation dans le monde réel.

Dans les chapitres suivants, les lecteurs acquerront une compréhension plus approfondie de la théorie et des applications pratiques derrière ces techniques, leur permettant de les utiliser efficacement dans leurs propres industries et domaines.

# Applications réelles des statistiques, des prévisions et de l'apprentissage automatique

Les concepts de statistiques, de prévision et d'apprentissage automatique peuvent sembler abstraits ou hautement techniques, mais ils ont de nombreuses applications pratiques dans notre vie quotidienne. Qu'il s'agisse d'entreprises utilisant ces outils pour prendre des décisions éclairées ou de chercheurs qui les exploitent pour faire des découvertes scientifiques, leur valeur pour relever les défis du monde réel ne peut être sous-estimée. Cette section explorera divers domaines où ces trois méthodologies sont appliquées, démontrant comment elles fonctionnent ensemble pour améliorer notre compréhension du monde et améliorer nos processus de prise de décision.

## Affaires et finances

L'une des fonctions les plus importantes des statistiques, des prévisions et de l'apprentissage automatique dans le monde des affaires consiste à faciliter les processus de prise de décision et les analyses de marché. Dans la finance, les actions, les devises et les prix d'autres actifs sont analysés à l'aide de ces techniques, en mettant l'accent sur l'identification des modèles, la prévision des tendances et la gestion des risques.

- **Prévision des ventes** : les entreprises s'appuient sur des modèles statistiques et l'apprentissage automatique pour prédire les volumes de ventes futurs, ce qui leur permet d'allouer efficacement des ressources, de gérer les stocks et de planifier des campagnes marketing. Des techniques telles que l'analyse de séries chronologiques, les modèles de régression et les réseaux de neurones sont appliquées aux données de ventes historiques pour générer des prévisions précises.

- **Customer Analytics** : Les entreprises recueillent une multitude de données sur leurs clients, notamment des données démographiques, l'historique des achats et le comportement en ligne. Des algorithmes avancés d'apprentissage automatique tels que le regroupement et la classification peuvent aider les entreprises à identifier les segments de clientèle, à personnaliser les campagnes marketing et à améliorer les offres de produits.
- **Notation de crédit** : les banques et les établissements de crédit utilisent des modèles statistiques et l'apprentissage automatique pour prédire la probabilité qu'un emprunteur ne rembourse pas son prêt. Des facteurs tels que les antécédents de crédit, le niveau de revenu et d'autres informations démographiques sont pris en compte pour générer une cote de crédit, qui est ensuite utilisée pour déterminer l'admissibilité au prêt et les taux d'intérêt.

## Santé et médecine

Les statistiques, les prévisions et l'apprentissage automatique sont devenus des outils essentiels dans le domaine de la santé, où ils jouent un rôle essentiel dans l'amélioration des résultats pour les patients et l'optimisation de la prestation des soins de santé.

- **Prévention et contrôle des maladies** : Les épidémiologistes utilisent des méthodes statistiques et des techniques de modélisation mathématique pour étudier les schémas et la propagation des maladies infectieuses, identifier les facteurs de risque de maladies spécifiques et évaluer les stratégies de prévention. Les prévisions et l'apprentissage automatique se sont avérés inestimables pour prévoir et répondre aux épidémies et aux pandémies.
- **Découverte de médicaments** : Le développement de nouveaux médicaments est un processus long et coûteux. L'apprentissage automatique et des méthodes statistiques sont utilisés pour accélérer ce processus en prédisant les candidats-médicaments potentiels, en optimisant les composés existants et en identifiant les effets secondaires et les interactions potentiels.
- **Imagerie médicale** : Les algorithmes d'apprentissage automatique, en particulier les méthodes d'apprentissage en profondeur, ont fait des progrès significatifs dans la reconnaissance et l'analyse d'images ces dernières années. Cela a été particulièrement utile dans le domaine médical, où ces techniques sont utilisées dans la détection et la classification automatisées des tumeurs et d'autres conditions médicales à l'aide de données d'imagerie médicale telles que les rayons X, les IRM et les tomodensitogrammes.

# Prévisions climatiques et météorologiques

Des prévisions climatiques et météorologiques précises sont essentielles pour diverses industries, telles que l'agriculture, les transports et la construction. Il joue également un rôle important dans la planification des catastrophes et les efforts d'atténuation. Les prévisions météorologiques modernes reposent sur un mélange de statistiques, de techniques de prévision et d'algorithmes d'apprentissage automatique.

- **Prévision météorologique numérique** : La prévision météorologique s'appuie fortement sur les modèles de prévision météorologique numérique (PNT), qui impliquent la simulation de l'atmosphère terrestre, des océans et de la surface terrestre à l'aide d'équations mathématiques. Ces modèles génèrent un volume massif de données, qui sont ensuite analysées à l'aide de techniques statistiques et d'apprentissage automatique pour faire des prévisions météorologiques à court et à long terme.
- **Modélisation du changement climatique** : La prévision des changements climatiques futurs potentiels repose sur des modèles complexes qui intègrent de nombreux facteurs, tels que les émissions de gaz à effet de serre, les changements d'utilisation des terres et le rayonnement solaire. Ces modèles génèrent de grandes quantités de données, qui doivent être soigneusement analysées à l'aide de techniques statistiques et d'apprentissage automatique afin de comprendre les impacts potentiels du changement

climatique et de déterminer des stratégies d'atténuation efficaces.

## Sports et divertissement

Les industries du sport et du divertissement ont également adopté l'utilisation des statistiques, des prévisions et de l'apprentissage automatique pour analyser les données de performance, prédire les résultats et éclairer la prise de décision.

- **Sports Analytics** : les équipes sportives professionnelles collectent et analysent régulièrement une grande quantité de données de performance, ce qui leur permet d'obtenir des informations précieuses sur les forces et les faiblesses de leurs joueurs et de leurs adversaires. Des méthodes statistiques avancées et des algorithmes d'apprentissage automatique peuvent être utilisés pour développer des stratégies, évaluer des joueurs et identifier des talents.
- **Prédiction au box-office** : les studios de cinéma, les distributeurs et les cinémas utilisent des techniques de prévision et l'apprentissage automatique pour prédire les recettes au box-office des films à venir. En analysant les données historiques du box-office, les dépenses de marketing et les tendances des médias sociaux, ils peuvent prendre des décisions plus éclairées sur les films à produire, distribuer et promouvoir.

En conclusion, les statistiques, les prévisions et l'apprentissage automatique sont des outils indispensables dans les applications du monde réel dans de nombreux secteurs. Ils nous permettent d'analyser des données complexes, de générer des prévisions précises et, en fin de compte, de prendre de meilleures décisions. Avec l'évolution rapide de ces techniques et technologies, leur impact et leur pertinence ne font que croître.

## Applications réelles des statistiques, des prévisions et de l'apprentissage automatique

Dans le monde contemporain, divers domaines intègrent activement les statistiques, les prévisions et les techniques d'apprentissage automatique dans leurs processus décisionnels. Ces méthodes sont appliquées dans divers domaines, de la finance, du marketing, de l'économie et de la médecine aux sciences de l'environnement et même au sport. Dans cette section, nous allons explorer certaines applications réelles courantes de ces outils omniprésents.

### Finance et Bourse

Les marchés boursiers et la finance sont l'un des domaines les plus importants où l'application des statistiques, des prévisions et des technologies d'apprentissage automatique est indispensable. Les gestionnaires de portefeuille, les investisseurs et les analystes financiers travaillent sans relâche pour déterminer les stratégies d'investissement optimales, les tendances futures des prix, l'évaluation des risques et la répartition des actifs afin de maximiser les rendements et de minimiser les risques.

- *Évaluation des risques* : les experts financiers utilisent l'analyse statistique pour évaluer les rendements historiques, mesurer et surveiller le risque financier à l'aide de diverses mesures de risque et calculer les mesures de la valeur à risque (VaR) ou le manque à gagner attendu pour déterminer l'exposition.
- *Trading algorithmique* : les algorithmes d'apprentissage automatique, y compris les modèles d'apprentissage en profondeur et d'apprentissage par renforcement, sont utilisés pour analyser les données de marché historiques et en temps réel, comprendre les modèles et prendre des décisions commerciales dans l'environnement concurrentiel et à grande vitesse du marché boursier.
- *Notation de crédit et évaluation des prêts* : les institutions financières utilisent l'analyse de données pour évaluer la solvabilité des clients en analysant leurs antécédents financiers, leurs revenus et leurs informations démographiques, ce qui améliore la gestion des risques et les décisions de prêt.

## Santé et médecine

Les systèmes de santé du monde entier tirent de plus en plus parti de l'analyse statistique, de l'apprentissage automatique et des techniques de prévision pour améliorer le diagnostic, la planification du traitement et les résultats pour les patients.

- *Diagnostic et traitement* : Des techniques analytiques avancées, telles que la régression logistique et les machines à vecteurs de support, aident à la détection et à la classification efficaces de maladies, telles que le cancer et les maladies cardiovasculaires, en examinant des images médicales ou des dossiers de santé électroniques.
- *Découverte et développement de médicaments* : les algorithmes d'apprentissage automatique, y compris les réseaux de neurones profonds, facilitent l'identification de cibles thérapeutiques potentielles, la découverte de médicaments et les efforts de médecine personnalisée en explorant d'énormes quantités de données biomédicales.
- *Épidémiologie* : Les modèles de prévision, y compris l'analyse de séries chronologiques et les modèles basés sur des agents, jouent un rôle essentiel dans la prédiction de la propagation des maladies infectieuses et la compréhension de l'impact de diverses stratégies d'intervention sur la santé de la population.

## Marketing et ventes

Le marketing axé sur les données est devenu un pilier stratégique pour les organisations afin d'améliorer l'engagement des clients, de fidéliser la marque et de générer des revenus.

- *Segmentation de la clientèle* : les techniques de regroupement et de classification des données, telles que le regroupement k-means et les arbres de décision, aident à identifier et à regrouper les clients en fonction de leurs données démographiques, de leur comportement d'achat et de leurs préférences, permettant le développement de campagnes de vente et de marketing ciblées et efficaces.

● *Systèmes de recommandation* : les algorithmes d'apprentissage automatique, tels que le filtrage collaboratif et la factorisation matricielle, sont souvent utilisés pour créer des moteurs de recommandation qui prédisent les préférences des consommateurs et les dirigent vers les produits et services appropriés.

● *Prévision des ventes* : l'analyse des séries chronologiques et les modèles d'apprentissage automatique, tels que ARIMA et LSTM, sont utilisés pour prévoir les ventes, comprendre les tendances du marché et faciliter une meilleure planification de la demande et une meilleure gestion des stocks.

## Sciences environnementales

Les chercheurs en sciences de l'environnement utilisent des méthodologies statistiques et des algorithmes d'apprentissage automatique pour étudier, prédire et résoudre divers problèmes environnementaux, contribuant ainsi au développement durable.

● *Prévision climatique* : Les climatologues adoptent des techniques statistiques, telles que l'analyse des composants principaux, et des méthodes d'apprentissage automatique, y compris les réseaux de neurones artificiels, pour analyser et prévoir les modèles climatiques afin de mieux comprendre et gérer les conséquences du changement climatique.

- *Surveillance et contrôle de la pollution* : les scientifiques de l'environnement exploitent l'analyse des données pour surveiller la qualité de l'air et de l'eau, identifier les sources de pollution et élaborer des politiques visant à atténuer la pollution et à maintenir l'équilibre écologique.

## Analyse sportive

Les équipes sportives utilisent l'analyse de données pour concevoir des stratégies gagnantes, le dépistage et l'analyse des performances des joueurs.

- *Analyse des performances des joueurs* : les athlètes et les équipes sportives adoptent des techniques d'analyse, telles que les modèles de régression et l'analyse par grappes, pour évaluer les performances des joueurs, identifier les forces et les faiblesses, mesurer les facteurs de réussite et optimiser l'entraînement et la préparation des matchs.
- *Prédiction et prévention des blessures* : les modèles d'apprentissage automatique, y compris la régression logistique et les arbres de décision, sont de plus en plus utilisés pour évaluer le risque de blessure des athlètes en examinant les données historiques sur les blessures et la charge d'entraînement individuelle, la biomécanique et les facteurs physiologiques.

Ces applications du monde réel ne représentent qu'une petite partie des façons dont les statistiques, les prévisions et l'apprentissage automatique sont utilisés pour améliorer divers aspects de la vie moderne. Les opportunités d'appliquer ces méthodologies pour résoudre des problèmes et prendre des décisions plus éclairées dans de multiples domaines continuent de croître à mesure que les données deviennent plus abondantes et que la technologie est plus avancée.

# Applications réelles des statistiques, des prévisions et de l'apprentissage automatique

Dans cette section, nous nous plongerons dans divers exemples concrets et études de cas où les statistiques, les prévisions et l'apprentissage automatique ont joué un rôle central dans la transformation des industries, la prise de décisions et la résolution de problèmes. En explorant ces applications, vous comprendrez comment ces méthodes peuvent être mises en œuvre pour apporter des changements et des améliorations significatifs dans divers secteurs.

## Soins de santé

Le secteur de la santé a été révolutionné par la mise en œuvre de statistiques, de prévisions et de techniques d'apprentissage automatique. Du diagnostic précoce des maladies à la médecine personnalisée, ces méthodes ont amélioré à la fois les soins aux patients et l'efficacité globale.

- **Prédiction et prévention des maladies** : les méthodes d'apprentissage automatique, en particulier les algorithmes de classification, sont utilisées pour prédire la probabilité que les patients développent certaines conditions médicales, telles que le diabète, le cancer et les maladies cardiaques. En identifiant les personnes à haut risque, les médecins peuvent intervenir plus tôt et prescrire des mesures préventives.

- **Imagerie médicale** : les algorithmes de reconnaissance de formes et d'apprentissage en profondeur ont été largement utilisés pour l'extraction automatique de caractéristiques à partir d'images médicales, telles que l'IRM, les tomodensitogrammes et les rayons X. Cela aide les médecins à identifier et à diagnostiquer les maladies avec plus de précision et de rapidité.
- **Développement de médicaments** : L'apprentissage automatique est également utilisé dans la découverte et le développement de nouveaux médicaments. En analysant des quantités massives de données, les algorithmes peuvent identifier des composés thérapeutiques potentiels, prédire leur efficacité et suggérer des plans de traitement optimaux.

## Finance

Le secteur financier est un autre domaine où les statistiques, les prévisions et les techniques d'apprentissage automatique ont été largement adoptées.

- **Prédictions boursières** : L'analyse des séries chronologiques, une méthode de prévision statistique, est souvent utilisée pour prévoir les cours des actions, les tendances du marché et les taux de change. Basées sur des données historiques, ces prévisions peuvent éclairer les décisions de trading et les stratégies d'investissement.

- **Évaluation du risque de crédit** : les modèles d'apprentissage automatique, tels que les algorithmes de classification, aident les institutions financières à évaluer le risque de crédit associé aux demandeurs de prêt. En analysant les antécédents de crédit, les revenus et d'autres variables des demandeurs, ces modèles peuvent prédire la probabilité de défaut.
- **Détection de fraude** : les activités frauduleuses, telles que la fraude par carte de crédit et le délit d'initié, peuvent être détectées à l'aide de techniques d'apprentissage automatique telles que la détection d'anomalies. En identifiant des modèles inhabituels dans de grands ensembles de données, ces méthodes peuvent signaler les transactions suspectes pour une enquête plus approfondie.

# Commerce de détail et commerce électronique

Les secteurs de la vente au détail et du commerce électronique ont grandement bénéficié de l'application des statistiques, des prévisions et des méthodes d'apprentissage automatique.

- **Prévision de la demande** : Une prévision précise de la demande est cruciale pour une gestion optimale des stocks, qui minimise les coûts et évite les ruptures de stock. L'analyse de séries chronologiques et les méthodes d'apprentissage automatique sont utilisées pour mieux prévoir la demande des clients pour un produit, en tenant compte des tendances saisonnières et d'autres facteurs d'influence.

• **Segmentation de la clientèle** : les techniques d'apprentissage automatique, en particulier les algorithmes de regroupement, sont utilisées pour regrouper les clients ayant des comportements d'achat, des préférences et des données démographiques similaires. Ces informations permettent aux entreprises d'adapter leurs efforts de marketing et d'offrir des recommandations personnalisées, ce qui se traduit par une plus grande satisfaction et fidélité des clients.

• **Tarification dynamique** : les algorithmes d'apprentissage automatique peuvent analyser divers facteurs tels que les prix des concurrents, la demande et les données de ventes historiques pour calculer le prix optimal d'un produit. Cette stratégie de tarification dynamique aide les détaillants et les entreprises de commerce électronique à maximiser leurs profits.

## Transport et Logistique

L'intégration efficace des statistiques, des prévisions et des techniques d'apprentissage automatique a considérablement amélioré l'efficience et l'efficacité des systèmes de transport et de logistique.

• **Optimisation des itinéraires** : les modèles d'apprentissage automatique, en particulier les algorithmes d'apprentissage par renforcement, peuvent optimiser les itinéraires des véhicules, en tenant compte des données de trafic en temps réel, des conditions routières et des délais de livraison. Cela permet d'économiser du temps et du carburant, tout en réduisant les coûts et l'impact sur l'environnement.

- **Prévision de la demande** : les fournisseurs de transports publics utilisent des modèles d'analyse de séries chronologiques et d'apprentissage automatique pour prédire la demande d'achalandage. Cela leur permet de modifier les itinéraires, les horaires et la capacité pour répondre aux fluctuations du nombre de passagers, améliorant ainsi l'efficacité globale.
- **Véhicules autonomes** : L'apprentissage automatique joue un rôle central dans le développement de véhicules autonomes. Il permet aux véhicules de prendre des décisions et d'apprendre de leur environnement en utilisant les données des capteurs, des caméras et du GPS.

Les exemples présentés dans cette section ne représentent qu'une fraction des possibilités lorsqu'il s'agit d'appliquer les statistiques, les prévisions et l'apprentissage automatique dans des situations réelles. Au fur et à mesure que la technologie progresse, de plus en plus d'industries adopteront ces méthodologies basées sur les données pour résoudre des problèmes complexes, optimiser les processus et obtenir de meilleurs résultats.

# 5. Fondamentaux de l'apprentissage automatique : classification, regroupement et recommandation

# 5.1 Fondamentaux de l'apprentissage automatique : classification, regroupement et recommandation

L'apprentissage automatique est une méthode d'analyse de données qui automatise la création de modèles analytiques. C'est une branche de l'intelligence artificielle qui utilise des algorithmes pour apprendre de manière itérative à partir des données et améliorer les prédictions au fil du temps. L'objectif de l'apprentissage automatique est d'explorer des modèles de données, de faire des prédictions précises et d'améliorer les capacités de prise de décision. L'apprentissage automatique peut être classé, en fonction des tâches, en trois domaines principaux : la classification, le regroupement et les systèmes de recommandation. Dans cette section, nous approfondirons ces trois domaines, discuterons de leurs applications dans le monde réel et apprendrons comment ils peuvent ajouter de la valeur à différentes industries.

## 5.1.1 Classement

### Définition et application

La classification est une technique d'apprentissage supervisé qui traite le problème de la catégorisation des points de données dans l'une de plusieurs classes discrètes. L'objectif de la classification est de construire un modèle capable de prédire la classe d'un nouveau point de données invisible sur la base des données qu'il a déjà étudiées.

Certaines applications courantes de la classification comprennent :

1.  Filtrage des e-mails : un fournisseur de messagerie peut utiliser des algorithmes de classification d'apprentissage automatique pour filtrer les spams ou classer les e-mails dans différentes étiquettes telles que Principal, Social ou Promotions.
2.  Détection de la fraude : la classification peut être appliquée pour identifier les transactions financières frauduleuses en analysant différents modèles et comportements anormaux.
3.  Diagnostic médical : les modèles d'apprentissage automatique peuvent être utilisés pour prédire les maladies sur la base de l'analyse des dossiers médicaux des patients et des résultats des tests, tels que le diagnostic du cancer à partir d'images radiographiques ou de signaux ECG.
4.  Analyse du sentiment : la classification peut être utilisée pour identifier le sentiment (positif, négatif ou neutre) d'un texte ou d'un avis client donné.

**Types d'algorithmes de classification**

Il existe plusieurs algorithmes de classification disponibles, mais certains parmi les plus populaires incluent :

1.  Régression logistique
2.  Classificateur naïf de Bayes

3.  k-Voisins les plus proches (k-NN)
4.  Arbres de décision
5.  Forêts aléatoires
6.  Machines à vecteurs de support (SVM)

Chaque algorithme a ses forces et ses faiblesses, il est donc essentiel de choisir l'approche la mieux adaptée en fonction des exigences spécifiques du problème et des données disponibles.

## 5.1.2 Regroupement

### Définition et application

Le clustering est une technique d'apprentissage non supervisée qui consiste à regrouper des points de données similaires en fonction de leurs caractéristiques. Contrairement à la classification, aucune étiquette prédéfinie n'est disponible et l'algorithme apprend les modèles et les structures dans les données elles-mêmes pour dériver des clusters.

Certaines applications du clustering incluent :

1.  Segmentation de la clientèle : les entreprises peuvent utiliser des techniques de regroupement pour segmenter leurs clients en fonction de leur comportement, de leurs données démographiques et de leurs préférences, permettant ainsi des campagnes de marketing ciblées et des offres de services personnalisées.
2.  Détection des anomalies : le regroupement peut être utilisé pour identifier des modèles inhabituels ou des valeurs aberrantes dans

l'ensemble de données qui peuvent indiquer des erreurs ou une fraude potentielle.

3. Regroupement de documents : les algorithmes de regroupement peuvent aider à classer les documents en groupes en fonction de leurs sujets, ce qui permet de simplifier la gestion du contenu ou les résultats des moteurs de recherche.

4. Segmentation d'image : le regroupement peut être utilisé pour aider à identifier des régions ou des objets distincts dans une image, facilitant ainsi les tâches de reconnaissance d'image.

## Types d'algorithmes de clustering

Certains algorithmes de clustering couramment utilisés incluent :

1. Regroupement de k-moyennes
2. Classification hiérarchique
3. Regroupement spatial basé sur la densité d'applications avec bruit (DBSCAN)
4. Modèles de mélange gaussien (GMM)

Différents algorithmes fonctionnent mieux pour des ensembles de données ou des problèmes particuliers. Il est donc essentiel de comprendre les hypothèses et les caractéristiques sous-jacentes de chaque méthode pour obtenir de bons résultats.

## 5.1.3 Systèmes de recommandation

## Définition et application

Les systèmes de recommandation sont des modèles qui prédisent les préférences des utilisateurs et font des suggestions personnalisées de produits ou de services. Ils sont essentiels pour les plates-formes de commerce électronique, les services de streaming et d'autres entreprises qui traitent une variété de produits et s'appuient sur l'engagement des utilisateurs pour générer des revenus.

Certains domaines d'application incluent :

1.  Recommandations de produits : recommander des articles tels que des livres, des films ou des produits en ligne susceptibles d'intéresser un utilisateur en fonction de son historique de navigation, de ses achats ou de ses préférences.
2.  Personnalisation du contenu : adaptation du contenu de la page Web ou de l'application aux intérêts et préférences spécifiques d'un utilisateur.
3.  Ciblage publicitaire : recommander les publicités les plus efficaces aux utilisateurs en fonction des données démographiques et du comportement de navigation.
4.  Recommandations d'emploi : Connecter les demandeurs d'emploi à des opportunités d'emploi potentielles en fonction de leurs compétences et de leurs antécédents professionnels.

**Types de systèmes de recommandation**

Il existe deux principaux types de systèmes de recommandation :

1.  Filtrage collaboratif : cette approche est basée sur l'hypothèse que les utilisateurs qui ont interagi avec ou aimé des éléments similaires dans le passé auront probablement des préférences similaires à l'avenir. Le filtrage collaboratif peut

être divisé en méthodes basées sur l'utilisateur et sur les éléments.

2.  Filtrage basé sur le contenu : cette approche s'appuie sur les caractéristiques des éléments eux-mêmes et utilise la similitude entre ces caractéristiques pour recommander des éléments. Par exemple, un conseiller de films basé sur le contenu peut prendre en compte des facteurs tels que les genres, les listes d'acteurs et les mots-clés de l'intrigue pour suggérer des films similaires.

Souvent, une approche hybride qui combine des techniques de filtrage collaboratives et basées sur le contenu est utilisée pour améliorer la précision des recommandations et réduire les problèmes de rareté des données.

En conclusion, l'apprentissage automatique joue un rôle central dans le domaine de l'analyse des données et de la prise de décision. Les techniques fondamentales des systèmes de classification, de regroupement et de recommandation permettent aux entreprises et aux organisations de tirer le meilleur parti de leurs données, de découvrir des modèles cachés et de concevoir des informations exploitables qui conduisent finalement à une amélioration des performances et de la satisfaction des utilisateurs. La compréhension de ces techniques de base et de leurs applications réelles aide les passionnés de données et les professionnels à créer de meilleurs modèles et à développer des solutions plus efficaces pour relever divers défis dans le monde en évolution rapide de la technologie.

# 5.1 Application de la classification, du regroupement et de la recommandation dans des situations réelles

Dans cette section, nous verrons comment les techniques fondamentales de l'apprentissage automatique - classification, regroupement et recommandation - peuvent être appliquées à des situations réelles. Nous examinerons des exemples spécifiques de divers secteurs pour comprendre comment ces techniques sont exploitées pour générer des informations, automatiser les tâches et créer de la valeur pour les organisations.

## 5.1.1 Classification en action

La classification est le processus d'attribution d'une catégorie à un point de données ou à un objet en fonction de ses propriétés. Cette technique d'apprentissage supervisé est couramment utilisée dans de nombreuses applications du monde réel, telles que :

- **Détection de spam** : les fournisseurs de services de messagerie tels que Google et Microsoft utilisent des algorithmes d'apprentissage automatique pour classer les e-mails comme spam ou non-spam. Des fonctionnalités telles que les informations sur l'expéditeur, la ligne d'objet et le contenu de l'e-mail sont utilisées pour former l'algorithme et identifier les modèles indiquant des spams.

- **Diagnostic médical** : les modèles d'apprentissage automatique peuvent être formés sur les dossiers médicaux et les symptômes des patients pour prédire les probabilités de diverses maladies. Par exemple, classer si une tumeur est maligne ou bénigne en fonction de facteurs tels que la taille, la forme et la densité peut aider à la détection précoce et au traitement du cancer.
- **Reconnaissance d'image** : Les plateformes de médias sociaux comme Facebook et Instagram utilisent des algorithmes de classification pour identifier et taguer des visages ou des objets sur les photos. Cette technologie peut également être étendue à des applications telles que les véhicules autonomes, où la détection et la classification d'objets sont cruciales pour une navigation sûre.
- **Évaluation du risque de crédit** : les banques et les institutions financières utilisent des modèles de classification pour évaluer la solvabilité des emprunteurs potentiels, en fonction de leurs antécédents de crédit, de leurs revenus et d'autres informations pertinentes. Cela aide à décider d'approuver ou de rejeter les demandes de prêt.

## 5.1.2 Le regroupement en action

Le clustering est une technique d'apprentissage non supervisée utilisée pour regrouper des points de données ou des objets similaires en fonction de leurs propriétés. Certaines applications réelles du clustering sont :

- **Segmentation de la clientèle** : les détaillants et les entreprises de commerce électronique utilisent des algorithmes de regroupement pour regrouper les clients ayant des habitudes d'achat, des préférences et des données démographiques similaires. Cela aide les entreprises à cibler leurs efforts de marketing et à développer des promotions et des recommandations personnalisées.

- **Détection de fraude** : le clustering peut être utilisé pour identifier les valeurs aberrantes ou les modèles inhabituels dans de grands ensembles de données, qui peuvent signaler des activités frauduleuses. Par exemple, les banques utilisent des algorithmes de clustering pour détecter des données de transaction anormales qui pourraient indiquer une fraude à la carte de crédit ou un blanchiment d'argent.

- **Regroupement d'articles d'actualité** : les portails et agrégateurs d'actualités en ligne utilisent des algorithmes de regroupement pour regrouper des articles d'actualité similaires, permettant aux utilisateurs d'explorer un sujet en profondeur ou de découvrir un contenu connexe.

- **Analyse des données génomiques** : le regroupement est utilisé en bioinformatique pour regrouper des gènes ayant des modèles d'expression similaires, ce qui peut fournir des informations sur les fonctions des gènes, les voies cellulaires et les cibles thérapeutiques possibles.

## 5.1.3 Recommandation en action

Les systèmes de recommandation sont largement utilisés pour suggérer des articles, des produits ou du contenu en fonction du comportement, des préférences et des intérêts historiques des utilisateurs. Certaines applications populaires des systèmes de recommandation incluent :

- **Recommandations de produits de commerce électronique** : les détaillants en ligne comme Amazon et eBay utilisent des systèmes de recommandation pour suggérer des produits susceptibles d'intéresser les utilisateurs, en fonction de leur historique de navigation, de leurs achats antérieurs et d'autres données sur le comportement des utilisateurs.
- **Recommandations de films et d'émissions de télévision** : les plates-formes de streaming telles que Netflix et Hulu exploitent des algorithmes de recommandation pour suggérer des films et des émissions de télévision que les utilisateurs peuvent apprécier, en fonction de leur historique de visionnage, des classifications de contenu et des listes de lecture générées par les utilisateurs.
- **Recommandation musicale** : Les services de streaming musical tels que Spotify et Pandora utilisent des systèmes de recommandation pour générer des listes de lecture ou suggérer des chansons aux utilisateurs en fonction de leurs habitudes d'écoute, de leurs artistes préférés et de leurs préférences musicales.
- **Recommandations d'emploi** : Les portails d'emploi et les sites de réseautage professionnels comme LinkedIn utilisent des algorithmes de recommandation pour suggérer des opportunités d'emploi pertinentes aux utilisateurs en fonction de leurs compétences, de leur historique d'emploi et de leurs industries préférées.

En conclusion, les techniques d'apprentissage automatique telles que la classification, le regroupement et la recommandation ont des implications et des applications de grande envergure dans divers secteurs. En comprenant leurs implémentations dans le monde réel, nous pouvons saisir l'impact potentiel de ces techniques et les exploiter efficacement pour en tirer des informations, créer de la valeur et résoudre des problèmes complexes.

## 5.1 Classification, regroupement et recommandation : concepts clés et applications dans le monde réel

Lors de l'application de techniques d'apprentissage automatique dans des scénarios réels, il est essentiel de comprendre les bases de la classification, du regroupement et de la recommandation, car ces concepts sont largement utilisés dans divers secteurs. Dans cette sous-section, nous approfondirons ces principes fondamentaux et explorerons comment ils peuvent être appliqués à des problèmes réels.

### 5.1.1 Classement

L'objectif principal de la classification est de prédire une étiquette discrète pour un point de données d'entrée en fonction de ses caractéristiques. Ce type d'apprentissage automatique est appelé *apprentissage supervisé* car pendant la phase d'apprentissage du modèle, la sortie cible est connue et fournie à l'algorithme avec les caractéristiques d'entrée. Il existe de nombreuses applications de classification, notamment:

- **Détection de spam** : les fournisseurs de services de messagerie peuvent utiliser des algorithmes de classification pour déterminer si un e-mail est un spam ou non, en fonction de caractéristiques telles que l'adresse IP de l'expéditeur, la ligne d'objet et le contenu de l'e-mail.
- **Évaluation du risque de crédit** : les banques et les institutions financières peuvent utiliser des modèles de classification pour décider d'approuver ou de rejeter une demande de prêt, en fonction des antécédents de crédit du demandeur, de ses revenus et d'autres informations pertinentes.
- **Diagnostic médical** : Les médecins peuvent tirer parti des techniques de classification pour prédire la probabilité que les patients aient une maladie spécifique en fonction de leurs symptômes et de leurs antécédents médicaux.

Certains algorithmes de classification populaires incluent la régression logistique, les arbres de décision et les machines à vecteurs de support.

## 5.1.2 Regroupement

Le clustering est un type d' *apprentissage non supervisé* qui consiste à regrouper des points de données similaires, sans utiliser de sorties cibles connues. L'objectif est de trouver la structure naturelle dans les données en identifiant les clusters de sorte que les points de données dans chaque cluster soient aussi similaires que possible, tandis que les clusters eux-mêmes sont aussi différents que possible les uns des autres. Certaines applications pratiques du clustering incluent:

- **Segmentation de la clientèle** : les entreprises peuvent utiliser des algorithmes de regroupement pour regrouper leurs clients dans différents segments en fonction de leur comportement d'achat, de leurs préférences ou de leurs données démographiques. Ces informations peuvent être utilisées pour développer des campagnes de marketing ciblées ou pour personnaliser les expériences des utilisateurs.
- **Segmentation d'image** : En vision par ordinateur, le regroupement peut être appliqué pour partitionner une image en régions distinctes, aidant à identifier des objets ou des motifs dans l'image.
- **Détection d'anomalies** : les techniques de clustering peuvent être utilisées pour détecter des événements inhabituels dans divers domaines, tels que la sécurité du réseau (par exemple, identifier un trafic réseau inhabituel pouvant indiquer une cyberattaque) ou la détection de fraude (par exemple, repérer des habitudes de dépenses inhabituelles sur les cartes de crédit).

Les algorithmes de clustering courants incluent K-Means, Hierarchical Clustering et DBSCAN.

## 5.1.3 Recommandation

Les systèmes de recommandation sont un type spécifique d'apprentissage automatique qui vise à prédire les préférences de l'utilisateur et à suggérer des éléments ou des actions susceptibles d'intéresser les utilisateurs. Ces systèmes sont essentiels dans les domaines où il existe une vaste sélection d'éléments en constante évolution (par exemple, des films, livres, articles de presse) ou une quantité écrasante de données (par exemple, les réseaux sociaux, les plateformes de commerce électronique). Certaines applications réelles des systèmes de recommandation incluent :

- **Achats en ligne** : les entreprises de commerce électronique peuvent utiliser des algorithmes de recommandation pour suggérer des produits susceptibles d'intéresser un client, en fonction de son historique de navigation ou des articles qu'il a déjà achetés.
- **Divertissement** : les plateformes de streaming comme Netflix ou Spotify utilisent des systèmes de recommandation pour suggérer du contenu (tel que des films, des émissions de télévision ou des chansons) qu'un utilisateur peut aimer, en fonction de son historique de visionnage ou d'écoute et des préférences d'utilisateurs similaires.
- **Actualités et informations** : les sites Web ou les applications qui fournissent des articles d'actualité ou des informations peuvent utiliser des techniques de recommandation pour sélectionner un contenu adapté aux intérêts d'un utilisateur, en fonction de ses habitudes de lecture et des préférences des utilisateurs ayant des profils similaires.

Les algorithmes de recommandation peuvent être classés en deux types : *le filtrage basé sur le contenu* et *le filtrage collaboratif* . Le filtrage basé sur le contenu est basé sur les caractéristiques

des éléments et les préférences de l'utilisateur,
tandis que le filtrage collaboratif est basé sur le
comportement passé ou les préférences d'autres
utilisateurs qui ont des goûts similaires.

En résumé, la classification, le regroupement et la
recommandation sont des techniques
fondamentales de l'apprentissage automatique qui
sont largement utilisées dans diverses industries
pour résoudre les problèmes du monde réel. La
compréhension de ces concepts permet aux
experts du domaine et aux scientifiques des
données de sélectionner les algorithmes
appropriés et de les adapter à des tâches
spécifiques, en tirant finalement parti de
l'apprentissage automatique pour prendre de
meilleures décisions, fournir des expériences
personnalisées ou automatiser des processus
complexes.

## 5.1 Application des techniques de classification, de regroupement et de recommandation dans des scénarios réels

Dans cette sous-section, nous nous concentrerons
sur les applications réelles de trois techniques
fondamentales d'apprentissage automatique : la
classification, le regroupement et la
recommandation. Nous examinerons des
exemples pratiques de divers domaines, tels que
la finance, la santé, les médias sociaux et le
commerce électronique, pour élucider comment

l'apprentissage automatique aide à résoudre des problèmes complexes et apporte de la valeur aux entreprises et aux particuliers.

## 5.1.1 Classification dans la vie réelle

La classification est une technique d'apprentissage supervisé dans laquelle un modèle apprend à partir d'un ensemble de données étiqueté pour prédire la classe ou la catégorie de nouveaux points de données jamais vus auparavant. Certaines applications réelles de la classification sont :

1. **Détection de spam** : les fournisseurs de services de messagerie utilisent des algorithmes de classification pour identifier et filtrer les spams. Les algorithmes apprennent à partir d'un ensemble de données étiquetées contenant à la fois des spams et des e-mails non spam pour prédire si un e-mail entrant est un spam.
2. **Détection des fraudes** : Les institutions financières et les sociétés de cartes de crédit utilisent des systèmes de classification pour détecter les transactions frauduleuses. Le modèle apprend des données de transaction historiques et prédit, en fonction de divers facteurs tels que le montant de la transaction, l'emplacement ou le comportement de l'utilisateur, si une nouvelle transaction est susceptible d'être frauduleuse ou non.
3. **Diagnostic médical** : Dans le domaine de la santé, les algorithmes de classification peuvent aider à diagnostiquer les maladies en fonction des symptômes des patients ou des résultats des tests médicaux. Par exemple, un algorithme peut

analyser les résultats des tests de laboratoire, les signes vitaux et d'autres données pertinentes pour prédire si un patient a une maladie ou un état particulier.

4. **Reconnaissance d'images** : Les techniques de classification sont largement utilisées dans les tâches de reconnaissance d'images, telles que la reconnaissance faciale, la détection d'objets et la reconnaissance de l'écriture manuscrite. Par exemple, un algorithme peut apprendre à partir d'un ensemble de données d'images étiquetées pour reconnaître des visages humains dans de nouvelles images inconnues.

5. **Segmentation de la clientèle** : les entreprises peuvent utiliser des modèles de classification pour classer leurs clients dans différents segments en fonction du comportement d'achat, des informations démographiques ou des préférences. Cela permet aux entreprises de créer des campagnes marketing personnalisées et d'offrir des promotions ou des services ciblés à des groupes de clients spécifiques.

## 5.1.2 Regroupement dans la vie réelle

Le clustering est une technique d'apprentissage non supervisée utilisée pour regrouper des points de données en fonction de leur similitude ou de leur proximité sans connaître les catégories explicites à l'avance. Voici quelques exemples d'applications réelles du clustering :

1. **Segmentation du marché** : des algorithmes de clustering peuvent être utilisés pour analyser les données des clients (par exemple, les données démographiques, les préférences, l'historique des

achats) et identifier des groupes ou des segments
présentant des caractéristiques similaires. Cela
aide les équipes marketing à concevoir des
publicités et des promotions ciblées pour différents
segments de clientèle.

2. **Détection d'anomalies** : les techniques de
clustering peuvent être utilisées pour détecter des
anomalies ou des valeurs aberrantes en identifiant
des points de données qui diffèrent
considérablement des autres clusters. Cela peut
être appliqué dans divers domaines, tels que la
prévention de la fraude dans la finance,
l'identification de machines défectueuses dans la
fabrication ou la détection de comportements
inhabituels d'utilisateurs dans la cybersécurité.

3. **Analyse des réseaux sociaux** : dans les
plateformes de médias sociaux, les algorithmes de
regroupement peuvent être utilisés pour identifier
des communautés ou des groupes d'utilisateurs
en fonction de leurs relations, interactions ou
intérêts communs.

4. **Regroupement de documents** : les
techniques de regroupement peuvent être
appliquées pour regrouper des documents ou des
articles avec un contenu, des thèmes ou des
styles d'écriture similaires, facilitant une meilleure
organisation et une meilleure récupération des
informations à partir de grands ensembles de
données textuelles.

5. **Bioinformatique** : Le clustering est largement
appliqué dans la recherche bioinformatique pour
des tâches telles que l'analyse de l'expression
génique, la prédiction de la structure des protéines
et l'analyse des réseaux biologiques. Par exemple,
le regroupement peut être utilisé pour regrouper
des gènes avec des modèles d'expression

similaires dans des conditions spécifiques, ce qui peut indiquer une fonctionnalité ou une co-régulation similaire.

## 5.1.3 Recommandation dans la vie réelle

Les systèmes de recommandation utilisent des algorithmes d'apprentissage automatique pour suggérer des éléments ou du contenu pertinents aux utilisateurs en fonction de leurs préférences, de leur comportement passé ou du comportement d'autres utilisateurs similaires. Voici quelques exemples pratiques de systèmes de recommandation :

1. **Recommandation de films et de musique** : les services de streaming en ligne tels que Netflix et Spotify utilisent des systèmes de recommandation pour suggérer des films, des émissions de télévision ou des chansons aux utilisateurs en fonction de leur historique de visionnage ou d'écoute et de leurs préférences.
2. **Recommandation de produits** : les sites Web de commerce électronique comme Amazon et eBay utilisent des systèmes de recommandation pour suggérer des articles ou des produits aux clients en fonction de leur historique de navigation, de leurs achats antérieurs et des préférences d'utilisateurs similaires.
3. **Personnalisation du contenu** : les sites Web d'actualités, les forums et les plateformes de médias sociaux utilisent des systèmes de recommandation pour adapter le contenu aux utilisateurs individuels, en tenant compte de leurs interactions, de leurs intérêts et de leurs préférences. Cela permet de garantir que les

utilisateurs voient le contenu le plus pertinent et passent plus de temps sur la plateforme.

4. **Recommandations de connexion sociale** : les plateformes de réseaux sociaux comme LinkedIn et Facebook utilisent des algorithmes de recommandation pour suggérer des connexions potentielles ou des amis aux utilisateurs en fonction de leur réseau existant et de leurs intérêts communs.

5. **Job matching** : les sites Web de recherche d'emploi et les portails de carrière peuvent utiliser des systèmes de recommandation pour suggérer des emplois appropriés aux utilisateurs en fonction de leurs compétences, de leur expérience professionnelle, de leur emplacement et des préférences de demandeurs d'emploi similaires.

En conclusion, les techniques de classification, de regroupement et de recommandation sont des méthodes d'apprentissage automatique de base qui peuvent être utilisées pour résoudre un large éventail de problèmes du monde réel. En comprenant les concepts et les applications de ces techniques, les entreprises et les particuliers peuvent exploiter la puissance de l'apprentissage automatique pour prendre de meilleures décisions, rationaliser les processus et offrir des expériences personnalisées aux utilisateurs.

# 5.3. Application des statistiques, des prévisions et de l'apprentissage automatique IRL (dans la vraie vie)

Après avoir acquis une compréhension approfondie des concepts fondamentaux de classification, de regroupement et de recommandation, il est essentiel de se plonger dans les applications du monde réel qui intègrent ces techniques. Dans cette section, nous explorerons les différents domaines, cas d'utilisation et exemples où les statistiques, les prévisions et les algorithmes d'apprentissage automatique peuvent être appliqués pour résoudre des problèmes réels.

## 5.3.1. Affaires et finances

Les techniques d'apprentissage automatique jouent un rôle essentiel pour aider les entreprises et les organisations financières à prendre des décisions éclairées. Des exemples d'applications dans ce domaine comprennent

- Notation de crédit : en utilisant des modèles de classification, les banques et les institutions financières peuvent évaluer la solvabilité des demandeurs ou faire la distinction entre les bons et les mauvais emprunteurs potentiels sur la base de données historiques.
- Détection des fraudes : les modèles d'apprentissage automatique peuvent être formés pour reconnaître et signaler les transactions suspectes en analysant les modèles et les corrélations dans de grands volumes de données de transactions financières.
- Trading algorithmique : les modèles de prévision peuvent prédire les cours des actions et d'autres variables financières d'intérêt qui permettent aux organisations de prendre des

décisions commerciales sur l'achat ou la vente d'actions.

- Prévision de l'attrition des clients : les systèmes de recommandation peuvent prédire le comportement des clients et permettre aux entreprises de fidéliser des clients précieux en offrant des incitations ou des promotions personnalisées.
- Segmentation du marché : les modèles de clustering aident les entreprises à identifier des groupes de clients ayant des préférences, des caractéristiques ou des données démographiques similaires qui permettent des stratégies marketing sur mesure.

# 5.

# &___seconde_achèvement<|im_s ep|>3.2. Soins de santé

L'apprentissage automatique a transformé le secteur de la santé grâce à son potentiel d'analyse de données complexes et de fourniture d'informations précieuses. Certaines des applications les plus importantes dans ce domaine incluent :

- Diagnostic de la maladie : les modèles de classification aident à diagnostiquer diverses maladies ou conditions médicales en analysant les antécédents médicaux du patient, les données d'imagerie et d'autres résultats de test.
- Découverte de médicaments : les algorithmes d'apprentissage automatique aident les sociétés biotechnologiques et pharmaceutiques à identifier

les candidats-médicaments potentiels en prédisant leur efficacité, leur toxicité et leurs effets secondaires potentiels en fonction des structures chimiques et des interactions cibles biologiques connues.

• Surveillance des patients : les modèles de prévision peuvent prédire la probabilité d'événements critiques, tels que les crises cardiaques, les accidents vasculaires cérébraux ou le diabète, permettant une intervention précoce et une meilleure gestion des maladies chroniques.

• Médecine personnalisée : les systèmes de recommandation permettent aux médecins d'identifier les plans de traitement optimaux pour les patients en fonction de leur constitution génétique, de leurs antécédents médicaux et de facteurs liés au mode de vie, augmentant ainsi l'efficacité des thérapies tout en minimisant les effets secondaires.

• Analyse génomique : L'analyse de clustering peut identifier des modèles et des relations au sein de données génomiques complexes, permettant des recherches et des thérapies ciblées.

## 5.3.3. Commerce électronique et vente au détail

L'industrie du commerce électronique a considérablement bénéficié de l'utilisation de l'apprentissage automatique dans ses opérations quotidiennes, améliorant l'expérience client et augmentant la rentabilité. Certaines des applications clés incluent :

- Recommandations de produits personnalisées : les systèmes de recommandation analysent le comportement de navigation, l'historique des achats et les préférences des clients pour suggérer des produits ou services pertinents.
- Prévision de la demande : les modèles de prévision des ventes permettent aux détaillants d'estimer les ventes futures, ce qui leur permet de mieux gérer les stocks, d'optimiser les stratégies de tarification et d'identifier les opportunités marketing.
- Analyse des sentiments : les modèles de classification peuvent discerner les sentiments et les opinions des clients sur les produits ou les marques en analysant les médias sociaux, les avis en ligne et d'autres sources de données textuelles.
- Détection des anomalies : les activités frauduleuses et autres irrégularités peuvent être détectées et atténuées à l'aide de techniques avancées de reconnaissance de formes et de détection d'anomalies.
- Tarification dynamique : les modèles d'apprentissage automatique peuvent prédire et définir une tarification optimale en fonction de divers facteurs, tels que les prix des concurrents, les fluctuations de la demande et la saisonnalité, ce qui permet de maximiser les revenus.

## 5.3.4. Manufacture et production

L'apprentissage automatique a eu un impact significatif sur l'industrie manufacturière et de production en optimisant les processus et en augmentant l'efficacité. Certaines applications pertinentes incluent :

- Contrôle de la qualité : les algorithmes d'analyse et de classification des images peuvent identifier automatiquement les défauts des produits, réduisant ainsi le besoin d'inspections manuelles et atténuant le risque d'erreur humaine.
- Maintenance prédictive : les modèles de prévision peuvent prédire les pannes d'équipement et identifier les besoins de maintenance, permettant aux organisations de planifier des réparations en temps opportun et de minimiser les temps d'arrêt.
- Gestion de la chaîne d'approvisionnement : les techniques d'apprentissage automatique peuvent optimiser les opérations logistiques en prévoyant avec précision la demande, en identifiant les goulots d'étranglement dans la chaîne d'approvisionnement et en améliorant la gestion des relations avec les fournisseurs.
- Automatisation des robots : les algorithmes d'apprentissage automatique peuvent contrôler les bras robotiques et d'autres équipements d'automatisation pour optimiser les processus de production, minimiser l'intervention humaine et augmenter l'efficacité globale.

## 5.3.5. Gestion de l'énergie et de l'environnement

L'apprentissage automatique peut contribuer de manière significative à la gestion et à la conservation des ressources environnementales et des sources d'énergie renouvelables. Certaines applications majeures incluent :

- Prévision de la consommation d'énergie : les modèles d'apprentissage automatique peuvent prédire les tendances de la consommation d'énergie et aider les organisations à optimiser leur consommation d'énergie.
- Production d'énergie renouvelable : les modèles de prévision avancés peuvent prédire les sorties d'énergie renouvelable, telles que l'énergie solaire et l'énergie éolienne, permettant une meilleure intégration avec les réseaux électriques traditionnels.
- Prévision et gestion des catastrophes : les algorithmes de classification et de regroupement peuvent analyser les images satellites, les données climatiques et les informations géographiques pour prévoir les catastrophes naturelles et contribuer à une allocation efficace des ressources lors des interventions d'urgence.
- Modélisation du changement climatique : les techniques d'apprentissage automatique peuvent aider les scientifiques à analyser des données environnementales complexes et à mieux comprendre les modèles de changement climatique, permettant ainsi des décisions politiques fondées sur des données pour atténuer le réchauffement climatique.
- Contrôle de la pollution : les modèles d'apprentissage automatique peuvent suivre et prédire les niveaux de pollution, aidant ainsi les décideurs politiques à concevoir des stratégies pour réduire les émissions et améliorer la qualité de l'air.

Pour conclure, la nature omniprésente de l'apprentissage automatique transcende diverses industries et domaines. L'intégration de techniques de classification, de regroupement et de recommandation peut libérer le potentiel de la prise de décision basée sur les données et faciliter l'optimisation des processus, l'amélioration de l'interaction avec les clients et l'utilisation efficace des ressources. L'exploitation de ces concepts et outils dans des scénarios réels peut propulser les organisations vers des sommets inexploités, offrant un avantage concurrentiel dans un paysage mondial en évolution rapide.

## Prévision et apprentissage automatique dans la vraie vie : de l'impact commercial à l'impact social

Dans cette section, nous approfondirons la manière dont les modèles statistiques, les prévisions et l'apprentissage automatique sont appliqués dans notre vie quotidienne, en offrant des exemples concrets tirés des affaires, de la science, du sport et de l'impact social. Comme nous le verrons, ces outils ont le pouvoir d'améliorer la prise de décision, de stimuler la croissance économique et de transformer la vie de millions de personnes dans le monde. Les applications sont vastes, allant de la prédiction du comportement des consommateurs à la gestion des catastrophes naturelles, et elles ne feront que croître en importance alors que nous nous efforçons de construire un avenir meilleur.

## Prédire le comportement des consommateurs dans le commerce de détail

Les commerces de détail prospèrent grâce à leur capacité à prédire le comportement des consommateurs, à optimiser l'agencement des magasins et à livrer les bons produits au bon moment. Dans ce domaine, les modèles de prévision et les algorithmes d'apprentissage automatique jouent un rôle essentiel pour assurer le succès de ces efforts. Par exemple, Walmart , l'un des plus grands détaillants au monde, utilise des algorithmes d'apprentissage automatique pour optimiser sa gestion des stocks et comprendre les modèles de comportement des clients. En analysant d'énormes quantités de données historiques, telles que les ventes passées et des facteurs externes tels que la météo et les vacances, Walmart peut prédire le trafic en magasin, les demandes de produits et coordonner sa chaîne d'approvisionnement en conséquence. Ces modèles se sont avérés inestimables pour garder les étagères des magasins remplies d'articles dont les clients ont le plus besoin.

## Gestion des finances et des investissements

Sur les marchés financiers, les traders et les investisseurs sont toujours à la recherche de moyens de minimiser les risques et de maximiser les rendements. Ils s'appuient fortement sur des modèles statistiques et des techniques d'apprentissage automatique pour prédire les tendances, identifier les opportunités et développer des stratégies de trading. Les traders quantitatifs utilisent des algorithmes pour exécuter des transactions en un clin d'œil, répondant aux fluctuations du marché avant même que la plupart des humains ne puissent les percevoir. Ces dernières années, les robots-conseillers sont devenus une option attrayante pour les investisseurs individuels, fournissant des services de gestion de placement personnalisés à l'aide d'algorithmes basés sur des facteurs tels que la tolérance au risque, les objectifs de placement et l'horizon temporel. Ces outils basés sur l'IA peuvent aider les individus à prendre des décisions éclairées concernant leurs investissements, même sans aucune connaissance préalable de la finance.

## Analyse sportive et prédiction de performance

Le monde du sport a connu une évolution significative vers l'utilisation de l'analyse de données et de l'apprentissage automatique pour prédire les résultats et améliorer les performances. Moneyball , un livre et un film populaires, a décrit comment l'analyse statistique - en particulier le concept de «sabermetrics» - a transformé la façon dont les équipes de baseball repèrent et évaluent les joueurs. Des clubs de football comme le Liverpool FC utilisent l'analyse de données pour améliorer le recrutement, le dépistage et la stratégie, contribuant ainsi à leur succès sur le terrain. Au basketball, les technologies de suivi des joueurs et l'analyse spatio-temporelle permettent aux équipes d'analyser et d'optimiser les mouvements des joueurs, la sélection des tirs et les tactiques défensives. Ces techniques aident les équipes à acquérir un avantage concurrentiel, augmentant leurs chances de gagner des matchs et des championnats.

## Santé et médecine personnalisée

La santé est un autre domaine où l'apprentissage automatique et les statistiques peuvent avoir un impact profond sur la vie des gens. Ces dernières années, l'analyse prédictive est devenue de plus en plus essentielle pour détecter et diagnostiquer les maladies, comprendre les résultats des patients et orienter les plans de traitement. Les algorithmes peuvent désormais examiner les dossiers médicaux, les résultats de laboratoire et les données génomiques pour identifier les schémas pouvant indiquer une maladie, aider à guider les options de traitement ou développer des programmes de médecine personnalisés. Par exemple, AlphaFold de DeepMind a pu prédire les structures des protéines, une percée qui peut aider à notre compréhension des maladies et à la découverte de médicaments.

# Atténuation et gestion des catastrophes naturelles

Les catastrophes naturelles, telles que les ouragans, les tremblements de terre et les inondations, peuvent avoir des conséquences dévastatrices pour les communautés du monde entier. Il est crucial de prévoir et de se préparer à ces événements pour minimiser leur impact sur les vies et les biens. Les modèles statistiques, les outils de prévision et les algorithmes d'apprentissage automatique peuvent aider les agences gouvernementales, les météorologues et les intervenants d'urgence à comprendre la probabilité de catastrophes naturelles et à hiérarchiser les ressources en conséquence. Par exemple, le projet Deep Thunder d'IBM combine des données provenant de plusieurs sources, telles que des stations météorologiques et des satellites, pour créer des prévisions météorologiques hyperlocales qui peuvent prédire où une tempête peut frapper et sa gravité. Ces informations peuvent être cruciales pour activer les plans d'intervention d'urgence et garantir que l'aide parvient aux zones qui en ont le plus besoin.

# Changement climatique et développement durable

Alors que le monde est aux prises avec les effets du changement climatique, nous avons besoin de politiques fondées sur des données et des preuves pour résoudre ce problème urgent. Les chercheurs utilisent des modèles statistiques et des algorithmes d'apprentissage automatique pour analyser les données climatiques, projeter des scénarios futurs et évaluer l'efficacité des mesures politiques. Par exemple, des outils comme Global Forest Watch utilisent l'imagerie satellite pour détecter la déforestation et le changement d'utilisation des terres à travers la planète. Les modèles climatiques peuvent projeter comment les régimes de température et de précipitations pourraient changer au cours des prochaines décennies, aidant les décideurs politiques à évaluer la faisabilité des stratégies proposées de réduction du carbone ou à évaluer le besoin d'investissements dans des infrastructures capables de résister aux phénomènes météorologiques violents attribués au changement climatique.

## Conclusion

De la prédiction des achats des consommateurs à la compréhension du changement climatique, l'application de statistiques, de prévisions et d'apprentissage automatique s'est avérée être un outil précieux dans divers contextes réels. Ces méthodes ont non seulement transformé les pratiques commerciales, mais ont également permis des avancées significatives et vitales dans les initiatives sociales. Alors que notre monde du 21e siècle devient de plus en plus axé sur les données, le rôle de ces méthodologies ne fera que gagner en importance ; exploiter leur pouvoir prédictif sera essentiel pour construire un avenir meilleur.

# Mise en œuvre dans le monde réel de techniques statistiques, de modèles de prévision et d'algorithmes d'apprentissage automatique

Dans cette sous-section, nous discuterons de l'aspect pratique et de l'importance des techniques statistiques, des modèles de prévision et des algorithmes d'apprentissage automatique. Nous nous plongerons dans des exemples concrets et explorerons comment ces puissants outils peuvent avoir un impact sur diverses industries, améliorer les processus de prise de décision et améliorer notre compréhension des modèles et comportements complexes dans de grandes quantités de données.

### Entreprise

Les entreprises de tous les secteurs s'appuient sur l'analyse statistique, les modèles de prévision et l'apprentissage automatique pour prendre de meilleures décisions et prédire les résultats. Les exemples comprennent:

- **Étude de marché** : l'application de techniques statistiques aux données d'enquête aide les entreprises à comprendre leur public, à développer des stratégies de marketing efficaces et à optimiser leurs offres de produits.
- **Prévision des ventes** : les modèles de prévision de séries chronologiques peuvent

prédire les ventes futures sur la base de données historiques. Ces informations sont cruciales pour la gestion des stocks, l'allocation des ressources et la planification financière.

- **Segmentation de la clientèle** : les algorithmes d'apprentissage automatique peuvent analyser d'énormes quantités de données client pour identifier des modèles et segmenter les clients en différents groupes en fonction de leur comportement, de leurs préférences ou de leurs données démographiques.
- **Évaluation du risque de crédit** : les institutions financières utilisent des modèles statistiques et d'apprentissage automatique pour évaluer la solvabilité des clients, réduisant ainsi le risque de prêter aux particuliers ou aux entreprises présentant une forte probabilité de défaut.

## Soins de santé

L'industrie des soins de santé bénéficie de l'application de ces outils de plusieurs manières :

- **Diagnostic et traitement des maladies** : les algorithmes d'apprentissage automatique peuvent analyser de grandes quantités de données sur les patients, y compris des images médicales et des dossiers de santé électroniques, pour prédire les résultats de la maladie ou recommander des traitements personnalisés.
- **Découverte de médicaments** : les chercheurs utilisent des modèles statistiques et des techniques d'apprentissage automatique pour analyser les données génomiques et identifier les cibles potentielles de médicaments, accélérant

ainsi le processus de développement de médicaments.

- **Études épidémiologiques** : le suivi et la prévision des épidémies nécessitent des modèles statistiques et de prévision sophistiqués capables d'analyser divers facteurs, tels que les données géospatiales, les mouvements de population, les indicateurs socio-économiques, etc.

## Environnement et climat

Les scientifiques de l'environnement et du climat utilisent ces outils puissants pour améliorer notre compréhension des processus naturels et des conséquences des activités humaines :

- **Prévision météorologique** : les météorologues s'appuient sur les statistiques, les modèles numériques de prévision météorologique et l'apprentissage automatique pour prédire les conditions météorologiques à court et à long terme avec une précision toujours croissante.
- **Recherche sur le changement climatique :** comprendre les variables complexes et interactives qui contribuent au changement climatique mondial implique l'utilisation de techniques statistiques sophistiquées et d'algorithmes d'apprentissage automatique. Ces outils aident les scientifiques à mieux comprendre les tendances passées et à faire des prévisions plus précises sur les scénarios climatiques futurs.
- **Gestion des ressources** : les défenseurs de l'environnement et les décideurs s'appuient sur l'analyse statistique et les modèles de prévision pour évaluer l'efficacité des politiques environnementales et prendre des décisions

éclairées sur l'utilisation durable des ressources naturelles.

## Transport

L'industrie du transport tire parti des techniques statistiques, des modèles de prévision et de l'apprentissage automatique pour améliorer l'efficacité et la sécurité :

- **Prévision du trafic :** les modèles de prévision peuvent prédire les modèles de trafic sur la base de données historiques, permettant aux urbanistes d'optimiser les infrastructures de transport et de réduire les embouteillages.
- **Optimisation des itinéraires :** les algorithmes d'apprentissage automatique peuvent analyser les données géospatiales pour identifier les itinéraires les plus efficaces pour les entreprises de transport et de logistique, en réduisant la consommation de carburant et les délais de livraison.
- **Véhicules autonomes :** le développement de voitures autonomes repose fortement sur des algorithmes d'apprentissage automatique capables d'analyser d'énormes quantités de données provenant de caméras, de systèmes LiDAR et d'autres capteurs pour permettre une conduite sûre et efficace.

## Conclusion

Les applications réelles des techniques statistiques, des modèles de prévision et des algorithmes d'apprentissage automatique sont vastes et ont un impact sur pratiquement tous les secteurs et aspects de la vie humaine. Dans le monde d'aujourd'hui, axé sur les données, ces outils puissants jouent un rôle de plus en plus critique dans la formation de notre compréhension des systèmes complexes et dans la prise de décisions plus éclairées.

En exploitant ces techniques et en les adaptant à des industries ou applications spécifiques, les individus et les organisations peuvent dévoiler des modèles, des tendances et des idées qui peuvent conduire à une meilleure prise de décision et à un succès à long terme. Qu'il s'agisse de prévoir la demande des clients, de diagnostiquer des maladies ou d'atténuer le changement climatique, les méthodes statistiques, les modèles de prévision et l'apprentissage automatique jouent un rôle de plus en plus important dans notre capacité à relever les défis et saisir les opportunités d'un monde de plus en plus complexe.

## Applications réelles des statistiques, des prévisions et de l'apprentissage automatique

Dans cette sous-section, nous approfondirons les applications pratiques des statistiques, des prévisions et de l'apprentissage automatique dans divers secteurs et industries. Ces techniques ont un impact considérable sur la façon dont nous analysons et prenons des décisions basées sur les données dans notre vie quotidienne. Des soins de santé à la finance, des transports au marketing, les statistiques, les prévisions et l'apprentissage automatique ont révolutionné divers domaines, nous permettant de faire de meilleures prédictions et de tirer des informations précieuses de l'abondance de données que nous générons.

## Soins de santé

Les statistiques, les prévisions et l'apprentissage automatique jouent un rôle crucial dans le secteur de la santé. Ils aident de la manière suivante :

1. **Prévision des épidémies** : Des algorithmes d'apprentissage automatique et des modèles de prévision peuvent être utilisés pour prédire l'apparition et la propagation de maladies infectieuses sur la base de données historiques, de la mobilité humaine et d'autres facteurs pertinents. Cela conduit à de meilleures stratégies de prévention et de réponse aux maladies, comme on l'a vu dans la pandémie de COVID-19.
2. **Imagerie médicale et diagnostic** : les modèles d'apprentissage automatique, tels que les réseaux de neurones convolutifs, sont utilisés pour identifier des modèles et des anomalies dans les données d'imagerie médicale (rayons X, tomodensitogrammes, IRM, etc.). Cela aide les médecins à diagnostiquer et à traiter divers problèmes de santé avec plus de précision et d'exactitude.
3. **Médecine personnalisée** : à l'aide de statistiques et d'apprentissage automatique, les chercheurs peuvent identifier les corrélations entre les données génétiques des patients, leur réponse aux médicaments et les résultats du traitement. Cette approche basée sur les données ouvre la voie à une médecine personnalisée, permettant

aux médecins d'adapter les traitements à chaque patient.

4. **Découverte et développement de médicaments** : les algorithmes d'apprentissage automatique aident les sociétés pharmaceutiques à parcourir de vastes quantités de données pour identifier des candidats-médicaments prometteurs et prendre des décisions éclairées quant à leur efficacité et leur innocuité potentielles. Cela accélère le processus de découverte et de développement de médicaments, mettant ainsi plus rapidement sur le marché des médicaments vitaux.

## Finance et banque

Dans les secteurs de la finance et de la banque, les méthodes statistiques, les modèles de prévision et les algorithmes d'apprentissage automatique sont utilisés de diverses manières :

1. **Détection de fraude** : les modèles d'apprentissage automatique sont largement utilisés pour détecter et prévenir les activités frauduleuses en analysant les modèles dans les données de transaction à grande échelle. Ces modèles prédictifs aident les banques à identifier les transactions suspectes et à prendre rapidement des mesures correctives.

2. **Évaluation de la solvabilité** : les banques et les institutions financières utilisent des statistiques et l'apprentissage automatique pour évaluer la solvabilité des clients en fonction de leurs antécédents financiers, de leur statut d'emploi et d'autres facteurs. Cela aide à prendre de

meilleures décisions de prêt et à minimiser les risques associés aux créances douteuses.

3. **Trading algorithmique** : les sociétés d'investissement utilisent des modèles statistiques et des algorithmes d'apprentissage automatique pour traiter et analyser de grands volumes de données financières afin d'identifier les tendances, les modèles et les opportunités d'investissement. Ces modèles aident les traders à prendre de meilleures décisions, à maximiser les gains et à minimiser l'exposition aux risques.

4. **Gestion et optimisation de portefeuille** : des modèles d'apprentissage automatique avancés tels que l'apprentissage par renforcement sont utilisés pour construire des portefeuilles d'investissement optimaux en tenant compte de facteurs tels que les rendements attendus, la tolérance au risque et les conditions du marché. Cette approche basée sur les données permet une allocation efficace des ressources et des stratégies d'investissement à long terme.

# Transport et Logistique

Dans les secteurs du transport et de la logistique, les statistiques, les prévisions et les techniques d'apprentissage automatique sont utilisées de la manière suivante :

1. **Prévision de la demande** : les modèles d'apprentissage automatique sont utilisés pour prévoir la demande de services de transport sur la base de données historiques, de modèles démographiques, de tendances socio-économiques, etc. Cela permet aux entreprises de transport d'optimiser la gestion de leur flotte, la

planification des itinéraires, la planification et l'allocation des ressources.

2. **Optimisation de la chaîne d'approvisionnement** : des modèles statistiques sont utilisés pour analyser et optimiser divers aspects de la gestion de la chaîne d'approvisionnement, tels que la gestion des stocks, la sélection des fournisseurs, l'atténuation des risques et la planification logistique. En tirant parti de l'analyse des données, les entreprises peuvent améliorer l'efficacité de leurs opérations, réduire les coûts et prendre des décisions commerciales éclairées.

3. **Gestion du trafic** : l'analyse des données de trafic, associée aux algorithmes d'apprentissage automatique, peut aider à optimiser le flux de trafic, à prévoir les modèles de congestion et à recommander des mesures efficaces telles que des feux de circulation dynamiques, l'expansion de la capacité routière et l'amélioration des transports publics.

# Marketing et publicité

Dans les domaines du marketing et de la publicité, les statistiques, les prévisions et l'apprentissage automatique peuvent être appliqués des manières suivantes :

1. **Segmentation et ciblage de la clientèle** : les modèles d'apprentissage automatique peuvent analyser des données client à grande échelle pour identifier des segments de clientèle distincts en fonction de leurs données démographiques, de leurs préférences et de leurs comportements. Cela aide les spécialistes du marketing à cibler leurs

campagnes, promotions et offres plus efficacement et à maximiser le retour sur investissement.

2. **Analyse des sentiments** : en traitant et en analysant de grands volumes de données sur les réseaux sociaux, les algorithmes d'apprentissage automatique peuvent déterminer les sentiments et les opinions des consommateurs sur un produit, un service ou une marque en particulier. Ces informations permettent aux entreprises d'évaluer la perception globale du public, de prendre des décisions marketing basées sur les données et d'améliorer leurs produits et services.

3. **Prévisions du marché** : des modèles d'apprentissage automatique et des techniques statistiques sont utilisés pour prévoir les tendances du marché, le comportement des clients et les modèles de demande pour divers produits et services. Cela aide les entreprises à garder une longueur d'avance sur la concurrence, à identifier de nouvelles opportunités et à prendre de meilleures décisions stratégiques.

En résumé, les statistiques, les prévisions et les techniques d'apprentissage automatique ont un impact considérable sur notre vie quotidienne en nous permettant de faire de meilleures prédictions, de trouver des modèles dans des données à grande échelle et de prendre des décisions éclairées. L'application de ces techniques évolue continuellement et, à mesure que nous générons davantage de données à l'ère numérique, leur importance ne fera que croître à l'avenir.

# Prédire le marché boursier à l'aide de l'analyse des séries chronologiques et de l'apprentissage automatique

Dans le monde de la finance, le marché boursier joue un rôle important et sa prévision efficace peut contribuer de manière significative à la croissance de la richesse des investisseurs. Cependant, prédire avec précision le marché boursier est une tâche intrinsèquement complexe en raison de facteurs tels que les indicateurs économiques, le climat politique et les sentiments des investisseurs. Dans cette sous-section, nous approfondirons différentes techniques statistiques, analyses de séries chronologiques et modèles d'apprentissage automatique qui peuvent être utilisés pour prévoir les cours des actions.

## Collecte et prétraitement des données

La première étape de tout processus d'analyse consiste à collecter des données boursières historiques à partir de sources financières telles que Yahoo Finance, Google Finance ou des API spécialisées telles qu'Alpha Vantage et Quandl. Les données collectées comprennent généralement des informations sur le cours d'ouverture, le cours de clôture, le haut quotidien, le bas quotidien et le volume des transactions d'une action.

Avant de procéder à la construction du modèle, les données doivent être prétraitées pour :

1.  Nettoyez les données manquantes ou incohérentes, qui peuvent résulter d'opérations sur titres telles que les fractionnements d'actions et les dividendes.
2.  Convertissez les prix quotidiens en périodes plus pertinentes telles que des données hebdomadaires, mensuelles ou trimestrielles.
3.  Transformez les données brutes en fonctionnalités significatives telles que les moyennes mobiles ou les rendements logarithmiques.

## Analyse des séries chronologiques

L'analyse des séries chronologiques permet de comprendre les schémas temporels des données et d'estimer les valeurs futures. Certaines méthodes populaires incluent:

1.  **Moyenne mobile intégrée autorégressive (ARIMA) :** ce modèle capture les relations entre une observation et un nombre spécifié d'observations décalées. Il a trois paramètres principaux :
    ○  $p$ (terme autorégressif) : le nombre de variables de retard incluses dans le modèle.

○   *d* (terme intégré) : Le nombre de fois que les observations brutes ont été différenciées pour atteindre la stationnarité.

○   *q* (terme moyen mobile) : le nombre d'erreurs de prévision décalées dans l'équation de prévision.

2.  **Modèle d'espace d'états de lissage exponentiel (ETS) :** ce modèle utilise des techniques de lissage exponentiel qui donnent plus de poids aux observations récentes qu'aux plus anciennes. Trois composants principaux comprennent :

○   Niveau : La valeur moyenne de la série.

○   Tendance : la direction dans laquelle la série évolue.

○   Saisonnalité : Les modèles répétitifs au cours de la même période.

3.  **Prophet :** Développé par Facebook, Prophet est un outil de prévision qui peut gérer des séries chronologiques avec des valeurs manquantes, des valeurs aberrantes et de multiples saisonnalités. Il s'adapte au choix de l'utilisateur et sélectionne automatiquement le meilleur modèle.

# Modèles d'apprentissage automatique

Les techniques d'apprentissage automatique peuvent également être utilisées pour la prévision du marché boursier, avec des modèles populaires tels que :

1.  **Régression linéaire :** en modélisant la relation entre la variable dépendante (cours de l'action) et une ou plusieurs variables indépendantes

(caractéristiques), ce modèle prédit les valeurs futures au moyen d'une fonction linéaire.

2. **Support Vector Machine (SVM):** SVM est un algorithme puissant conçu pour la classification et la régression, ajustant une courbe ou une surface pour séparer les points de données avec la plus grande marge possible.

3. **Forêt aléatoire :** cette méthode d'apprentissage d'ensemble construit plusieurs arbres de décision et combine leur sortie pour améliorer la précision et la stabilité des prédictions.

4. **Réseaux de neurones récurrents (RNN), en particulier la mémoire à long court terme (LSTM) et l'unité récurrente fermée (GRU) :** les RNN sont spécifiquement conçus pour modéliser des données séquentielles, en capturant efficacement les dépendances temporelles dans les données boursières. LSTM et GRU sont des structures RNN améliorées qui peuvent gérer les dépendances à long terme.

## Métriques d'évaluation

La précision du modèle de prédiction est déterminée en comparant ses résultats avec les cours réels des actions. Les métriques d'évaluation courantes incluent :

1. Erreur absolue moyenne (MAE) : la moyenne des différences absolues entre les prévisions et les valeurs réelles.

2. Erreur quadratique moyenne (MSE) : la moyenne des différences au carré entre les prévisions et les valeurs réelles.

3.  Root Mean Squared Error (RMSE): La racine carrée de MSE.

4.  Erreur absolue moyenne en pourcentage (MAPE) : moyenne des différences absolues en pourcentage entre les prévisions et les valeurs réelles.

## Remarques finales

Alors que les techniques avancées de statistiques et d'apprentissage automatique peuvent offrir des prédictions perspicaces, il est essentiel de se rappeler l'imprévisibilité inhérente au marché boursier. Des facteurs tels que des événements politiques brusques, des crises économiques ou des catastrophes naturelles ne peuvent pas être entièrement pris en compte par les modèles. Par conséquent, les modèles de prédiction doivent être traités comme un outil supplémentaire dans le processus de prise de décision.

Lors de la création d'un modèle de prédiction robuste, les meilleures pratiques suivantes peuvent être prises en compte :

• Utilisez un ensemble diversifié de fonctionnalités pour capturer plusieurs aspects du comportement des stocks.
• Recyclez régulièrement le modèle pour l'adapter aux changements de la dynamique du marché.
• Utilisez des techniques d'apprentissage d'ensemble pour combiner les points forts de différents modèles.

Avec ces méthodes, les investisseurs peuvent mieux comprendre le marché boursier et améliorer leur processus de prise de décision dans le domaine de la finance.

# Intégration de modèles statistiques, de prévisions et d'apprentissage automatique dans des applications du monde réel

Dans le monde actuel axé sur les données, la puissance des modèles statistiques, des prévisions et de l'apprentissage automatique est devenue un élément essentiel pour résoudre des problèmes complexes et prendre des décisions éclairées. Ces outils quantitatifs facilitent l'analyse et l'interprétation de quantités massives de données et permettent aux chercheurs, analystes et dirigeants d'entreprise de prendre de meilleures décisions, plus précises et plus efficaces. Dans cette section, nous verrons comment intégrer des modèles statistiques, des prévisions et l'apprentissage automatique dans des applications du monde réel.

## Identification du problème

La première étape pour appliquer efficacement ces méthodologies est d'identifier et de définir le problème que vous souhaitez résoudre. Une compréhension claire du problème à résoudre vous aidera à choisir l'approche la plus appropriée à mettre en œuvre.

1.  S'agit-il d'un problème de classification où vous souhaitez prédire les catégories, telles que les e-mails comme spam ou non ?
2.  S'agit-il d'un problème de régression dans lequel vous souhaitez prédire des variables continues, telles que les prix de l'immobilier ou les tendances boursières ?
3.  Essayez-vous de découvrir des modèles ou des groupes cachés dans vos données, qui pourraient convenir aux techniques de clustering ?
4.  Cherchez-vous à prévoir les tendances futures sur la base de données historiques, telles que les prévisions météorologiques ou les prévisions de ventes mensuelles ?

Une fois que vous avez identifié le problème, vous pouvez déterminer quelles techniques statistiques, algorithmes d'apprentissage automatique ou méthodes de prévision seront les plus adaptés à votre objectif.

## Collecte et préparation des données

La prochaine étape critique du processus consiste à collecter et à préparer les données à utiliser dans votre analyse. Ces données peuvent être obtenues à partir de diverses sources, telles que des registres d'entreprises, des bases de données gouvernementales ou des enquêtes auprès des consommateurs. La qualité de vos données aura un impact significatif sur la précision et la fiabilité de vos modèles et prévisions.

- Nettoyage des données : supprimez ou corrigez les erreurs, les incohérences ou les valeurs aberrantes dans les données, car elles peuvent entraîner des résultats biaisés ou inexacts.
- Transformation des données : assurez-vous que les données sont dans un format qui peut être facilement traité et compris par les techniques statistiques et d'apprentissage automatique que vous utiliserez. Cette étape peut impliquer la mise à l'échelle, la normalisation ou l'encodage des variables catégorielles.
- Ingénierie des fonctionnalités : identifiez et créez de nouvelles fonctionnalités susceptibles de fournir des informations supplémentaires ou d'améliorer les performances de vos modèles. Cette étape peut impliquer des connaissances ou des techniques spécifiques à un domaine telles que la réduction de la dimensionnalité.

## Sélection et évaluation du modèle

Une fois vos données prêtes, vous pouvez commencer à créer et à évaluer des modèles. Une combinaison de techniques statistiques et d'apprentissage automatique peut être utilisée en fonction du problème et de l'ensemble de données spécifiques. Il est crucial de sélectionner des modèles adaptés à vos données et capables de gérer la complexité du problème à résoudre.

- Sélection du modèle : choisissez le ou les modèles ou algorithmes les plus adaptés à votre problème spécifique. Il est important de prendre en compte des facteurs tels que l'interprétabilité, la complexité et les ressources de calcul lors de la sélection de vos modèles.

• Entraînement et validation : divisez vos données en ensembles d'entraînement et de validation, et entraînez vos modèles à l'aide des données d'entraînement. Les données de validation peuvent être utilisées pour évaluer les performances des modèles et affiner les paramètres.

• Évaluation du modèle : utilisez des mesures de performance telles que l'exactitude, la précision, le rappel, le score F1 ou l'erreur quadratique moyenne pour évaluer l'efficacité de vos modèles dans la résolution du problème. Il est également essentiel de prendre en compte les compromis entre complexité, interprétabilité et performances lors de la sélection du modèle final.

## Déploiement et surveillance du modèle

Après avoir sélectionné le meilleur modèle, vous pouvez le déployer dans un contexte réel, tel qu'un système de production ou un outil d'aide à la décision. Surveillez régulièrement les performances de votre modèle à mesure que de nouvelles données deviennent disponibles et soyez prêt à mettre à jour ou à recycler le modèle si nécessaire.

• Déploiement : implémentez votre modèle dans un environnement approprié, tel qu'un serveur basé sur le cloud ou une solution sur site, en fonction des exigences spécifiques de votre application.

- Surveillance : examinez régulièrement les performances de votre modèle à l'aide de données réelles et suivez les écarts ou les problèmes qui peuvent survenir. Cette étape vous aidera à vous assurer que votre modèle reste précis et fiable dans le temps.
- Mises à jour du modèle : si nécessaire, recyclez ou affinez votre modèle en utilisant de nouvelles données ou des techniques améliorées. Cette étape vous aidera à garder une longueur d'avance sur tout changement dans les modèles ou tendances sous-jacents de vos données, en vous assurant que votre modèle reste pertinent et efficace.

En conclusion, l'intégration de modèles statistiques, de prévisions et d'apprentissage automatique dans des applications du monde réel nécessite une approche systématique qui comprend l'identification des problèmes, la collecte et la préparation des données, la sélection et l'évaluation des modèles, ainsi que le déploiement et la surveillance des modèles. En suivant ces étapes et en vous assurant que vos modèles sont précis et fiables, vous pouvez exploiter avec succès la puissance des statistiques, des prévisions et de l'apprentissage automatique pour résoudre des problèmes complexes et prendre de meilleures décisions plus éclairées.

# 6. Implémentation d'algorithmes d'apprentissage automatique :

**arbres de décision, réseaux de neurones et machines à vecteurs de support**

## 6. Implémentation d'algorithmes d'apprentissage automatique : arbres de décision, réseaux de neurones et machines à vecteurs de support

L'apprentissage automatique a ouvert de nombreuses possibilités pour résoudre des problèmes complexes autrefois considérés comme impossibles. De la prédiction du comportement des clients au diagnostic des conditions médicales et à l'interprétation du langage naturel, l'apprentissage automatique nous a fourni des approches innovantes pour relever une variété de défis. Dans cette section, nous aborderons trois algorithmes d'apprentissage automatique populaires : les arbres de décision, les réseaux de neurones et les machines à vecteurs de support. Nous explorerons leurs applications dans des scénarios réels et vous guiderons à travers les étapes de leur mise en œuvre.

### 6.1 Arbres de décision

Un arbre de décision est une structure de type organigramme, comprenant des nœuds et des branches, où chaque nœud interne désigne un test sur un attribut, chaque branche correspond au résultat du test et chaque nœud feuille contient une étiquette de classe. L'objectif principal de l'utilisation d'un arbre de décision est de créer un modèle de formation capable de déterminer la variable de classe en apprenant des règles de décision simples et complexes.

*Applications des arbres de décision :*

1.  Gestion de la relation client (CRM) : des arbres de décision peuvent être appliqués pour comprendre le comportement des clients, les segmenter en fonction de leurs préférences et créer des stratégies de marketing ciblées.
2.  Soins de santé : les arbres décisionnels peuvent aider les professionnels de la santé à diagnostiquer les maladies en analysant l'historique des patients et les dossiers médicaux.
3.  Finance : les analystes financiers peuvent utiliser des arbres de décision pour l'évaluation du crédit, l'évaluation des risques et la détection des fraudes.

*Étapes de mise en œuvre des arbres de décision :*

1.  Sélectionnez un ensemble de données et divisez-le en ensembles d'apprentissage et de test.
2.  Déterminez la méthode de sélection d'attribut appropriée, telle que le gain d'information, le rapport de gain ou l'indice de Gini.
3.  Créez l'arbre de décision en fonction de la méthode sélectionnée.

4.  Taillez l'arbre pour éviter le surajustement, si nécessaire.

5.  Entraînez l'algorithme à l'aide de l'ensemble de données d'entraînement.

6.  Validez et affinez le modèle à l'aide de l'ensemble de données de test.

7.  Déployez le modèle d'arbre de décision pour faire des prédictions ou prendre des décisions.

## 6.2 Réseaux de neurones

Un réseau neuronal est un modèle informatique qui s'inspire du réseau neuronal biologique du cerveau humain. Il se compose de nœuds ou de neurones interconnectés, qui correspondent aux neurones du cerveau. Ces nœuds traitent les données entrantes et adaptent leurs connexions, appelées pondérations, pour améliorer la prédiction et la reconnaissance des formes.

*Applications des réseaux de neurones :*

1.  Reconnaissance d'images et de la parole : les réseaux de neurones ont été utilisés dans des tâches telles que la reconnaissance faciale, l'identification d'objets et la conversion de la parole en texte.

2.  Traitement du langage naturel : les réseaux de neurones ont considérablement amélioré la précision de la traduction et l'analyse des sentiments dans les données textuelles.

3.  Jeu : Les réseaux de neurones ont permis aux programmeurs et aux chercheurs de développer des algorithmes sophistiqués, comme AlphaGo, qui peuvent conquérir des jeux complexes comme Go et Chess.

*Étapes de mise en œuvre des réseaux de neurones :*

1. Choisissez un jeu de données approprié et normalisez/standardisez les entités d'entrée.
2. Définissez la structure du réseau de neurones, y compris le nombre de couches cachées et de neurones dans chaque couche.
3. Initialiser les poids et les biais dans le réseau.
4. Déterminer une fonction d'activation appropriée pour les neurones, comme ReLU, Sigmoïde ou Tanh.
5. Sélectionnez une fonction de perte appropriée, telle que l'erreur quadratique moyenne (pour les tâches de régression) ou la perte d'entropie croisée (pour les tâches de classification).
6. Implémentez un algorithme d'apprentissage, comme Gradient Descent ou Adam, pour former le modèle et mettre à jour les poids et les biais.
7. Validez le modèle en le testant sur des données inédites et évaluez ses performances à l'aide de mesures pertinentes telles que l'exactitude, la précision ou le rappel.
8. Déployez le modèle de réseau neuronal pour faire des prédictions ou prendre des décisions.

## 6.3 Machines à vecteurs de support

Les machines à vecteurs de support (SVM) sont des modèles d'apprentissage supervisé qui sont particulièrement utiles pour les tâches de classification et de régression. L'idée centrale derrière SVM est de trouver l'hyperplan optimal, qui maximise la marge entre deux classes. Dans un espace de dimension supérieure, l'hyperplan est appelé frontière de décision, séparant les points de données en différentes classes.

*Applications des machines à vecteurs de support :*

1.  Classification de texte : SVM a réussi à filtrer les courriers indésirables, à classer les articles d'actualité et à analyser les sentiments.
2.  Classification des images : les algorithmes SVM excellent dans la reconnaissance des chiffres manuscrits et la catégorisation des images en fonction de leur contenu.
3.  Bioinformatique : les SVM ont été utilisés dans la reconnaissance des protéines, la recherche de gènes d'ARN non codants et l'identification d'homologues distants.

*Étapes de la mise en œuvre des machines à vecteurs de support :*

1.  Préparez l'ensemble de données, divisez-le en ensembles d'apprentissage et de test, et normalisez/standardisez les caractéristiques d'entrée.
2.  Choisissez la fonction de noyau appropriée, telle que Fonction de base linéaire, polynomiale ou radiale (RBF).
3.  Définissez les paramètres de la fonction de noyau choisie (par exemple, degré et coefficient pour le polynôme et gamma pour le RBF).
4.  Déterminez le paramètre de régularisation (C) pour éviter le surajustement ou le sous-ajustement.
5.  Entraînez le modèle SVM à l'aide de l'ensemble de données d'entraînement.
6.  Ajustez les paramètres du modèle et validez les performances à l'aide de l'ensemble de

données de test en l'évaluant avec des métriques telles que la précision, le score F1 ou la matrice de confusion.
7.  Déployez le modèle SVM pour les tâches de prise de décision et de prédiction.

En conclusion, les arbres de décision, les réseaux de neurones et les machines à vecteurs de support offrent de puissantes capacités pour s'attaquer à des tâches complexes et ont trouvé des applications répandues dans divers domaines. En comprenant les principes sous-jacents à ces algorithmes et en suivant les étapes de leur mise en œuvre, vous pouvez exploiter la puissance de l'apprentissage automatique et améliorer considérablement vos capacités de résolution de problèmes.

# 6. Implémentation d'algorithmes d'apprentissage automatique : arbres de décision, réseaux de neurones et machines à vecteurs de support

Dans cette section, nous aborderons certains des algorithmes d'apprentissage automatique les plus populaires et les plus largement utilisés, tels que les arbres de décision, les réseaux de neurones et les machines à vecteurs de support. Chacun de ces algorithmes a ses propres propriétés, forces et limites. Comprendre leurs caractéristiques et leur mise en œuvre est crucial afin de les appliquer efficacement dans des applications du monde réel. Alors plongeons dedans !

## 6.1 Arbres de décision

Un arbre de décision est une structure de données hiérarchique qui utilise un modèle arborescent pour représenter les décisions et leurs conséquences possibles. Dans ce modèle, chaque nœud interne représente une caractéristique ou un attribut, chaque branche représente une règle de décision ou un fractionnement, et chaque nœud feuille représente un résultat ou une classe de décision.

### 6.1.1 Pourquoi utiliser des arbres de décision ?

Les arbres de décision sont couramment utilisés pour les tâches de classification et de régression car ils présentent les avantages suivants :

- Facile à comprendre et à interpréter : Le modèle peut être visualisé et compris par des non-experts, ce qui en fait une option intéressante pour de nombreuses applications.
- Nécessite un prétraitement minimal des données : contrairement à la plupart des autres algorithmes, les arbres de décision ne nécessitent pas de mise à l'échelle ou de normalisation des caractéristiques d'entrée.
- Gère naturellement les caractéristiques catégorielles : contrairement à de nombreuses autres méthodes, les arbres de décision peuvent gérer directement les données catégorielles sans avoir besoin d'un encodage à chaud.

- Robuste aux valeurs aberrantes et aux valeurs manquantes : les arbres de décision peuvent gérer avec élégance les données manquantes et bruitées en utilisant des divisions de substitution ou des méthodes d'imputation.

### 6.1.2 Construire un arbre de décision

Le processus de construction d'un arbre de décision implique principalement le partitionnement récursif de l'ensemble de données en fonction d'une caractéristique qui minimise une fonction de coût ou une mesure d'impureté. Les mesures d'impuretés les plus couramment utilisées sont :

- Indice de Gini : Représente la probabilité qu'un échantillon choisi au hasard soit mal classé.
- Entropie : Représente le contenu de l'information ou le niveau de désordre dans les données.

Une fois l'arbre construit à l'aide d'un critère d'arrêt tel que la profondeur maximale de l'arbre, le nombre minimal d'échantillons de nœuds ou la diminution minimale des impuretés, il peut être utilisé pour faire des prédictions pour de nouvelles instances de données.

### 6.1.3 Mise en œuvre des arbres de décision

Plusieurs bibliothèques populaires en Python, telles que scikit-learn et XGBoost, proposent des implémentations d'arbre de décision. Voici un exemple simple utilisant le `DecisionTreeClassifier` de scikit-learn :

```python
à partir de sklearn.datasets importer load_iris
depuis sklearn.model_selection importer
train_test_split
depuis sklearn.tree importer DecisionTreeClassifier
de sklearn.metrics importer classification_report

# Charger le jeu de données de l'iris
iris = load_iris()
X, y = iris.données, iris.cible

# Diviser l'ensemble de données en ensembles
d'entraînement et de test
X_train, X_test, y_train, y_test =
train_test_split(X, y, test_size=0.3,
random_state=42)

# Former un classificateur d'arbre de décision
dt_classifier = DecisionTreeClassifier(max_depth=3,
random_state=42)
dt_classifier.fit(X_train, y_train)

# Évaluer le modèle
y_pred = dt_classifier.predict(X_test)
print(classification_report(y_test, y_pred))
```

## 6.2 Réseaux de neurones

Un réseau de neurones est un modèle informatique inspiré de la structure et du fonctionnement du système nerveux biologique. Il se compose de nœuds ou de neurones interconnectés qui sont organisés en couches. Chaque neurone reçoit des entrées de plusieurs sources, traite les informations et transmet le résultat aux neurones connectés de la couche suivante. Les neurones sont formés pour capturer des modèles et des relations complexes dans les données d'entrée.

### 6.2.1 Pourquoi utiliser les réseaux de neurones ?

Les réseaux de neurones ont gagné en popularité en raison de leur capacité à :

• Modélisez des fonctions complexes et non linéaires : les réseaux de neurones sont des approximateurs de fonctions universels, ce qui signifie qu'ils peuvent modéliser pratiquement n'importe quelle relation entre les entrées et les sorties.
• Apprendre les représentations d'entités hiérarchiques : à mesure que les couches d'un réseau augmentent, le réseau apprend des représentations d'entités de niveau de plus en plus élevé.
• Adaptez-vous à de grands ensembles de données : les réseaux de neurones peuvent être entraînés efficacement sur de grands ensembles de données à l'aide d'architectures informatiques parallèles telles que les GPU.

### 6.2.2 Types de réseaux de neurones

Certains types de réseaux de neurones couramment utilisés incluent :

• Réseaux de neurones à anticipation (FNN) : les informations circulent des couches d'entrée vers les couches de sortie, en passant par une ou plusieurs couches cachées. Il s'agit de la forme la plus simple des réseaux de neurones.

• Réseaux de neurones convolutifs (CNN) : conçus spécifiquement pour les données de type grille, telles que les images ou les signaux audio, les CNN utilisent des couches de convolution et de regroupement pour apprendre les hiérarchies spatiales des caractéristiques.

• Réseaux de neurones récurrents (RNN) : développés pour les données de séquence, les RNN maintiennent un état caché qui est mis à jour à chaque étape de la séquence.

• Réseaux de mémoire longue à court terme (LSTM) : un type de RNN capable de capturer des dépendances à long terme dans les données de séquence.

## 6.3 Machines à vecteurs de support

Les machines à vecteurs de support (SVM) sont un ensemble de méthodes d'apprentissage supervisé principalement utilisées pour les tâches de classification et de régression. Ils visent à trouver un hyperplan qui sépare au mieux les instances de données en différentes classes, garantissant que la marge entre les classes est maximisée.

### 6.3.1 Pourquoi utiliser SVM ?

Les SVM ont gagné en popularité en raison de leur capacité à :

• Fournir une haute précision et des performances de généralisation : les SVM sont conçues pour maximiser la marge entre les classes, ce qui se traduit par de meilleures performances de généralisation.

- Gérer des données de grande dimension : les SVM peuvent fonctionner efficacement avec des espaces de données de grande dimension.
- S'adapter à différents types de données : les SVM peuvent être utilisées pour des données séparables linéairement et non linéairement en utilisant les fonctions appropriées du noyau.

**6.3.2 Mise en œuvre de SVM**

Plusieurs bibliothèques populaires en Python, telles que scikit-learn, proposent des implémentations SVM. Voici un exemple simple utilisant le `svc` (Support Vector Classification) de scikit-learn :

```
à partir de sklearn.datasets importer load_iris
depuis sklearn.model_selection importer
train_test_split
depuis sklearn.svm importer SVC
de sklearn.metrics importer classification_report

# Charger le jeu de données de l'iris
iris = load_iris()
X, y = iris.données, iris.cible

# Diviser l'ensemble de données en ensembles
d'entraînement et de test
X_train, X_test, y_train, y_test =
train_test_split(X, y, test_size=0.3,
random_state=42)

# Former un classifieur SVM
```

```python
svm_classifier = SVC(kernel='linear',
random_state=42)
svm_classifier.fit(X_train, y_train)

# Évaluer le modèle
y_pred = svm_classifier.predict(X_test)
print(classification_report(y_test, y_pred))
```

En conclusion, comprendre et mettre en œuvre correctement ces algorithmes d'apprentissage automatique (arbres de décision, réseaux de neurones, SVM) est d'une importance primordiale pour s'attaquer aux tâches du monde réel. Pour tirer le meilleur parti de ces techniques, il est nécessaire d'appliquer les connaissances du domaine, de prétraiter efficacement les données et d'affiner les hyperparamètres des algorithmes. Avec la pratique, on peut exceller dans l'utilisation de ces outils puissants et libérer tout leur potentiel dans les applications de recherche et de l'industrie.

# 6. Implémentation d'algorithmes d'apprentissage automatique : arbres de décision, réseaux de neurones et machines à vecteurs de support

Avant d'approfondir les détails techniques des arbres de décision, des réseaux de neurones et des machines à vecteurs de support, il est essentiel de comprendre que ces algorithmes ne sont que diverses approches pour résoudre des problèmes du monde réel. Ces algorithmes, lorsqu'ils sont appliqués efficacement à des ensembles de données du monde réel, aident à prendre des décisions futures, permettent aux organisations d'optimiser leurs investissements et améliorent la vie de plusieurs autres manières.

# 6.1 Arbres de décision

Les arbres de décision sont un type d'organigramme qui permet aux utilisateurs de prendre des décisions optimisées en fonction de conditions spécifiques en évaluant tous les résultats possibles. Cette méthode convient parfaitement aux secteurs des affaires, de la finance et de la santé, où plusieurs facteurs doivent être pris en compte avant de prendre des décisions.

### 6.1.1 Applications des arbres de décision

- **Diagnostic médical :** Les arbres de décision ont été appliqués avec succès dans le domaine du diagnostic médical. Les praticiens médicaux peuvent utiliser des arbres de décision pour prédire la probabilité d'une maladie particulière en fonction des résultats des tests de diagnostic du patient et des informations démographiques.
- **Évaluation du crédit :** les institutions financières peuvent utiliser des arbres de décision pour hiérarchiser les clients à haut risque qui demandent un crédit. En analysant les données

historiques, ils peuvent classer les nouveaux clients en fonction de leur pointage de crédit, de leurs revenus et d'autres informations démographiques.

- **Analyse prédictive dans le marketing :** les entreprises peuvent utiliser des arbres de décision pour prédire le comportement des clients et créer des campagnes marketing ciblées. Les arbres de décision analysent les données clients existantes pour prédire comment les différents segments de clientèle réagiront aux différentes techniques de marketing, ce qui se traduira par une approche plus personnalisée et plus performante.
- **Gestion de la chaîne d'approvisionnement :** les responsables des opérations peuvent utiliser des arbres de décision pour optimiser leur chaîne d'approvisionnement en sélectionnant les meilleurs fournisseurs, en identifiant les zones de goulot d'étranglement potentielles et en déterminant la méthode de transport idéale pour expédier les marchandises.

## 6.2 Réseaux de neurones

Les réseaux de neurones sont un modèle mathématique du système nerveux humain. Ils sont constitués de neurones artificiels interconnectés qui peuvent être formés pour apprendre des modèles non linéaires dans de grands ensembles de données. Ils sont généralement utilisés dans des situations où la relation entre les entrées et les sorties est complexe ou mal comprise.

### 6.2.1 Applications des réseaux de neurones

- **Reconnaissance vocale** : les réseaux de neurones ont été utilisés pour développer des systèmes de reconnaissance vocale robustes. Grâce aux techniques d'apprentissage en profondeur, les réseaux de neurones traitent avec précision les commandes des utilisateurs et les convertissent en texte avec un taux d'erreur minimal.

- **Traitement d'image et vision par ordinateur** : ces dernières années, les réseaux de neurones convolutifs (CNN) ont révolutionné le domaine de la vision par ordinateur en créant des algorithmes de pointe pour la classification d'images, la détection d'objets et la génération d'images.

- **Traitement du langage naturel (NLP)** : les réseaux de neurones sont devenus l'épine dorsale de nombreuses applications NLP, y compris l'analyse des sentiments, la traduction linguistique et les systèmes de réponse aux questions. Des modèles puissants comme BERT et GPT-3 ont permis de comprendre et de générer un contexte de type humain avec des approches d'apprentissage en profondeur.

- **Détection de la fraude** : les réseaux de neurones peuvent être un outil efficace pour identifier les cas de fraude potentiels dans des environnements dynamiques comme la finance, où les modèles changent constamment. Ils peuvent apprendre des données historiques et créer des modèles robustes capables de détecter les anomalies et d'alerter les autorités nécessaires.

# 6.3 Machines à vecteurs de support

Les machines à vecteurs de support (SVM) sont un algorithme d'apprentissage supervisé qui est largement appliqué pour effectuer la classification, la régression et la détection des valeurs aberrantes. SVM se concentre principalement sur la construction de la meilleure frontière de décision qui sépare efficacement les différentes classes, avec une marge maximale.

### 6.3.1 Applications des machines à vecteurs de support

- **Catégorisation de texte** : les SVM se sont avérées efficaces pour catégoriser de gros volumes de données textuelles, comme déterminer avec précision si un e-mail est un spam ou non. L'efficacité de l'algorithme réside dans sa capacité à gérer les espaces de caractéristiques de grande dimension qui sont courants dans les données textuelles.
- **Détection des visages** : les SVM peuvent classer efficacement les modèles faciaux des modèles non faciaux. En utilisant les fonctionnalités de Haar et l'analyse en composantes principales (PCA) pour la réduction de la dimensionnalité, les SVM séparent les images faciales et non faciales avec un haut niveau de précision.
- **Bioinformatique** : L'un des domaines où les SVM ont gagné en popularité est la bioinformatique, en particulier dans la

classification des gènes, la prédiction de la structure des protéines et l'analyse des données des microréseaux. En raison de la nature hautement dimensionnelle des données en bioinformatique, la capacité des SVM à gérer des données de grande dimension et bruyantes les rend adaptées à ces tâches.

- **Reconnaissance de l'écriture manuscrite :** les machines à vecteurs de support fonctionnent bien dans la reconnaissance des caractères manuscrits, en particulier lorsqu'elles sont associées aux bonnes techniques d'extraction de caractéristiques. Ils sont capables de gérer les grandes bases de données couramment associées au texte manuscrit.

En résumé, la mise en œuvre d'algorithmes d'apprentissage automatique tels que les arbres de décision, les réseaux de neurones et les machines à vecteurs de support offre des perspectives prometteuses dans diverses industries. Comprendre les principes fondamentaux de ces algorithmes ne mènera qu'à des applications plus innovantes avec des résultats encore meilleurs. Alors que nous continuons à découvrir de nouvelles techniques et de nouveaux modèles, l'impact de l'apprentissage automatique sur les problèmes du monde réel continuera de progresser, ouvrant de nouvelles portes à des possibilités infinies.


# 6. Implémentation d'algorithmes d'apprentissage automatique : arbres de décision, réseaux de

# neurones et machines à vecteurs de support

Les méthodes statistiques, les prévisions et l'apprentissage automatique sont devenus des outils essentiels pour de nombreuses applications. Qu'une entreprise optimise sa logistique, qu'une start-up améliore son système de recommandation ou que des chercheurs trouvent des modèles dans des ensembles de données complexes, la puissance de ces techniques informatiques est indéniable. Dans ce chapitre, nous nous concentrerons sur trois algorithmes d'apprentissage automatique populaires : les arbres de décision, les réseaux de neurones et les machines à vecteurs de support. Nous discuterons de leur fonctionnement, de leur importance et de la manière de les mettre en œuvre dans le monde réel.

## 6.1 Arbres de décision

Les arbres de décision sont une famille d'algorithmes d'apprentissage automatique qui modélisent les décisions ou les processus décisionnels sous la forme d'une structure arborescente. Ils peuvent être utilisés à la fois pour des problèmes de classification (résultats catégoriels) et de régression (résultats continus), ce qui en fait des outils polyvalents pour diverses applications du monde réel.

### 6.1.1 Fonctionnement des arbres de décision

Un arbre de décision est, comme son nom l'indique, une structure en forme d'arbre composée de nœuds et de branches, qui sont organisés de manière hiérarchique. L'arbre est construit en divisant l'ensemble de données en sous-ensembles en fonction des valeurs des caractéristiques d'entrée (variables prédictives). A chaque nœud de l'arbre, une règle de décision simple basée sur les caractéristiques d'entrée est appliquée, ce qui conduit ensuite les données vers la branche gauche ou droite. En suivant les branches, nous atteignons les nœuds feuilles, où le résultat (étiquette de classe ou valeur) est prédit.

Les algorithmes de construction d'un arbre de décision, tels que ID3, C4.5 et CART, utilisent un critère (par exemple, Information Gain, Gini Impurity) pour déterminer la meilleure fonctionnalité possible et le seuil associé pour diviser l'ensemble de données à chaque nœud. L'arbre s'agrandit jusqu'à ce qu'un critère d'arrêt soit rempli, comme atteindre un nombre minimum d'exemples dans les nœuds feuilles ou atteindre la profondeur maximale.

### 6.1.2 Arbres de décision IRL

Les arbres de décision peuvent être trouvés dans diverses applications du monde réel, telles que :

- **Diagnostic médical** : classification des patients dans différentes conditions médicales en fonction de leurs symptômes et des résultats de laboratoire.

- **Segmentation de la clientèle** : répartition des clients en groupes en fonction de leur comportement sociodémographique et d'achat.
- **Évaluation du risque de crédit** : prédire la probabilité qu'un emprunteur fasse défaut sur son prêt en fonction de son profil financier.

Pour implémenter des arbres de décision dans votre application, plusieurs bibliothèques sont disponibles dans différents langages de programmation. Par exemple, la bibliothèque `scikit-learn` en Python fournit une interface facile à utiliser pour travailler avec des arbres de décision et d'autres algorithmes d'apprentissage automatique.

## 6.2 Réseaux de neurones

Les réseaux de neurones sont calqués sur les réseaux de neurones biologiques qui constituent le cerveau des animaux. Ils sont considérés comme faisant partie de l'apprentissage en profondeur, qui est un sous-ensemble de l'apprentissage automatique. Les réseaux de neurones peuvent être utilisés pour modéliser des modèles complexes et des relations entre les variables d'entrée et de sortie, ce qui les rend adaptés à des tâches telles que la reconnaissance d'images, le traitement du langage naturel et bien d'autres.

### 6.2.1 Comment fonctionnent les réseaux de neurones

Un réseau de neurones est composé de couches interconnectées de neurones artificiels ou de nœuds. La première couche est appelée couche d'entrée, la dernière couche est appelée couche de sortie et les couches intermédiaires sont appelées couches cachées. Chaque connexion entre les nœuds a un poids associé, qui est ajusté pendant le processus de formation pour minimiser l'erreur entre les sorties réelles et prédites.

Les nœuds traitent les données d'entrée en appliquant une somme pondérée des entrées, puis en transmettant cette valeur à une fonction d'activation, telle que la fonction ReLU ou sigmoïde. La fonction d'activation décide essentiellement si le nœud déclenchera sa sortie ou non, et définit la non-linéarité du modèle.

La formation d'un réseau de neurones implique la mise à jour itérative des poids et des biais à l'aide d'algorithmes tels que la rétropropagation et la descente de gradient. Les poids sont ajustés de sorte que l'erreur entre la sortie réelle et prédite soit minimisée.

### 6.2.2 Réseaux de neurones IRL

Les réseaux de neurones ont été appliqués avec succès à un large éventail de problèmes du monde réel, tels que :

- **Reconnaissance d'images** : identification d'objets ou de scènes dans les images.
- **Traitement du langage naturel** : analyse des sentiments, traduction et reconnaissance vocale.
- **Systèmes de recommandation** : suggérer des éléments ou du contenu en fonction des préférences et du comportement de l'utilisateur.

Pour mettre en œuvre des réseaux de neurones dans la pratique, plusieurs bibliothèques open source populaires sont disponibles, telles que TensorFlow, Keras et PyTorch, qui offrent des interfaces conviviales et une documentation complète.

## 6.3 Machines à vecteurs de support

Les machines à vecteurs de support (SVM) sont une famille d'algorithmes d'apprentissage automatique supervisés utilisés principalement pour les tâches de classification et de régression. Ils sont particulièrement utiles pour les problèmes avec des ensembles de données de grande dimension, des échantillons de petite taille ou des limites de décision non linéaires.

### 6.3.1 Fonctionnement des machines à vecteurs de support

L'idée principale derrière SVM est de trouver la meilleure frontière de décision (également appelée hyperplan) qui sépare les points de données de différentes classes. Dans le cas d'un problème à deux classes, l'hyperplan optimal maximise la marge entre les deux classes, qui peut être considérée comme la distance entre l'hyperplan et les points de données les plus proches (appelés vecteurs de support) de chaque classe.

SVM peut gérer les limites de décision non linéaires en appliquant l'astuce du noyau. Cela implique de mapper les points de données d'entrée dans un espace de dimension supérieure à l'aide d'une fonction de noyau, telle que la fonction de base radiale (RBF) ou le noyau polynomial, puis de trouver une limite de décision linéaire dans ce nouvel espace.

Pour les tâches de régression, SVM vise à trouver un hyperplan qui se rapproche de la fonction cible dans une marge d'erreur spécifiée, connue sous le nom de $\varepsilon$-tube.

### 6.3.2 Soutenir les machines vectorielles IRL

Les machines à vecteurs de support ont été appliquées à une variété de problèmes du monde réel, notamment :

- **Classification de texte** : affectation de documents à différentes catégories en fonction de leur contenu.
- **Bioinformatique** : identification de gènes, de protéines ou d'autres structures moléculaires associées à des états biologiques ou à des maladies spécifiques.
- **Détection de visage** : repérer la présence de visages humains dans les images.

Il existe plusieurs bibliothèques disponibles pour implémenter SVM dans la pratique, y compris la bibliothèque `scikit-learn` en Python, qui fournit des outils conviviaux pour travailler avec SVM et d'autres algorithmes d'apprentissage automatique.

# Conclusion

Comprendre et mettre en œuvre les arbres de décision, les réseaux de neurones et les machines à vecteurs de support est crucial pour de nombreuses applications du monde réel lorsque vous travaillez avec des méthodes statistiques, des prévisions et l'apprentissage automatique. En maîtrisant ces algorithmes puissants, vous serez bien équipé pour aborder un large éventail de problèmes complexes et apporter de l'innovation aux projets et aux organisations dans lesquels vous êtes impliqué.

# 6. Implémentation d'algorithmes d'apprentissage automatique : arbres de décision, réseaux de neurones et machines à vecteurs de support

L'apprentissage automatique est devenu un élément essentiel de l'analyse de données moderne dans divers domaines tels que la finance, la santé, le marketing, etc. Ce chapitre se concentre sur trois algorithmes d'apprentissage automatique populaires et puissants qui peuvent être appliqués à des problèmes réels : les arbres de décision, les réseaux de neurones et les machines à vecteurs de support. Grâce à la discussion de ces techniques, nous fournirons une compréhension des concepts sous-jacents à chaque méthode, des applications pratiques et de la manière de les mettre en œuvre à l'aide d'outils tels que Python et ses bibliothèques.

## 6.1 Arbres de décision

Un arbre de décision est un outil d'aide à la décision visuel et analytique qui présente une structure arborescente divisée en nœuds. En suivant ces branches (ou chemins) du nœud racine aux nœuds feuilles, un arbre de décision est capable de faire des prédictions ou des décisions basées sur les caractéristiques d'entrée spécifiées.

### 6.1.1 Fonctionnement des arbres de décision

L'algorithme d'arbre de décision fonctionne en divisant de manière récursive l'ensemble de données en fonction des valeurs d'attribut qui entraînent le gain d'informations le plus élevé. La métrique de gain d'information mesure la réduction de l'entropie (c'est-à-dire le caractère aléatoire) due au partitionnement des données en sous-groupes. Le processus se poursuit jusqu'à ce qu'un critère d'arrêt soit satisfait, tel qu'un niveau de seuil pour le gain d'informations ou la profondeur maximale de l'arborescence.

### 6.1.2 Implémentation des arbres de décision en Python

Python fournit plusieurs bibliothèques pour implémenter des arbres de décision, la plus courante étant `scikit-learn` . Voici un exemple d'utilisation d'arbres de décision pour la classification :

```
# Importer les bibliothèques nécessaires
à partir de sklearn.datasets importer load_iris
depuis sklearn.model_selection importer
train_test_split
depuis sklearn.tree importer DecisionTreeClassifier
```

```python
depuis sklearn.metrics importer precision_score

# Charger l'ensemble de données
iris = load_iris()
X, y = iris.données, iris.cible

# Diviser l'ensemble de données en ensembles
d'entraînement et de test
X_train, X_test, y_train, y_test =
train_test_split(X, y, test_size=0.2,
random_state=1)

# Créer un classificateur d'arbre de décision et ajuster le
modèle
clf = DecisionTreeClassifier()
clf.fit(X_train, y_train)

# Faire des prédictions
y_pred = clf.predict(X_test)

# Calculer la précision
précision = précision_score(y_test, y_pred)
print("Précision :", précision)
```

## 6.2 Réseaux de neurones

Les réseaux de neurones sont des modèles informatiques avancés inspirés du fonctionnement du cerveau humain. Ils consistent en un réseau interconnecté de nœuds (neurones) structurés en différentes couches : couches d'entrée, cachées et de sortie. Les réseaux de neurones excellent pour trouver des modèles complexes et généraliser des

informations dans des ensembles de données
volumineux et complexes.

### 6.2.1 Comment fonctionnent les réseaux de neurones

Un réseau neuronal reçoit des données d'entrée,
qui sont transmises via des fonctions d'activation
dans les couches cachées, et la couche de sortie
fournit des prédictions ou des classifications. Le
processus d'apprentissage est réalisé par
rétropropagation et descente de gradient, où le
modèle ajuste ses poids et ses biais pour
minimiser l'erreur entre les sorties réelles et
prédites.

### 6.2.2 Implémentation de réseaux de neurones en Python

Python fournit des bibliothèques telles que
`TensorFlow` et `Keras` pour implémenter facilement
des réseaux de neurones. Voici un exemple de
création d'un classificateur de réseau neuronal
simple pour l'ensemble de données MNIST à
l'aide de `Keras` :

```
# Importer les bibliothèques nécessaires
importer numpy en tant que np
depuis keras.datasets importer mnist
depuis keras.models import séquentiel
de keras.layers importer Dense
de l'importation de keras.utils vers_categorical

# Charger le jeu de données MNIST
(X_train, y_train), (X_test, y_test) =
mnist.load_data()

# Prétraiter les données
```

```python
X_train = X_train.reshape(60000,
784).astype("float32") / 255
X_test = X_test.reshape(10000,
784).astype("float32") / 255
y_train = to_categorical(y_train)
y_test = to_categorical(y_test)

# Créer un modèle de réseau neuronal
modèle = Séquentiel()
model.add(Dense(512, activation="relu",
input_shape=(784,)))
model.add(Dense(10, activation="softmax"))

# Compiler le modèle
model.compile(loss="categorical_crossentropy",
optimiseur="adam", metrics=["précision"])

# Former le modèle
model.fit(X_train, y_train, époques=10,
batch_size=128)

# Évaluer le modèle
perte, précision = model.evaluate(X_test, y_test)
print("Précision :", précision)
```

## 6.3 Machines à vecteurs de support

Support Vector Machines (SVM) est un puissant algorithme d'apprentissage supervisé pour les tâches de classification et de régression. Son principal avantage est la capacité de bien travailler avec des ensembles de données de grande dimension.

### 6.3.1 Fonctionnement des machines à vecteurs de support

Les algorithmes SVM fonctionnent en trouvant l'hyperplan optimal qui sépare les points de données de deux classes. SVM utilise une fonction noyau pour transformer les données en un espace de dimension supérieure, permettant de trouver des limites de décision complexes. L'objectif est de maximiser la marge entre les points les plus proches, appelés vecteurs supports.

### 6.3.2 Implémenter des machines à vecteurs de support en Python

Python fournit la bibliothèque `scikit-learn` pour implémenter SVM. Voici un exemple d'utilisation de SVM pour la classification sur l'ensemble de données IRIS :

```python
# Importer les bibliothèques nécessaires
à partir de sklearn.datasets importer load_iris
depuis sklearn.model_selection importer train_test_split
depuis sklearn.svm importer SVC
depuis sklearn.metrics importer precision_score

# Charger l'ensemble de données
iris = load_iris()
X, y = iris.données, iris.cible

# Diviser l'ensemble de données en ensembles d'entraînement et de test
X_train, X_test, y_train, y_test = train_test_split(X, y, test_size=0.2, random_state=1)
```

```python
# Créer un classificateur SVM et ajuster le modèle
clf = SVC(noyau="linéaire", C=1)
clf.fit(X_train, y_train)

# Faire des prédictions
y_pred = clf.predict(X_test)

# Calculer la précision
précision = précision_score(y_test, y_pred)
print("Précision :", précision)
```

En résumé, les arbres de décision, les réseaux de neurones et les machines à vecteurs de support sont trois algorithmes d'apprentissage automatique puissants et largement utilisés. En apprenant comment ils fonctionnent et comment les implémenter en Python, vous pouvez tirer parti de leurs capacités dans diverses applications, telles que la reconnaissance d'images, le traitement du langage naturel, la détection d'anomalies, etc.

## Section : Applications réelles des statistiques, des prévisions et de l'apprentissage automatique

Dans cette section, nous nous penchons sur les applications réelles des statistiques, des prévisions et de l'apprentissage automatique. Nous explorerons différentes industries et domaines où ces techniques sont particulièrement pertinentes, et examinerons des cas d'utilisation spécifiques qui démontrent la puissance et l'utilité de ces méthodes pour résoudre des problèmes du monde réel. À la fin de cette section, vous aurez une meilleure compréhension de la façon dont vous pouvez appliquer ces techniques pour prendre des décisions plus éclairées et obtenir de meilleurs résultats dans votre vie et votre carrière.

## 1. Finance et banque

Les statistiques et l'apprentissage automatique jouent depuis longtemps un rôle important dans les secteurs de la finance et de la banque. La gestion des risques, l'optimisation du portefeuille et la détection des fraudes sont quelques-uns des principaux domaines où ces méthodes sont employées.

- **Gestion des risques** : L'évaluation et la gestion des risques constituent un aspect essentiel des opérations d'une institution financière. Des modèles statistiques, des analyses de séries chronologiques et des algorithmes d'apprentissage automatique sont utilisés pour mesurer la volatilité du marché, le risque de crédit, le risque opérationnel et le risque de liquidité. Ces techniques aident les analystes financiers à prendre des décisions plus éclairées sur la mise en place de stratégies d'investissement ajustées au risque et le maintien de la conformité réglementaire.
- **Optimisation de portefeuille** : La théorie moderne du portefeuille (MPT) utilise des méthodes statistiques pour optimiser la répartition des actifs dans un portefeuille d'investissement

afin d'obtenir le rendement le plus élevé possible pour un niveau de risque donné. Les modèles de prévision de séries chronologiques et d'apprentissage automatique peuvent être utilisés pour prédire les performances futures des actions, des obligations et d'autres instruments financiers, aidant ainsi les investisseurs à prendre des décisions plus éclairées concernant leurs stratégies d'investissement.

- **Détection de la fraude** : les secteurs de la finance et de la banque sont confrontés à une menace importante d'activités frauduleuses telles que la fraude par carte de crédit, les délits d'initiés et le blanchiment d'argent. Les algorithmes d'apprentissage automatique, tels que les réseaux de neurones et les arbres de décision, peuvent être utilisés pour analyser de grandes quantités de données transactionnelles afin d'identifier les modèles suspects et de signaler les activités potentiellement frauduleuses en temps réel.

## 2. Santé

L'apprentissage automatique et l'analyse statistique transforment rapidement le secteur de la santé en améliorant les diagnostics, les plans de traitement et les résultats pour les patients.

- **Diagnostic et prédiction des maladies** : les algorithmes d'apprentissage automatique, tels que l'apprentissage en profondeur et les machines à vecteurs de support, sont utilisés pour analyser des images médicales, des données génétiques et des dossiers de santé électroniques afin de détecter les premiers signes de maladies telles que le cancer, le diabète et la maladie d'Alzheimer. Ces modèles prédictifs peuvent conduire à des interventions plus précoces, ce qui améliore les résultats pour les patients.

- **Découverte de médicaments** : Le processus de découverte et de développement de médicaments est incroyablement complexe, coûteux et chronophage. Les algorithmes d'apprentissage automatique passent au crible de vastes quantités de données pour identifier les molécules candidates potentielles, prédire leurs propriétés et optimiser leur efficacité. En réduisant le nombre d'expériences et d'essais nécessaires, l'apprentissage automatique peut accélérer considérablement le processus de découverte de médicaments.

- **Médecine personnalisée** : Le domaine de la médecine personnalisée vise à fournir des traitements sur mesure basés sur la constitution génétique, le mode de vie et les antécédents médicaux d'un individu. L'analyse statistique avancée et les modèles d'apprentissage automatique sont utilisés pour analyser les données génétiques, comprendre l'impact de différentes variantes génétiques sur des conditions spécifiques et développer des plans de traitement individualisés qui conduisent à de meilleurs résultats pour les patients.

## 3. Marketing et ventes

Les entreprises du monde entier tirent parti des statistiques, des modèles de prévision et des techniques d'apprentissage automatique pour stimuler l'engagement des clients, augmenter les revenus et optimiser les stratégies marketing.

- **Segmentation du marché** : les techniques de regroupement statistique, telles que les k-moyennes et le regroupement hiérarchique, sont utilisées pour segmenter les clients en fonction de la démographie, du comportement d'achat et des préférences. Cette segmentation aide les entreprises à cibler des groupes de clients spécifiques avec des campagnes marketing sur mesure, entraînant des taux de conversion plus élevés et une satisfaction client accrue.
- **Prévision des ventes** : l'analyse des séries chronologiques et les modèles d'apprentissage automatique, tels que les réseaux de neurones ARIMA et LSTM, sont utilisés pour prédire les ventes futures sur la base de données historiques, permettant aux entreprises de prendre de meilleures décisions en matière de gestion des stocks, d'optimiser les opérations de la chaîne d'approvisionnement et de fixer des objectifs de vente réalistes.
- **Prédiction de l'attrition des clients** : les algorithmes d'apprentissage automatique, tels que la régression logistique, les forêts aléatoires et les machines d'amplification de gradient, peuvent analyser le comportement des clients et les données de transaction pour identifier les modèles qui indiquent une probabilité accrue d'attrition. L'identification précoce des clients à risque d'attrition permet aux entreprises de mettre en œuvre des stratégies de fidélisation ciblées, favorisant ainsi la fidélisation de la clientèle et la croissance des revenus.

## 4. Transport et logistique

L'industrie du transport et de la logistique a connu des avancées significatives en tirant parti des statistiques, des prévisions et des techniques d'apprentissage automatique.

- **Prévision de la demande** : Une prévision précise de la demande est essentielle pour optimiser les opérations de transport et de logistique. L'analyse des séries chronologiques et les modèles d'apprentissage automatique, tels que les modèles d'espace d'état à lissage exponentiel et les réseaux de neurones récurrents, peuvent fournir des prévisions précises de la demande future, permettant aux entreprises de prendre de meilleures décisions en matière de gestion de flotte et de planification d'itinéraire.
- **Maintenance prédictive** : Des techniques statistiques, telles que l'analyse de survie et l'analyse de Weibull, ainsi que des algorithmes d'apprentissage automatique, tels que l'apprentissage supervisé et la détection d'anomalies, sont utilisées pour prédire quand l'équipement de transport peut tomber en panne ou nécessiter une maintenance. La mise en œuvre de stratégies de maintenance proactives basées sur ces prévisions peut réduire les temps d'arrêt des équipements, minimiser les réparations coûteuses et améliorer la sécurité.
- **Optimisation des itinéraires** : des modèles d'apprentissage automatique et des algorithmes d'optimisation, tels que des algorithmes génétiques et un recuit simulé, sont utilisés pour déterminer les itinéraires de transport les plus efficaces, en tenant compte de facteurs tels que la congestion du trafic, la consommation de carburant et les délais de livraison. Une meilleure

optimisation des itinéraires permet de réduire les coûts, d'augmenter l'efficacité et d'améliorer la satisfaction globale des clients.

Ce ne sont là que quelques exemples de la manière dont les statistiques, les prévisions et les techniques d'apprentissage automatique sont appliquées dans diverses industries pour résoudre des problèmes du monde réel. Alors que la technologie continue de progresser et de s'améliorer, nous pouvons nous attendre à encore plus d'applications et d'innovations révolutionnaires grâce à ces méthodes puissantes.

## Applications pratiques des statistiques, des prévisions et de l'apprentissage automatique dans la vie réelle

Dans le monde trépidant et axé sur les données d'aujourd'hui, l'importance de tirer parti des statistiques, des techniques de prévision et de l'apprentissage automatique ne peut être surestimée. L'analyse des données fournit des informations précieuses aux entreprises et aux chercheurs, aidant à améliorer les processus existants, à créer de nouvelles stratégies et à prendre des décisions éclairées. Cette sous-section explorera les applications pratiques des statistiques, des prévisions et de l'apprentissage automatique dans divers scénarios du monde réel.

## Affaires et finances

Les entreprises appliquent souvent des analyses statistiques et des prévisions pour identifier les modèles et les tendances, permettant ainsi aux dirigeants de prendre des décisions éclairées sur la base de données passées. Les institutions financières utilisent une pléthore de modèles statistiques et d'algorithmes d'apprentissage automatique pour prédire les cours des actions, évaluer le risque de crédit, identifier la fraude, etc. Voici quelques applications dans l'industrie :

- *Prévision de la demande :* les entreprises utilisent des modèles statistiques pour prévoir la demande des clients pour leurs produits ou services, ce qui peut les aider à optimiser les stratégies de gestion des ventes et des stocks.
- *Analyse marketing :* en analysant les préférences et le comportement des clients, les entreprises peuvent réaliser des campagnes marketing plus ciblées et obtenir de meilleurs retours sur investissement.
- *Gestion des risques :* les institutions financières et les compagnies d'assurance évaluent les risques par le biais d'analyses statistiques, ce qui facilite la gestion des pertes potentielles dans diverses situations, telles que les prêts, les investissements ou la gestion des catastrophes.

## Santé et médecine

L'industrie de la santé dépend fortement de l'analyse statistique pour prédire les schémas d'épidémies, comprendre les facteurs de risque, personnaliser les traitements médicamenteux et aider aux processus de prise de décision. Voici quelques exemples :

- *Essais cliniques :* les techniques statistiques sont essentielles dans la conception et l'analyse des essais cliniques, qui déterminent l'innocuité et l'efficacité de nouveaux médicaments ou procédures médicales.
- *Épidémiologie et santé publique :* En recueillant et en analysant des données sur l'occurrence des maladies, les responsables de la santé publique peuvent surveiller les flambées, évaluer les interventions et élaborer des stratégies de prévention des maladies.
- *Médecine personnalisée :* les algorithmes d'apprentissage automatique peuvent exploiter les données génétiques et cliniques pour prédire les réponses des patients à des thérapies spécifiques, ouvrant la voie à des traitements plus personnalisés et plus efficaces.

## Sciences de l'environnement et durabilité

Les statistiques et l'apprentissage automatique jouent un rôle essentiel dans la compréhension et la gestion efficaces du monde naturel. De la prévision des conditions météorologiques à l'optimisation des pratiques durables, ces techniques aident à résoudre les problèmes mondiaux urgents. Certaines applications dans ce domaine incluent:

- *Modélisation et prévisions climatiques :* les scientifiques analysent de vastes ensembles de données à l'aide de modèles statistiques et d'algorithmes d'apprentissage automatique pour prédire les tendances météorologiques futures, ce qui est essentiel pour comprendre et atténuer le changement climatique.

- *Évaluation de l'écologie et de la biodiversité :* en examinant la dynamique des populations, les interactions entre les espèces et d'autres facteurs écologiques, les chercheurs peuvent élaborer des stratégies de conservation, gérer les écosystèmes et prévoir les impacts des activités humaines sur l'environnement.
- *Optimisation des ressources :* les entreprises, les gouvernements et les organisations utilisent des approches basées sur les données pour optimiser l'utilisation de leurs ressources, minimiser le gaspillage et augmenter l'efficacité globale.

## Analyse sportive

Le domaine en plein essor de l'analyse sportive s'appuie sur les méthodes statistiques et l'apprentissage automatique pour évaluer les performances individuelles et d'équipe, évaluer les stratégies et optimiser la prise de décision. Certains domaines d'application clés incluent:

- *Évaluation et dépistage des joueurs :* en analysant les données de performance des matchs, les entraîneurs peuvent prendre de meilleures décisions concernant la sélection de l'équipe, le développement des joueurs et la stratégie de jeu.
- *Prévention des blessures :* l'analyse statistique de la charge de travail des joueurs et des données sur les blessures peut aider les équipes à

concevoir des programmes d'entraînement plus efficaces pour réduire les risques de blessures.

• *Optimisation de la stratégie de jeu* : les analyses avancées, y compris les algorithmes d'apprentissage automatique, peuvent révéler des informations sur les stratégies optimales dans différentes conditions de jeu.

## Divertissement

L'apprentissage automatique et l'analyse statistique ont également trouvé leur place dans l'industrie du divertissement, améliorant la création de contenu, le marketing et l'engagement des utilisateurs :

• *Systèmes de recommandation* : les algorithmes d'apprentissage automatique analysent les préférences, l'historique et le comportement des utilisateurs afin de fournir des recommandations personnalisées pour les films, les chansons, les livres et d'autres produits de divertissement ou de commerce électronique.
• *Analyse de contenu* : l'apprentissage automatique peut identifier automatiquement des thèmes, des sujets et des modèles dans le contenu, guidant les créateurs dans la production de contenu plus engageant et attrayant pour leur public.
• *Prévisions au box-office* : en analysant les données historiques, le buzz des médias sociaux et d'autres facteurs, les modèles prédictifs peuvent fournir des informations précieuses sur la performance financière des films ou d'autres formes de divertissement.

En résumé, les applications des statistiques, des prévisions et de l'apprentissage automatique dans des scénarios réels sont incroyablement diverses et de plus en plus essentielles. Ces techniques continuent de révolutionner diverses industries, ouvrant la voie à des processus plus efficaces, à une prise de décision éclairée et à l'innovation. À mesure que les données continuent de croître, la valeur et la nécessité d'utiliser ces techniques pour obtenir des informations et prendre de meilleures décisions dans nos vies personnelles et professionnelles augmentent également.

# Application de l'apprentissage automatique à l'analyse prédictive

## Introduction

L'analyse prédictive est un outil puissant qui permet aux entreprises, aux gouvernements et aux particuliers de prendre des décisions fondées sur des données. En analysant les données historiques, les modèles prédictifs peuvent prévoir les tendances futures, identifier les modèles cachés et recommander des actions pour optimiser les résultats. L'apprentissage automatique (ML), un sous-ensemble de l'intelligence artificielle, est devenu une technique populaire pour créer des modèles prédictifs précis et efficaces.

Dans cette section, nous explorerons différentes manières d'appliquer l'apprentissage automatique dans le monde réel pour améliorer la capacité prédictive dans divers domaines, tels que la prévision des ventes, la prédiction de l'attrition, la détection des fraudes et la segmentation des clients, entre autres. Nous discuterons également des techniques et des considérations essentielles pour un déploiement ML réussi.

## Prévision des ventes

Une application courante de l'apprentissage automatique dans les entreprises est la prévision des ventes, qui consiste à prévoir les ventes futures sur la base de données historiques. Des prévisions de ventes précises sont essentielles pour la gestion des stocks, l'allocation des ressources et la planification financière. Les techniques d'apprentissage automatique, telles que l'analyse de séries chronologiques, les modèles de régression et l'apprentissage en profondeur, peuvent gérer des ensembles de données divers et complexes pour fournir des prédictions plus précises.

- **Analyse de séries chronologiques :** les données de séries chronologiques sont une séquence de points de données collectés à des intervalles de temps réguliers. Les données sur les ventes ont généralement une composante temporelle, ce qui rend les modèles de séries chronologiques comme ARIMA, la décomposition saisonnière et le lissage exponentiel adaptés à la prévision des ventes. Cependant, ces modèles peuvent ne pas capturer avec précision les modèles et relations complexes présents dans les données.

- **Modèles de régression** : les modèles de régression identifient les relations entre les variables dépendantes et indépendantes. La régression linéaire multiple, les arbres de décision et les machines à vecteurs de support sont des exemples de modèles de régression qui peuvent prédire les ventes en fonction de facteurs tels que la saisonnalité, les promotions et les indicateurs économiques.
- **Techniques d'apprentissage en profondeur** : les réseaux de neurones, en particulier les réseaux de neurones récurrents (RNN) et les modèles de mémoire longue à court terme (LSTM), peuvent gérer de grands ensembles de données et apprendre des relations complexes entre plusieurs variables. Ces modèles d'apprentissage en profondeur peuvent améliorer la précision des prévisions de ventes dans de nombreux scénarios.

## Prédiction de désabonnement

Prévoir l'attrition des clients, ou la probabilité qu'un client quitte un service ou un produit, est crucial pour la fidélisation de la clientèle. En identifiant à l'avance les clients potentiels, les entreprises peuvent prendre des mesures proactives pour fidéliser leurs clients et améliorer la valeur vie client. Les techniques d'apprentissage automatique telles que les modèles de classification peuvent être utilisées dans la prédiction de l'attrition.

- **Régression logistique** : la régression logistique est une technique simple et largement utilisée pour prédire la probabilité qu'un événement se produise, en fonction des caractéristiques d'entrée. Dans le contexte de la prédiction de l'attrition, la régression logistique peut évaluer la probabilité qu'un client abandonne en fonction de facteurs tels que la durée de la relation, la fréquence des interactions et les habitudes de dépenses.
- **Arbres de décision et forêts aléatoires** : les modèles d'arbres de décision, tels que les arbres de classification et de régression (CART) et les forêts aléatoires, peuvent révéler efficacement des relations complexes entre différents facteurs contribuant au désabonnement. Les arbres de décision sont facilement interprétables, permettant aux entreprises de comprendre ce qui éloigne les clients et de concevoir des interventions ciblées.
- **Gradient boosting machines (GBM)** : GBM est une technique d'ensemble qui combine plusieurs modèles faibles en un modèle fort en minimisant de manière itérative une fonction de perte. Il peut gérer les données manquantes et les ensembles de données déséquilibrés, ce qui le rend bien adapté à la prédiction de désabonnement.

## Détection de fraude

La détection de la fraude dans divers secteurs, notamment les services financiers, l'assurance et le commerce électronique, est essentielle pour minimiser les pertes et protéger les clients. Les systèmes traditionnels basés sur des règles peuvent être insuffisants pour détecter des schémas de fraude sophistiqués et évolutifs. Les modèles d'apprentissage automatique tels que le clustering, la détection d'anomalies et la classification supervisée peuvent aider à identifier les activités suspectes et les schémas de fraude.

- **Clustering** : les algorithmes de clustering tels que K-means et DBSCAN regroupent des points de données similaires. Les modèles d'apprentissage automatique non supervisés tels que le clustering peuvent identifier des modèles inhabituels ou des groupes aberrants pouvant représenter une activité frauduleuse.
- **Détection d'anomalies** : les techniques de détection d'anomalies, y compris les auto-encodeurs ou les forêts d'isolement, reconnaissent les comportements inhabituels ou les points de données qui s'écartent considérablement de la norme. La détection des anomalies permet une identification précoce des fraudes potentielles, même si les données manquent d'exemples étiquetés de fraude.
- **Classification supervisée** : dans les cas où les entreprises ont accès à des exemples de fraude étiquetés, des algorithmes d'apprentissage automatique supervisés tels que la régression logistique, les machines à vecteurs de support et les modèles d'apprentissage en profondeur peuvent être formés pour classer les transactions comme frauduleuses ou non frauduleuses.

## Segmentation de la clientèle

Comprendre les préférences et les comportements des clients est la clé pour fournir des produits, des services et des campagnes marketing pertinents. Les techniques d'apprentissage automatique telles que le clustering, l'analyse en composantes principales (PCA) et le filtrage collaboratif peuvent aider les entreprises à segmenter leurs clients en groupes significatifs et à les cibler plus efficacement.

- **Regroupement :** Semblable à son utilisation dans la détection des fraudes, les algorithmes de regroupement peuvent regrouper les clients en fonction de leurs attributs communs (démographie, habitudes de dépenses) et de leurs comportements (préférences de produit, utilisation).
- **Analyse en composantes principales (ACP)** : L'ACP est une technique de réduction de la dimensionnalité qui permet de visualiser et d'interpréter des données de grande dimension. Il peut découvrir des variables latentes qui influencent les comportements des clients, facilitant une segmentation plus précise des clients.
- **Filtrage collaboratif :** Le filtrage collaboratif est une technique d'apprentissage automatique populaire pour les systèmes de recommandation. Il segmente les clients en fonction de leurs interactions passées avec des produits ou des services, permettant aux entreprises d'identifier des groupes ayant des préférences communes et de fournir des recommandations personnalisées.

# Garantir un déploiement ML réussi

Quelle que soit l'application, le succès des modèles d'apprentissage automatique dans des scénarios réels dépend de plusieurs facteurs cruciaux :

- **Qualité et prétraitement des données :** assurez-vous que les données sont nettoyées, normalisées et transformées de manière appropriée. Les valeurs aberrantes, les valeurs manquantes et les formats incohérents doivent être traités lors du prétraitement.
- **Ingénierie et sélection des caractéristiques :** concentrez-vous sur la création et la sélection de caractéristiques significatives qui contribuent à la puissance prédictive du modèle. Des fonctionnalités redondantes ou non pertinentes peuvent avoir un impact négatif sur les performances du modèle.
- **Sélection et validation du modèle :** choisissez un modèle d'apprentissage automatique approprié en fonction des caractéristiques du problème, telles que la taille des données, le type de données et le niveau d'interprétation souhaité. La validation croisée et d'autres techniques d'évaluation de modèle doivent être utilisées pour évaluer les performances d'un modèle avant son déploiement.
- **Surveillance et amélioration continues :** les modèles de données du monde réel évoluent avec le temps et les modèles doivent être régulièrement évalués pour garantir une efficacité continue. Réentraînez périodiquement les modèles avec des données mises à jour, surveillez les métriques de performance et adaptez les stratégies si nécessaire.

# Conclusion

Les techniques d'apprentissage automatique ont le potentiel de révolutionner diverses applications d'analyse prédictive, de la prévision des ventes à la détection des fraudes. En tirant parti de la puissance d'algorithmes tels que l'analyse de séries chronologiques, les modèles de classification et l'apprentissage en profondeur, les entreprises et les organisations peuvent améliorer leurs capacités de prise de décision et garder une longueur d'avance dans un monde de plus en plus concurrentiel et axé sur les données.

# Travailler avec des données du monde réel : défis, stratégies et meilleures pratiques

Lorsque vous travaillez avec des données du monde réel, il est important de comprendre que les données que nous traitons sont souvent loin d'être parfaites. Les données peuvent être désordonnées, incomplètes, non structurées et biaisées. Dans cette sous-section, nous discuterons de certains défis courants rencontrés lors de l'utilisation de données du monde réel, ainsi que des stratégies et des meilleures pratiques pour relever ces défis et produire des informations significatives.

**Traitement des données désordonnées et incomplètes**

Les données du monde réel peuvent être confrontées à des problèmes tels que des valeurs manquantes, des entrées en double, des erreurs et des incohérences. Afin d'effectuer efficacement des analyses statistiques, des prévisions et de l'apprentissage automatique, nous devons d'abord résoudre ces problèmes.

## Gestion des valeurs manquantes

Les valeurs manquantes sont courantes dans les ensembles de données du monde réel. Il existe plusieurs stratégies pour y faire face :

1. *Supprimer les lignes avec des valeurs manquantes :* il s'agit d'une méthode simple, mais qui peut entraîner la perte d'informations précieuses si une partie importante de vos données contient des valeurs manquantes.
2. *Imputation des données :* remplacez les valeurs manquantes à l'aide de diverses techniques, telles que la moyenne, la médiane ou la substitution de mode, la régression linéaire ou les k plus proches voisins.
3. *Utiliser des algorithmes d'apprentissage automatique robustes aux données manquantes :* certains algorithmes, tels que les méthodes basées sur des arbres (Random Forests, XGBoost) peuvent gérer les valeurs manquantes de manière native sans nécessiter d'imputation explicite.

## Élimination des doublons et des erreurs

Les entrées en double et les erreurs peuvent fausser les résultats et fausser les analyses. Pour résoudre ces problèmes :

1.   *Utilisez des identifiants uniques :* si possible, attribuez un identifiant unique à chaque entrée de données pour faciliter l'identification et la suppression des entrées en double.

2.   *Validation des données :* implémentez des contrôles de validation et des contraintes lors de la collecte des données pour minimiser les erreurs.

3.   *Nettoyage des données :* Effectuez un profilage des données et une analyse exploratoire pour identifier et corriger les erreurs ou les incohérences dans les données avant l'analyse.

**Apprivoiser les données non structurées**

Les données non structurées, telles que le texte, les images et les vidéos, peuvent constituer une riche source d'informations. Afin d'extraire des informations à partir de données non structurées, il est nécessaire de les convertir dans un format structuré :

1.   *Données textuelles :* utilisez des techniques de traitement du langage naturel (NLP) telles que la tokenisation, la radicalisation, la lemmatisation et la suppression des mots vides pour prétraiter les données textuelles. Utilisez des techniques NLP avancées telles que la modélisation de sujets, l'analyse des sentiments ou la reconnaissance d'entités nommées pour extraire des informations supplémentaires.

2.   *Données d'image :* appliquez des techniques telles que le prétraitement et l'augmentation d'images, l'extraction de caractéristiques à l'aide de réseaux de neurones convolutionnels (CNN) ou d'algorithmes de détection d'objets pour extraire des informations précieuses des images.

3. *Données de séries chronologiques :* Agrégez et transformez les données brutes de séries chronologiques à l'aide de techniques pertinentes telles que les moyennes mobiles, la décomposition saisonnière ou le lissage exponentiel pour les préparer à une analyse et à des prévisions plus poussées.

## Atténuation des biais dans les données

Les données du monde réel reflètent souvent des biais inhérents provenant de diverses sources, telles que le biais d'échantillonnage ou l'erreur de mesure. Ces biais peuvent introduire des erreurs systématiques dans vos analyses et prévisions. Pour atténuer les biais :

1. *Collecte de données :* S'assurer que les données sont collectées d'une manière représentative du phénomène d'intérêt. Appliquer un échantillonnage aléatoire, un échantillonnage stratifié ou d'autres techniques pour minimiser le biais d'échantillonnage.
2. *Ingénierie des fonctionnalités :* sélectionnez des fonctionnalités et des représentations de données qui sont moins susceptibles d'introduire ou d'amplifier des biais.
3. *Sélection de modèles :* choisissez des modèles moins sensibles aux données biaisées ou utilisez des techniques telles que la régularisation ou l'apprentissage d'ensemble pour réduire l'impact des biais sur les prédictions des modèles.

## Fractionnement des données pour la formation, la validation et les tests

Lorsque vous travaillez avec des données du monde réel, il est crucial de s'assurer que les modèles statistiques, de prévision ou d'apprentissage automatique sont construits en utilisant des parties appropriées des données pour éviter le surajustement et maintenir une évaluation juste des performances des modèles. Pour faire ça:

1.  *Fractionner aléatoirement les données en ensembles d'entraînement, de validation et de test :* une approche courante consiste à utiliser une répartition 70-15-15 ou 80-10-10, mais les ratios peuvent varier en fonction de la taille et de la nature de vos données.
2.  *Validation croisée :* utilisez des techniques telles que la validation croisée k-fold ou leave-one-out pour évaluer les performances du modèle et vous assurer qu'il se généralise bien aux données invisibles.
3.  *Évaluez plusieurs modèles et métriques :* utilisez une variété de modèles et de métriques de performances pour créer et évaluer des modèles statistiques ou d'apprentissage automatique afin de minimiser l'impact des limitations d'un modèle.

**Points clés à retenir**

Travailler avec des données du monde réel nécessite une compréhension approfondie des problèmes potentiels et des biais inhérents aux données, ainsi que des stratégies et des meilleures pratiques pour les résoudre. En gérant avec soin les valeurs manquantes et les erreurs, en travaillant efficacement avec des données non structurées, en atténuant les biais et en divisant correctement les données pour la formation et l'évaluation des modèles, nous pouvons tirer des informations plus précises et plus significatives de nos données à l'aide de techniques d'analyse statistique, de prévision et d'apprentissage automatique.

---

# Section 4 : Applications des statistiques, des prévisions et de l'apprentissage automatique dans le monde réel

Dans cette section, nous explorerons quelques exemples concrets de la manière dont les statistiques, les prévisions et les techniques d'apprentissage automatique sont appliquées dans divers domaines. En analysant des cas spécifiques, nous espérons illustrer la profondeur et l'importance de ces principes pour relever les défis du monde réel.

## 4.1 Soins de santé

La santé est l'un des principaux domaines où les statistiques et les techniques d'apprentissage automatique sont utilisées. Les professionnels de ce domaine utilisent des approches basées sur les données pour améliorer les résultats des patients, prédire les maladies potentielles et optimiser la prestation des soins de santé. Certaines applications incluent :

- **Analyse prédictive dans le domaine de la santé** : L'analyse prédictive est l'utilisation de données, d'algorithmes statistiques et de techniques d'apprentissage automatique pour identifier la probabilité de résultats futurs sur la base de données historiques. Dans le domaine de la santé, cela aide les professionnels à prévoir l'état de santé des patients, à réduire les risques et à optimiser les traitements. Les médecins peuvent mieux diagnostiquer les maladies, concevoir des plans de traitement et suivre les progrès des patients.
- **Analyse des dossiers de santé électroniques (DSE)** : les données du DSE contiennent des informations précieuses sur les antécédents du patient, les médicaments et divers paramètres de santé. L'analyse des données du DSE peut conduire à de meilleures options de traitement, réduire le risque d'erreurs médicales et améliorer les soins centrés sur le patient.
- **Imagerie médicale** : Les modèles d'apprentissage automatique, en particulier les algorithmes d'apprentissage en profondeur, se sont révélés très efficaces pour analyser les images médicales. Les applications incluent la détection de tumeurs sur des radiographies, la segmentation d'organes à partir d'examens IRM et le diagnostic de maladies rétiniennes à partir d'images du fond d'œil.

# 4.2 Finances

Le secteur financier est un autre domaine où les statistiques et l'apprentissage automatique jouent un rôle important. Les applications incluent la prévision des tendances boursières, l'évaluation du risque de crédit, l'optimisation des portefeuilles et la détection des fraudes. Voici quelques exemples spécifiques :

- **Trading algorithmique** : Les traders et les professionnels de la finance utilisent des techniques statistiques sophistiquées pour prévoir et analyser les tendances du marché, les mouvements de prix et le comportement des traders. Les modèles d'apprentissage automatique tirent des enseignements des données historiques et font des prédictions qui aident les traders à prendre des décisions éclairées.
- **Score de crédit** : Les institutions financières utilisent des méthodes statistiques et des algorithmes d'apprentissage automatique pour évaluer la solvabilité des emprunteurs. Ces modèles analysent les antécédents de crédit, le comportement financier et les informations démographiques d'un individu pour déterminer le risque associé au prêt d'argent à l'individu.
- **Détection des fraudes** : l'utilisation de modèles d'apprentissage automatique pour identifier les modèles inhabituels dans les transactions financières peut alerter les institutions d'une fraude potentielle. En détectant les anomalies en temps réel, les institutions financières peuvent atténuer les pertes et protéger les consommateurs.

# 4.3 Commercialisation

Les spécialistes du marketing exploitent les données et l'apprentissage automatique pour mieux comprendre le comportement des clients, segmenter les clients, personnaliser les publicités et optimiser les stratégies de tarification. Les applications en marketing incluent :

- **Segmentation de la clientèle** : à l'aide d'algorithmes de clustering et d'autres techniques d'apprentissage automatique, les spécialistes du marketing peuvent segmenter les clients en fonction de leur comportement, de leurs préférences et de leurs informations démographiques. Cela permet des campagnes de marketing ciblées, augmente la satisfaction des clients et stimule les ventes.
- **Analyse des sentiments** : des modèles d'apprentissage automatique, en particulier des techniques de traitement du langage naturel, sont appliqués pour analyser les commentaires et les avis des clients. Les spécialistes du marketing peuvent utiliser ces informations pour identifier le sentiment des clients envers les produits et services, leur permettant d'apporter des améliorations et d'établir des relations positives avec les clients.
- **Prévision de la demande** : les spécialistes du marketing utilisent des techniques de prévision pour prévoir la demande de produits et optimiser les niveaux de stock. En analysant les données historiques, les facteurs externes et les tendances du marché, les entreprises peuvent mieux répondre aux besoins des clients et gérer efficacement leurs ressources.

# 4.4 Transport

Dans le secteur des transports, des approches basées sur les données sont utilisées pour optimiser le flux de trafic, réduire les émissions et améliorer la mobilité. Les applications incluent :

- **Prévision du trafic et routage** : les modèles d'apprentissage automatique sont utilisés pour prédire les conditions de circulation et suggérer des itinéraires optimaux aux conducteurs. Cela améliore la fluidité du trafic et réduit les embouteillages, ce qui permet aux conducteurs d'économiser du temps et du carburant.
- **Véhicules autonomes** : Les voitures autonomes s'appuient fortement sur l'intelligence artificielle et les algorithmes d'apprentissage automatique pour la prise de décision, la détection d'objets et la navigation. Des modèles statistiques avancés et des données de capteurs permettent aux véhicules de naviguer dans des environnements routiers complexes avec des niveaux élevés de précision et de sécurité.
- **Optimisation des transports publics** : les méthodes basées sur les données permettent d'optimiser les horaires, les itinéraires et la capacité des transports publics afin d'assurer un déplacement rapide et efficace des personnes. Cela se traduit par une meilleure qualité de service et une meilleure utilisation des ressources.

Ces exemples illustrent quelques applications des statistiques, des prévisions et de l'apprentissage automatique dans diverses industries. Au fur et à mesure que la technologie progresse, le potentiel d'applications encore plus révolutionnaires augmente, offrant la possibilité de révolutionner notre façon de vivre, de travailler et d'interagir d'innombrables façons.

# 7. Techniques de sélection des fonctionnalités et de réduction de la dimensionnalité

## 7.1 Techniques de sélection des caractéristiques et de réduction de la dimensionnalité

Dans cette sous-section, nous approfondirons deux techniques essentielles dans le domaine de la science des données, à savoir la sélection des caractéristiques et la réduction de la dimensionnalité. Ces pratiques permettent une gestion des données meilleure et efficace, des processus rationalisés et des modèles de formation améliorés, améliorant ainsi les performances globales des algorithmes d'apprentissage automatique.

### 7.1.1 Sélection des fonctionnalités : méthodes et approches

Le processus de sélection des caractéristiques ou des variables les plus pertinentes de l'ensemble de données est appelé Sélection des caractéristiques. Des caractéristiques non pertinentes ou moins importantes, connues sous le nom de bruit, peuvent affecter la précision des algorithmes d'apprentissage automatique. L'élimination de ces fonctionnalités améliore l'efficacité, réduit la complexité et améliore les performances.

Il existe trois approches principales utilisées pour la sélection des fonctionnalités :

1.  **Méthodes de filtrage** : dans cette technique, les fonctionnalités sont classées en fonction de l'indice de pertinence ou de mesures statistiques, et les fonctionnalités les mieux classées sont sélectionnées. Les méthodes de filtrage populaires sont les corrélations, les informations mutuelles et le chi carré. Ces méthodes sont indépendantes des algorithmes employés, ce qui réduit les risques de surajustement.
2.  **Méthodes wrapper** : une méthode wrapper utilise un modèle d'apprentissage automatique pour tester différentes combinaisons de fonctionnalités afin d'évaluer leurs performances. La mesure de la performance peut impliquer la précision, le score F1 ou une métrique spécifique pertinente pour votre projet. Quelques exemples de méthodes wrapper sont la sélection directe, l'élimination rétrograde et l'élimination de caractéristiques récursives.
3.  **Méthodes intégrées** : ces méthodes examinent simultanément la sélection des caractéristiques et la construction du modèle. Ils impliquent des techniques telles que LASSO, Elastic Net et des algorithmes basés sur des arbres de décision tels que Random Forest et XGBoost. Les méthodes intégrées ont l'avantage de tenir compte des interactions du modèle d'apprentissage, ce qui permet une sélection optimale des caractéristiques.

## 7.1.2 Réduction de dimensionnalité : méthodes et techniques

La réduction de dimensionnalité est une technique qui implique la transformation de l'ensemble de données de grande dimension en dimensions inférieures sans perte significative d'informations. C'est une technique utile pour faire face à la malédiction des problèmes de dimensionnalité et de visualisation.

Il existe principalement deux types de techniques de réduction de dimensionnalité :

1. **Méthodes linéaires** : les méthodes linéaires transforment l'ensemble de données par des transformations linéaires. Certaines méthodes linéaires populaires sont :
- **Analyse en composantes principales (ACP)** : L'ACP constitue la base de nombreuses techniques de réduction dimensionnelle. En identifiant les axes avec une variance maximale, il projette les données dans un nouveau système de coordonnées, éliminant ainsi la corrélation sous-jacente et réduisant les dimensions.
- **Analyse discriminante linéaire (LDA)** : LDA, principalement utilisée dans les tâches de classification, vise à maximiser la séparation entre les différentes classes en trouvant la combinaison linéaire des caractéristiques, permettant une visualisation claire des entités de classe distinctes.
- **Analyse factorielle** : cette méthode identifie les facteurs fondamentaux sous-jacents aux dimensions d'origine. Par exemple, il peut identifier des groupes de caractéristiques corrélées qui forment un facteur commun.

2. **Méthodes non linéaires** : dans les scénarios réels, les données ne sont pas toujours linéaires et les techniques de transformation linéaire peuvent ne pas fournir de résultats précis. Les méthodes non linéaires, telles que l'incorporation de voisins stochastiques distribués en t (t-SNE) et l'approximation et la projection uniformes de la variété (UMAP), conviennent à de telles situations. Ces méthodes se concentrent sur la préservation de la structure locale dans l'espace de dimension inférieure, ce qui les rend utiles à des fins de visualisation.

## 7.1.3 Choisir la bonne méthode pour votre application

Le choix de la technique idéale de sélection ou de réduction des caractéristiques dépend de plusieurs facteurs tels que la taille de l'ensemble de données, la structure sous-jacente et la tâche d'apprentissage automatique. Les ensembles de données plus petits peuvent bénéficier davantage des méthodes de filtrage et d'encapsulation, tandis que les ensembles de données à grande échelle peuvent s'appuyer sur des techniques intégrées et de réduction de la dimensionnalité. La visualisation de l'ensemble de données après l'application des méthodes de réduction de la dimensionnalité peut indiquer le nombre optimal d'entités. En fin de compte, une procédure de validation croisée et une évaluation des performances de divers modèles peuvent aider à déterminer la technique la mieux adaptée à votre projet.

En conclusion, les techniques de sélection de caractéristiques et de réduction de la dimensionnalité sont essentielles pour améliorer l'efficacité des algorithmes d'apprentissage automatique. La mise en œuvre de ces méthodes permet d'obtenir des données plus gérables, de réduire l'utilisation des ressources, d'améliorer l'interprétabilité et d'améliorer les performances globales. Comme toutes les applications réelles et les projets basés sur les données sont divers, il est recommandé d'évaluer plusieurs méthodes de sélection de caractéristiques et de réduction de la dimensionnalité pour sélectionner l'approche optimale.

## 7.1 Techniques de sélection des caractéristiques et de réduction de la dimensionnalité

Avant de plonger dans le monde de la prévision et de l'apprentissage automatique, il est important de comprendre et d'apprécier la puissance des techniques de sélection de caractéristiques et de réduction de la dimensionnalité. Dans cette sous-section, nous discuterons de l'importance des deux, de la différence entre eux, des techniques spécifiques et de leurs applications dans des scénarios réels.

### 7.1.1 Importance de la sélection des fonctionnalités et de la réduction de la dimensionnalité

Les techniques de sélection de caractéristiques et de réduction de la dimensionnalité ont un objectif essentiel dans les étapes de prétraitement des données et de construction de modèles. Voici pourquoi ils sont d'une importance primordiale :

1. **Malédiction de la dimensionnalité** : les ensembles de données de grande dimension peuvent poser un défi aux algorithmes d'apprentissage automatique traditionnels, car ils ont souvent du mal à trouver des modèles significatifs et sont plus enclins au surajustement. Ces techniques permettent de réduire le nombre de caractéristiques, atténuant les effets de ce problème et diminuant le risque de surajustement du modèle.
2. **Efficacité de calcul** : étant donné que moins de fonctionnalités sont impliquées, la sélection de fonctionnalités et la réduction de la dimensionnalité peuvent réduire les exigences de calcul des algorithmes d'apprentissage automatique, les rendant plus rapides et plus efficaces.
3. **Amélioration des performances du modèle** : en supprimant les fonctionnalités non pertinentes, le bruit et les données redondantes, la sélection des fonctionnalités améliore la capacité de prédiction du modèle en optimisant l'ensemble de fonctionnalités sélectionné, ce qui améliore les performances des algorithmes.
4. **Interprétation des données** : Un ensemble de données de dimension inférieure est plus facile à visualiser et à interpréter, aidant à l'identification de modèles significatifs ou à la compréhension des relations entre les variables.

### 7.1.2 Sélection de fonctionnalités vs réduction de dimensionnalité

Bien qu'ils partagent des similitudes, la sélection de fonctionnalités et la réduction de dimensionnalité ne sont pas des terminologies interchangeables.

**La sélection des caractéristiques** est le processus de sélection d'un sous-ensemble des caractéristiques les plus importantes qui contribuent à la puissance prédictive du modèle tout en ignorant celles qui ne sont pas pertinentes. En d'autres termes, la sélection des fonctionnalités vise à sélectionner un sous-ensemble de fonctionnalités "originales" qui peuvent remplacer efficacement l'ensemble des fonctionnalités sans compromettre les performances du modèle.

**La réduction de dimensionnalité** , quant à elle, fait référence au processus de réduction du nombre d'entités (variables) dans un jeu de données en créant un nouvel ensemble d'entités à l'aide d'une combinaison des variables d'origine. L'objectif principal ici est de représenter les données dans un espace de dimension inférieure, en projetant les entités sélectionnées dans un nouvel espace d'entités.

### 7.1.3 Techniques de sélection de caractéristiques et de réduction de dimensionnalité

Il existe de nombreuses méthodes disponibles pour la sélection des caractéristiques et la réduction de la dimensionnalité. Il est essentiel de sélectionner la technique la plus appropriée en fonction de vos données et du domaine problématique. Certaines méthodes populaires incluent :

1. **Méthodes de filtrage** : Ces méthodes évaluent la pertinence des fonctionnalités indépendamment de tout algorithme d'apprentissage automatique. Le processus de sélection des caractéristiques est basé sur des mesures statistiques telles que la corrélation (par exemple, Pearson, Spearman), l'information mutuelle, le chi carré, etc.

2. **Méthodes wrapper** : ces méthodes évaluent la valeur des fonctionnalités en fonction des performances d'un algorithme d'apprentissage automatique spécifique. Des techniques telles que la sélection de fonctionnalités vers l'avant, l'élimination des fonctionnalités vers l'arrière et l'élimination des fonctionnalités récursives sont des méthodes d'encapsulation populaires.

3. **Méthodes intégrées** : ces méthodes intègrent la sélection de fonctionnalités dans le cadre du processus de formation d'un algorithme d'apprentissage automatique. Les exemples incluent la régression LASSO et Ridge, et les arbres de décision/forêts aléatoires utilisant des mesures d'importance des caractéristiques.

4. **Analyse en composantes principales (ACP)** : technique de réduction de la dimensionnalité linéaire populaire, l'ACP vise à projeter les données sur un sous-espace de dimension inférieure tout en préservant sa variance.

5. **t-Distributed Stochastic Neighbor Embedding (t-SNE)** : Il s'agit d'une technique de réduction de dimensionnalité non linéaire qui fonctionne bien pour visualiser des données de grande dimension en deux ou trois dimensions.

### 7.1.4 Applications réelles

Les techniques de sélection de caractéristiques et de réduction de dimensionnalité ont prouvé leur importance et leur praticité dans diverses applications réelles. Voici quelques-uns:

1. **Reconnaissance d'images** : réduire le nombre de fonctionnalités tout en préservant les informations essentielles peut contribuer à améliorer l'efficacité des tâches de reconnaissance d'images.
2. **Diagnostic médical** : En science médicale, la détection et la compréhension des biomarqueurs les plus importants permettent aux chercheurs et aux médecins de diagnostiquer et de traiter les maladies plus efficacement.
3. **Segmentation de la clientèle** : les services marketing et commerciaux peuvent utiliser la réduction dimensionnelle des données client pour une segmentation, un ciblage ou un positionnement efficaces du marché et pour comprendre le comportement des clients.
4. **Détection d'anomalies** : le processus de recherche de valeurs aberrantes ou d'anomalies devient plus gérable et plausible sur le plan informatique à l'aide de techniques de réduction de dimensionnalité dans des données de grande dimension.

5. **Recherche pharmaceutique** : afin d'identifier les caractéristiques les plus importantes qui ont un impact sur l'efficacité ou les résultats des médicaments, les chercheurs peuvent utiliser des techniques de sélection de caractéristiques et de réduction de la dimensionnalité sur des ensembles de données complexes et de grande dimension.

En conclusion, la maîtrise des techniques de sélection de caractéristiques et de réduction de la dimensionnalité doit être considérée comme un élément essentiel de votre boîte à outils de science des données. La mise en œuvre des bonnes techniques peut conduire à une amélioration des performances du modèle, à de meilleures informations et à une approche plus pratique pour résoudre des problèmes complexes d'apprentissage automatique et de prévision dans la vie réelle.

# 7. Techniques de sélection des fonctionnalités et de réduction de la dimensionnalité

Dans les applications réelles des statistiques, des prévisions et de l'apprentissage automatique, il y a souvent une énorme quantité de données impliquées. Ces données peuvent avoir de nombreuses fonctionnalités, ce qui peut rendre le travail avec les données plus complexe, difficile à comprendre et coûteux en calculs. Par conséquent, sélectionner les caractéristiques les plus importantes et réduire la dimensionnalité des données est une étape essentielle du processus de modélisation. Cette section passera en revue différentes méthodes et techniques de sélection de caractéristiques et de réduction de dimensionnalité et leurs implications pratiques.

## 7.1 Importance de la sélection des fonctionnalités et de la réduction de la dimensionnalité

La sélection des fonctionnalités et la réduction de la dimensionnalité sont cruciales pour diverses raisons :

1. **Amélioration des performances du modèle** : certaines fonctionnalités peuvent ne fournir aucune information utile ou ne pas être pertinentes pour le modèle, ce qui entraîne des données d'entrée bruyantes ou redondantes. La suppression de ces fonctionnalités peut aider à améliorer les performances du modèle.
2. **Simplification des modèles** : La réduction du nombre de fonctionnalités simplifie le modèle, le rendant plus facile à interpréter et à expliquer.
3. **Réduction de la complexité de calcul** : moins de fonctionnalités signifie moins de temps de calcul et de ressources nécessaires pour la formation des modèles.
4. **Éviter le surajustement** : inclure trop de fonctionnalités dans un modèle peut entraîner un surajustement, où le modèle est trop complexe et s'adapte trop bien aux données d'apprentissage. Cela peut entraîner des performances médiocres sur de nouvelles données invisibles.

## 7.2 Types de méthodes de sélection des fonctionnalités

Il existe différentes méthodes de sélection des fonctionnalités, chacune avec ses avantages et ses inconvénients. Vous trouverez ci-dessous des techniques de sélection de fonctionnalités courantes :

1. **Méthodes de filtrage** : Ces méthodes utilisent des mesures statistiques, telles que la corrélation ou l'information mutuelle, pour évaluer la relation entre chaque caractéristique et la variable cible. Les entités ayant la relation la plus forte avec la cible sont sélectionnées. Voici des exemples de méthodes de filtrage :
   o Coefficient de corrélation de Pearson
   o Test du chi carré
   o Gain d'information (information mutuelle)
2. **Méthodes wrapper** : Ces méthodes s'appuient sur les performances d'un modèle d'apprentissage automatique donné pour évaluer l'importance des fonctionnalités. L'idée est "d'envelopper" le processus de sélection des fonctionnalités autour du modèle et de l'utiliser comme un mécanisme de rétroaction pour déterminer le sous-ensemble de fonctionnalités le plus pertinent. Voici des exemples de méthodes wrapper :
   o Élimination de fonctionnalités récursives (RFE)
   o Sélection de la fonction avant
   o Élimination des fonctionnalités en arrière
3. **Méthodes intégrées** : ces méthodes sont intégrées à des algorithmes d'apprentissage automatique spécifiques qui effectuent automatiquement la sélection des fonctionnalités dans le cadre du processus de formation du

modèle. Voici des exemples de méthodes intégrées :
- ○ Régularisation au lasso (régularisation L1)
- ○ Régularisation de crête (régularisation L2)
- ○ Modèles basés sur des arbres de décision (tels que Random Forest et XGBoost)

## 7.3 Techniques de réduction de dimensionnalité

Les méthodes de réduction de dimensionnalité diffèrent des techniques de sélection de caractéristiques car elles fonctionnent en combinant ou en transformant les caractéristiques d'origine, plutôt qu'en sélectionnant un sous-ensemble d'entre elles. Cela peut être particulièrement utile lorsqu'il s'agit d'un grand nombre de fonctionnalités fortement corrélées, car la suppression de la redondance peut conduire à de meilleures performances du modèle. Les techniques courantes de réduction de la dimensionnalité comprennent :

1.  **Analyse en composantes principales (ACP)** : Cette technique linéaire non supervisée est utilisée pour réduire la dimensionnalité des données en trouvant les directions (c'est-à-dire les composantes principales) le long desquelles la variance des données est maximisée. Les données transformées sont représentées à l'aide d'un ensemble de dimensions inférieures de caractéristiques non corrélées (c'est-à-dire, les composantes principales).
2.  **Analyse Discriminante Linéaire (LDA)** : LDA est une méthode linéaire supervisée utilisée pour la réduction de la dimensionnalité principalement

pour les tâches de classification. LDA trouve les combinaisons linéaires de caractéristiques qui maximisent la séparation entre les classes, tout en minimisant la variance intra-classe.

3. **t-Distributed Stochastic Neighbor Embedding (t-SNE)** : le t-SNE est une technique non linéaire utilisée pour réduire les données de grande dimension à un espace de dimension inférieure tout en préservant les relations entre les points de données. Cette technique est utile pour visualiser des données de grande dimension, en particulier dans les cas où les méthodes linéaires telles que l'ACP sont insuffisantes.

4. **Auto-encodeurs** : Les auto-encodeurs sont des réseaux de neurones artificiels utilisés pour la réduction de dimensionnalité non supervisée ou l'apprentissage de caractéristiques. Ces réseaux sont formés pour reconstruire leurs données d'entrée en les codant dans une représentation de dimension inférieure, puis en les décodant à nouveau dans les dimensions d'origine.

## 7.4 Directives pratiques pour la sélection des caractéristiques et la réduction de la dimensionnalité

Lors de l'application de méthodes de sélection de caractéristiques et de réduction de dimensionnalité à des ensembles de données réels, les analystes doivent tenir compte des directives suivantes :

1. **Évaluer les méthodes en fonction du problème spécifique** : l'efficacité d'une méthode de sélection de caractéristiques ou de réduction de la dimensionnalité dépendra de la nature des

données et du problème traité. Il est essentiel d'évaluer les performances de différentes méthodes dans le contexte d'un problème ou d'un ensemble de données spécifique.

2. **Combiner les méthodes** : Souvent, les meilleurs résultats sont obtenus en utilisant une combinaison de méthodes. Par exemple, les méthodes de filtrage peuvent aider à supprimer les fonctionnalités non pertinentes, tandis que les méthodes wrapper ou intégrées peuvent affiner davantage le processus de sélection des fonctionnalités en fonction des objectifs spécifiques d'un modèle donné.

3. **Considérez les compromis** : lors de la réduction de la dimensionnalité des données ou de la sélection d'un sous-ensemble de fonctionnalités, il existe souvent des compromis entre la complexité du modèle, les ressources de calcul et les performances du modèle. Il est important d'examiner attentivement ces facteurs au moment de décider d'une approche appropriée.

4. **Valider les résultats** : utilisez des techniques d'évaluation appropriées, telles que la validation croisée ou des ensembles de données de validation séparés, pour vous assurer que les caractéristiques sélectionnées ou les dimensions réduites produisent des résultats stables et précis sur différents ensembles de données.

En conclusion, la compréhension et l'application des techniques de sélection de caractéristiques et de réduction de la dimensionnalité sont essentielles pour des applications réussies dans le monde réel des statistiques, des prévisions et des modèles d'apprentissage automatique. En sélectionnant de manière appropriée les caractéristiques les plus pertinentes et en réduisant la dimensionnalité des données d'entrée, les praticiens peuvent améliorer les performances et l'interprétabilité du modèle, réduire les coûts de calcul et éviter le surajustement.

# 7. Techniques de sélection des fonctionnalités et de réduction de la dimensionnalité

Une étape essentielle lors du développement de modèles d'apprentissage automatique consiste à sélectionner les fonctionnalités les plus importantes parmi un large éventail de fonctionnalités existantes. Cette étape permet non seulement d'améliorer les performances du modèle, mais également de le simplifier, en le rendant plus facile à comprendre et à exécuter. Dans cette section, nous aborderons diverses techniques de sélection de caractéristiques et de réduction de la dimensionnalité, offrant un aperçu complet de ces processus cruciaux dans les applications réelles.

## 7.1 Importance de la sélection des fonctionnalités et de la réduction de la dimensionnalité

Avant de plonger dans les techniques spécifiques, commençons par comprendre pourquoi la sélection des fonctionnalités et la réduction de la dimensionnalité sont essentielles dans les applications du monde réel :

1. **Éviter le surajustement** : s'assurer qu'un modèle n'est pas trop complexe réduit les risques de surajustement. En sélectionnant uniquement les fonctionnalités les plus pertinentes, nous nous assurons que le modèle se concentre sur les informations critiques tout en évitant le bruit.
2. **Accélérez la formation et l'exécution des modèles** : la réduction du nombre de fonctionnalités entraîne une baisse des ressources de calcul requises, accélérant ainsi la formation et l'exécution des modèles.
3. **Améliorez la compréhension du modèle et réduisez les coûts de maintenance** : un modèle avec moins de fonctionnalités est généralement plus facile à comprendre, permettant un meilleur transfert de connaissances entre les différentes parties prenantes. De plus, la maintenance de tels modèles nécessite moins de ressources.

## 7.2 Techniques de sélection des fonctionnalités

Plusieurs techniques peuvent aider à identifier les caractéristiques essentielles de nos modèles. Certaines de ces techniques sont les suivantes :

1. **Méthodes de filtrage** : ces techniques utilisent des mesures statistiques pour classer les caractéristiques en fonction de leur relation avec la variable cible. Les méthodes de filtrage incluent :

o   Coefficient de corrélation
o   Test du chi carré
o   Informations mutuelles
o   Seuil d'écart

2.   **Méthodes Wrapper** : Ces méthodes utilisent des procédures itératives pour évaluer différents sous-ensembles de fonctionnalités afin d'identifier la meilleure adaptation à notre modèle. Certaines des méthodes d'emballage couramment utilisées incluent :

o   Sélection vers l'avant
o   Élimination à rebours
o   Élimination récursive des fonctionnalités

3.   **Méthodes intégrées** : ces méthodes utilisent des algorithmes d'apprentissage automatique pour identifier les meilleures fonctionnalités dans le cadre du processus de formation du modèle lui-même. Certaines méthodes intégrées populaires incluent :

o   Régression LASSO (Least Absolute Shrinkage and Selection Operator)
o   Régression de crête
o   Arbres de décision et leurs ensembles

# 7.3 Techniques de réduction de dimensionnalité

Les techniques de réduction de dimensionnalité transforment l'ensemble de données d'origine en un espace de dimension inférieure, représentant de manière compacte les informations essentielles. Voici quelques techniques de réduction de dimensionnalité largement utilisées :

1. **Analyse en composantes principales (ACP)**
: L'ACP est une méthode de transformation
linéaire qui identifie les axes orthogonaux (ou
composantes principales) expliquant la variance
maximale des données. En conservant les
quelques composants du haut, nous pouvons
réduire les dimensions tout en préservant la
plupart des informations.
2. **Analyse Discriminante Linéaire (LDA)** : LDA,
similaire à PCA, est une technique de
transformation linéaire, mais avec un accent
particulier sur la maximisation de la séparabilité
entre les différentes classes. LDA est
particulièrement adapté aux tâches
d'apprentissage supervisé.
3. **Techniques de réduction de la
dimensionnalité non linéaire** : Ces techniques
tentent de capturer les relations complexes et non
linéaires dans les données en construisant des
représentations multiples. Certaines méthodes
populaires sont :
   ○ Intégration de voisins stochastiques distribués
   en t (t-SNE)
   ○ Cartographie isométrique des entités (Isomap)
   ○ Incorporation localement linéaire (LLE)

# 7.4 Sélection des caractéristiques et réduction de la dimensionnalité en pratique

En comprenant les différentes techniques
mentionnées ci-dessus, les praticiens peuvent
décider quelle méthode est la plus adaptée à leur
cas d'utilisation spécifique. Voici quelques

directives générales pour aborder la sélection des caractéristiques et la réduction de la dimensionnalité IRL :

1. **Comprendre les données** : passez du temps à analyser les données pour identifier les relations, corrélations ou redondances inhérentes qui pourraient aider à la sélection des fonctionnalités ou à la réduction de la dimensionnalité.
2. **Établir des objectifs clairs** : Connaître les objectifs, les contraintes et les critères de performance optimale du modèle servira de guide utile lors de la sélection des fonctionnalités ou de la réduction des dimensions.
3. **Appliquer plusieurs techniques** : Il n'y a pas de technique unique ; Il est recommandé d'essayer différentes méthodes de sélection de fonctionnalités ou de réduction de dimensionnalité pour déterminer celle qui convient le mieux à votre cas d'utilisation spécifique.
4. **Effectuer une validation croisée** : Validez régulièrement vos résultats pour vous assurer de la stabilité, de la cohérence et de la résistance du modèle au surajustement.
5. **Communiquez et collaborez** : Engagez-vous avec des experts du domaine ou des collègues pour évaluer les fonctionnalités du modèle et discuter des implications des différentes techniques sur l'interprétabilité et les performances du modèle.

En conclusion, la sélection des fonctionnalités et la réduction de la dimensionnalité jouent un rôle essentiel dans le développement de modèles d'apprentissage automatique efficients et efficaces pour les applications du monde réel. Investir du temps dans la compréhension de ces techniques et sélectionner avec soin celle qui convient le mieux à votre cas d'utilisation peut avoir un impact significatif sur le succès du modèle.

# 7. Techniques de sélection des fonctionnalités et de réduction de la dimensionnalité

La sélection des fonctionnalités et la réduction de la dimensionnalité sont des techniques essentielles pour préparer vos données, améliorer les performances des modèles d'apprentissage automatique et comprendre les modèles sous-jacents de vos données. Les deux jouent un rôle central dans les applications réelles des statistiques, des prévisions et de l'apprentissage automatique. Dans cette section, nous discuterons de diverses techniques de sélection de caractéristiques et de réduction de dimensionnalité, de leur importance et des scénarios pratiques dans lesquels elles peuvent être utilisées.

### 7.1 Pourquoi la sélection des fonctionnalités et la réduction de la dimensionnalité sont-elles importantes ?

Avant de plonger dans des techniques spécifiques, comprenons pourquoi la sélection des caractéristiques et la réduction de la dimensionnalité sont des éléments cruciaux de l'analyse des données et de l'apprentissage automatique :

1. **Améliorer les performances du modèle** : l'inclusion de fonctionnalités non pertinentes peut affecter négativement les performances des modèles d'apprentissage automatique. En sélectionnant les caractéristiques les plus pertinentes et en réduisant la dimensionnalité, vous pouvez améliorer la précision et l'efficacité de vos modèles.
2. **Réduire la complexité de calcul** : la réduction du nombre de fonctionnalités peut réduire considérablement la complexité de calcul de la plupart des algorithmes d'apprentissage automatique, ce qui se traduit par des temps de formation et de prédiction plus rapides.
3. **Empêcher le surajustement** : l'utilisation de nombreuses fonctionnalités peut entraîner un surajustement, un problème courant dans l'apprentissage automatique où un modèle apprend à partir du bruit au lieu du modèle sous-jacent. La sélection des fonctionnalités et la réduction de la dimensionnalité peuvent aider à éviter cela en réduisant la complexité des données.
4. **Améliorer l'interprétabilité** : la réduction du nombre de fonctionnalités peut faciliter la compréhension et l'interprétation de votre modèle, ce qui est particulièrement important dans les secteurs où l'explicabilité est essentielle.

## 7.2 Techniques de sélection des fonctionnalités

La sélection d'entités est le processus de sélection des entités les plus pertinentes à partir de l'ensemble de données d'origine. Il existe diverses techniques de sélection de fonctionnalités, telles que les méthodes de filtrage, les méthodes d'encapsulation et les méthodes intégrées. Examinons plus en détail certaines de ces techniques :

1.  **Méthodes de filtrage** : Les méthodes de filtrage évaluent la pertinence des fonctionnalités indépendamment de tout algorithme d'apprentissage automatique. Les méthodes de filtrage courantes incluent les coefficients de corrélation, le test du chi carré, les informations mutuelles et le gain d'informations. Les méthodes de filtrage sont efficaces en termes de calcul et faciles à mettre en œuvre, mais peuvent être sujettes à sélectionner des fonctionnalités redondantes.

2.  **Méthodes wrapper** : Les méthodes wrapper utilisent un algorithme d'apprentissage automatique pour évaluer l'utilité de sous-ensembles de fonctionnalités. Les méthodes courantes incluent la sélection vers l'avant, l'élimination vers l'arrière et l'élimination des caractéristiques récursives. Les méthodes wrapper peuvent trouver le meilleur sous-ensemble de fonctionnalités pour un algorithme spécifique, mais peuvent être coûteuses en calcul.

3.  **Méthodes intégrées** : les méthodes intégrées intègrent la sélection de fonctionnalités dans le cadre de l'algorithme d'apprentissage automatique. Des exemples de méthodes intégrées incluent la régression LASSO, Elastic Net et les algorithmes d'arbre de décision. Les

méthodes intégrées peuvent être plus efficaces que les méthodes wrapper et tenir compte à la fois de la pertinence des fonctionnalités et du modèle sélectionné.

## 7.3 Techniques de réduction de dimensionnalité

La réduction de la dimensionnalité est le processus de réduction de la dimensionnalité des données tout en conservant ses propriétés essentielles. Les techniques populaires de réduction de la dimensionnalité comprennent l'analyse en composantes principales (PCA), la décomposition en valeurs singulières (SVD) et l'incorporation de voisins stochastiques distribués en t (t-SNE). Explorons plus en détail certaines de ces techniques :

1.  **Analyse en composantes principales (ACP)** : L'ACP est une technique populaire de réduction de la dimensionnalité linéaire qui identifie des combinaisons linéaires de caractéristiques appelées composantes principales. Ces composants capturent la variance maximale des données tout en maintenant l'orthogonalité (perpendicularité) les unes par rapport aux autres. PCA peut être utilisé pour la visualisation des données, la réduction du bruit et l'accélération des algorithmes d'apprentissage automatique.
2.  **Décomposition en valeurs singulières (SVD)** : la SVD est une autre technique de réduction de dimensionnalité linéaire qui décompose une matrice en trois composants : une matrice de vecteurs singuliers gauches, une matrice diagonale de valeurs singulières et une

matrice de vecteurs singuliers droits. Comme PCA, SVD peut être utilisé pour la visualisation des données, la réduction du bruit et l'amélioration de l'efficacité des algorithmes d'apprentissage automatique.

3. **t-Distributed Stochastic Neighbor Embedding (t-SNE)** : Contrairement à PCA et SVD, t-SNE est une technique de réduction de dimensionnalité non linéaire principalement utilisée pour la visualisation de données. Il transforme les données de grande dimension en données de faible dimension tout en préservant la distance entre les points proches et la séparation entre les points dissemblables. t-SNE est particulièrement utile pour visualiser des ensembles de données complexes avec plusieurs clusters ou groupes.

## 7.4 Applications pratiques de la sélection de caractéristiques et de la réduction de dimensionnalité

Les techniques de sélection de caractéristiques et de réduction de la dimensionnalité ont de nombreuses applications dans le monde réel dans diverses industries. Voici quelques exemples pratiques :

1. **Finance** : La réduction de la dimensionnalité peut aider à identifier les principaux facteurs de risque dans les portefeuilles d'investissement, à améliorer la précision des prévisions de risque et à faciliter de meilleures décisions d'investissement.

2. **Santé** : la sélection de fonctionnalités pertinentes peut améliorer les performances des

modèles prédictifs pour le diagnostic des maladies et le suivi des patients, ce qui permet d'obtenir des diagnostics et des plans de traitement plus précis.

3. **Marketing** : L'utilisation de techniques de réduction de la dimensionnalité telles que l'ACP peut aider à identifier les facteurs les plus importants qui influencent le comportement des consommateurs, permettant aux spécialistes du marketing de cibler les bons segments de clientèle et d'améliorer les niveaux de satisfaction des clients.

4. **Traitement du langage naturel (NLP)** : les méthodes d'extraction de caractéristiques, telles que l'analyse sémantique latente (LSA), qui utilise SVD, peuvent aider à identifier les concepts importants dans les données textuelles et permettre une compréhension sémantique et une modélisation des sujets plus précises.

5. **Traitement d'image** : les techniques de réduction de la dimensionnalité peuvent être utiles dans les tâches de traitement d'image telles que la compression, la détection et la reconnaissance d'objets et la reconnaissance de formes. Par exemple, PCA peut être utilisé pour la compression d'image avec perte, réduisant la taille des données tout en maintenant la qualité de l'image.

En conclusion, les techniques de sélection de caractéristiques et de réduction de la dimensionnalité sont des outils essentiels dans l'arsenal des scientifiques des données et des praticiens de l'apprentissage automatique, leur permettant de traiter des données complexes et de grande dimension, d'améliorer les performances de leurs modèles et de mieux comprendre les modèles sous-jacents. et les relations au sein des données. En maîtrisant ces techniques, vous pouvez libérer tout le potentiel de vos données et créer des modèles d'apprentissage automatique plus efficaces, efficients et interprétables.

## Modélisation du taux de désabonnement des clients : combinaison de statistiques, de prévisions et de techniques d'apprentissage automatique

Alors que les entreprises dépendent de plus en plus de la prise de décision basée sur les données, elles recherchent en permanence des moyens de comprendre leur clientèle et d'améliorer leurs produits et services. L'un des aspects cruciaux de cette entreprise consiste à prévoir et à prévenir le désabonnement des clients, c'est-à-dire la perte de clients au fil du temps. Dans cette section, nous verrons comment vous pouvez modéliser l'attrition des clients à l'aide d'une combinaison de techniques statistiques, de prévision et d'apprentissage automatique, et comment ce modèle peut potentiellement faire économiser à votre organisation des millions de dollars en perte de revenus.

### Étape 1 : Définir le problème et collecter les données

Avant de plonger dans l'analyse, il est essentiel de définir clairement le problème que vous essayez de résoudre. Pour cet exercice, notre objectif est de prédire quels clients sont les plus susceptibles de se désabonner au cours du mois prochain. Cela nous permettra de cibler des clients spécifiques avec des efforts de marketing ou d'autres stratégies de rétention.

Une fois le problème défini, l'étape suivante consiste à collecter les données nécessaires à l'analyse. Vous aurez besoin de données client historiques, y compris les données démographiques, l'historique des transactions et toute autre fonctionnalité spécifique au client qui, selon vous, pourrait être utile pour prédire le taux de désabonnement.

## Étape 2 : Effectuer une analyse exploratoire des données (EDA)

L'objectif principal de l'EDA est de comprendre la structure sous-jacente et les relations au sein de vos données. Commencez par visualiser différents aspects des données, tels que la répartition par âge des clients, les valeurs moyennes des transactions et la corrélation entre les caractéristiques. Cela vous donnera une idée des facteurs qui peuvent être les plus importants pour déterminer les taux de désabonnement.

## Étape 3 : Prétraiter les données

Avant d'appliquer des algorithmes d'apprentissage automatique, il est essentiel de prétraiter vos données. Cela inclut la gestion des valeurs manquantes, la mise à l'échelle des fonctionnalités et l'encodage des variables catégorielles. En fonction de la taille de votre jeu de données, vous devrez peut-être également envisager des techniques telles que la réduction de dimensionnalité ou la sélection de caractéristiques pour améliorer l'efficacité de calcul de vos modèles.

## Étape 4 : Identifiez les indicateurs de désabonnement potentiels

À l'aide des connaissances acquises grâce à l'EDA et au prétraitement, commencez à identifier les indicateurs de désabonnement potentiels. Ce sont des fonctionnalités qui ont une forte relation avec les taux de désabonnement des clients. Les exemples peuvent inclure l'ancienneté du client, la fréquence des achats ou la valeur moyenne des transactions. Vous devrez peut-être également créer de nouvelles fonctionnalités qui capturent mieux les relations dans vos données. Par exemple, le rapport entre le revenu d'un client et sa valeur de transaction moyenne peut être un prédicteur de désabonnement plus efficace que l'une ou l'autre variable seule.

## Étape 5 : Former et évaluer les modèles

Maintenant que vous avez cultivé une liste d'indicateurs de désabonnement potentiels, il est temps de commencer à former et à évaluer différents modèles prédictifs. Des exemples d'algorithmes d'apprentissage automatique pouvant être utilisés pour cette tâche incluent la régression logistique, les arbres de décision et les machines à vecteurs de support. Quel que soit l'algorithme que vous choisissez, n'oubliez pas d'évaluer rigoureusement les performances de chaque modèle à l'aide de techniques telles que la validation croisée et les courbes ROC. Cela vous aidera à identifier le meilleur modèle pour votre scénario d'entreprise spécifique.

## Étape 6 : Prévision d'ensemble

Pour améliorer la robustesse et la généralisabilité de votre modèle, envisagez d'utiliser des techniques de prévision d'ensemble. Cela implique de former plusieurs modèles, puis de combiner leurs prédictions pour générer une prévision finale. Des exemples de méthodes de prévision d'ensemble incluent le bagging, le boosting et le stacking. Chacune de ces techniques a ses propres avantages et inconvénients, il est donc important d'expérimenter différentes approches pour déterminer celle qui convient le mieux à votre problème spécifique.

## Étape 7 : Implémenter le modèle de prédiction de désabonnement

Après avoir sélectionné le meilleur modèle, implémentez-le dans le système de gestion de la relation client (CRM) de votre organisation ou dans toute autre infrastructure pertinente. Cela permettra à vos équipes de marketing et de service client d'identifier les clients à haut risque et d'adapter leurs interactions en conséquence.

Surveillez en permanence les mesures de performance du modèle et mettez à jour le modèle avec de nouvelles données pour garantir son efficacité continue.

**Étape 8 : mesurer l'impact**

Enfin, mesurez l'impact de votre modèle de prédiction de désabonnement sur les taux de fidélisation de la clientèle et calculez les avantages financiers associés. Cela peut impliquer de comparer les taux de rétention avant et après la mise en œuvre du modèle ou de mener des expériences pour mesurer directement l'impact des interventions axées sur la rétention.

En combinant la puissance de l'analyse statistique, de la prévision et des techniques d'apprentissage automatique, votre organisation peut créer un modèle de prédiction de l'attrition client robuste et précis. Ces informations prédictives vous permettront de répondre de manière proactive aux problèmes de fidélisation de la clientèle, ce qui vous permettra d'économiser potentiellement des millions de dollars en perte de revenus.

# Intégration des statistiques, des prévisions et de l'apprentissage automatique pour la résolution de problèmes réels

Dans cette section, nous explorerons les interconnexions entre les statistiques, les prévisions et l'apprentissage automatique lorsqu'elles sont appliquées à des problèmes réels. Nous discuterons de la manière d'identifier la technique la plus appropriée pour chaque situation, en veillant à ce que la précision et l'efficacité soient optimisées. Examinons de plus près les éléments clés de chaque approche et montrons comment ils peuvent être combinés pour résoudre des problèmes complexes.

## Combler le fossé : statistiques, prévisions et apprentissage automatique

Sans aucun doute, chacun de ces domaines - statistiques, prévisions et apprentissage automatique - a ses avantages lorsqu'il s'agit d'analyser des données et de faire des prédictions. Ils se complètent de nombreuses manières :

- **Les statistiques** aident à identifier les modèles et les relations au sein d'un ensemble de données, ce qui nous permet de prendre des décisions éclairées sur les événements passés et présents. Grâce à des résumés descriptifs et à des analyses inférentielles, nous acquérons une meilleure compréhension de la structure et de la variance des données, ce qui nous aide finalement à élaborer notre stratégie de résolution de problèmes.

- **La prévision** s'appuie sur l'analyse statistique pour faire des prévisions futures basées sur les données observées. Les modèles de prévision peuvent être simples ou complexes, selon la nature des données et le résultat souhaité. Dans de nombreux cas, les techniques de prévision sont utilisées pour prédire les tendances, le comportement des clients ou la demande du marché.

- **L'apprentissage automatique** fait passer l'analyse et la prédiction des données à un niveau supérieur en utilisant des algorithmes et des modèles qui apprennent à partir des données, en automatisant le processus et en améliorant continuellement sa précision. Les techniques d'apprentissage automatique peuvent être supervisées, non supervisées ou basées sur le renforcement, selon la nature du problème et des données.

En exploitant la puissance de chaque approche, nous pouvons créer une boîte à outils d'analyse de données complète qui nous permet de nous attaquer efficacement à un large éventail de problèmes réels.

## Identifier la bonne technique pour chaque problème

Pour déterminer l'approche la plus appropriée pour un problème donné, nous devons tenir compte de plusieurs facteurs, tels que la quantité et la qualité des données, les objectifs et contraintes spécifiques et le niveau de précision souhaité. Voici quelques lignes directrices pour choisir la méthode appropriée en fonction de ces facteurs :

1. **Qualité et quantité des données** : Avant de plonger dans des modèles ou algorithmes complexes, il est essentiel d'évaluer la qualité et le volume des données. Des données de haute qualité et bien structurées sont une condition préalable à une analyse précise et efficace. Plus vous avez de données à utiliser, plus vous pouvez affiner les techniques que vous choisissez d'utiliser.

2. **Portée et objectifs** : Définissez clairement le problème que vous souhaitez résoudre et les objectifs que vous souhaitez atteindre. Essayez-vous d'avoir un aperçu des événements passés ou voulez-vous faire des prédictions sur l'avenir ? Connaître la portée et les objectifs vous permet de vous concentrer sur les techniques pertinentes et d'éviter de perdre du temps sur des méthodes inutiles ou inefficaces.

3. **Précision et complexité** : Gardez à l'esprit que les techniques plus complexes ne sont pas toujours meilleures. Des méthodes plus simples peuvent donner des résultats précis tout en étant plus faciles à comprendre, à mettre en œuvre et à communiquer. Cependant, des modèles ou des algorithmes avancés sont parfois nécessaires pour améliorer la précision, même s'ils augmentent la complexité de la solution.

4. **Contraintes de temps et de ressources** : réfléchissez au temps et aux efforts que vous êtes prêt à investir dans l'analyse des données et le développement de modèles. L'apprentissage automatique, en particulier les techniques d'apprentissage en profondeur, peut être coûteux

en termes de calcul et nécessiter des ressources importantes pour être peaufiné et déployé. Équilibrer ces contraintes avec vos objectifs devrait vous aider à identifier l'approche la plus rentable et la plus efficace.

## Étude de cas : Prédire les prix des maisons

Pour démontrer l'intégration des statistiques, des prévisions et de l'apprentissage automatique, considérons une étude de cas où nous visons à prédire les prix des logements.

1. **Qualité et quantité des données** : Pour commencer, nous devons rassembler un ensemble de données contenant divers facteurs qui affectent les prix des logements, tels que l'emplacement, le nombre de chambres, l'âge de la propriété et les commodités locales. Plus l'ensemble de données est grand et complet, plus la précision potentielle de nos prédictions est élevée.
2. **Portée et objectifs** : Notre objectif dans ce cas est de prédire les prix futurs des logements sur la base des données observées. Ainsi, nous nous concentrerons principalement sur les techniques de prévision et d'apprentissage automatique, en utilisant les statistiques comme outil d'analyse préliminaire essentiel.
3. **Précision et complexité** : Nous pourrions commencer par un simple modèle de régression linéaire, une méthode statistique qui prédit la relation entre le prix de l'immobilier et plusieurs variables. Cependant, si ce modèle ne donne pas

le niveau de précision souhaité, nous pouvons explorer des techniques plus complexes telles que les arbres de décision ou les réseaux de neurones.

4. **Contraintes de temps et de ressources** : au fur et à mesure que nous passons de modèles simples à des modèles complexes, nous devons également tenir compte des ressources de calcul supplémentaires et du temps requis pour mettre en œuvre, affiner et déployer chaque technique. L'équilibre entre ces facteurs garantira que nous sélectionnons l'approche la plus efficiente et la plus efficace pour prévoir les prix des maisons.

En intégrant les statistiques, les prévisions et l'apprentissage automatique, nous pouvons développer un cadre robuste et basé sur les données pour prédire les prix des logements qui peut être appliqué à des problèmes réels similaires nécessitant des prévisions futures précises.

# Chapitre 4 : Démystifier les différences : statistiques, prévisions et apprentissage automatique en pratique

## 4.1 Comprendre les racines : statistiques, prévisions et apprentissage automatique

Avant de plonger dans les applications pratiques des différents domaines, il est crucial de comprendre ce que chacun implique, leurs distinctions et comment ils se complètent. Dans cette section, nous explorerons les principes fondamentaux et les différences entre les statistiques, les prévisions et l'apprentissage automatique, en préparant les bases de discussions ultérieures sur les applications du monde réel.

- **La statistique** est la branche des mathématiques qui traite de la collecte, de l'analyse, de l'interprétation, de la présentation et de l'organisation des données. Il comprend la planification d'expériences, l'étude des probabilités et la dérivation d'estimateurs pour divers types de distributions aléatoires. Le but ultime des statistiques est de découvrir des modèles et des relations dans les données, en utilisant des techniques telles que les tests d'hypothèses, les corrélations et les régressions pour faire des inférences éclairées.
- **La prévision** est un sous-domaine des statistiques qui consiste à prédire la valeur future d'une variable spécifique à l'aide de données historiques. Il s'appuie sur diverses méthodes d'analyse, y compris la modélisation de séries chronologiques (par exemple, les modèles de moyenne mobile intégrée autorégressive ou ARIMA), la décomposition saisonnière et le lissage exponentiel. Les prévisions permettent aux entreprises, aux gouvernements et aux institutions de comprendre les scénarios futurs potentiels, de planifier en conséquence et de réagir de manière proactive aux environnements en évolution rapide.
- **L'apprentissage automatique** est un sous-ensemble de l'intelligence artificielle où les algorithmes informatiques s'améliorent

automatiquement en analysant les données et en
en apprenant. Ces algorithmes s'inspirent souvent
de modèles statistiques et de techniques de
reconnaissance de formes pour "apprendre" des
données, en adaptant leur sortie à mesure qu'ils
reçoivent des entrées supplémentaires.
L'apprentissage automatique peut être
principalement divisé en deux catégories :
l'apprentissage supervisé (où l'algorithme apprend
à partir de données étiquetées) et l'apprentissage
non supervisé (où l'algorithme trouve des modèles
dans des données non étiquetées).
L'apprentissage automatique couvre une grande
variété de techniques, telles que les réseaux de
neurones, les arbres de décision, le clustering et
le traitement du langage naturel.

## 4.2 Applications dans le monde réel : comment elles se chevauchent et diffèrent

Bien que chaque domaine ait ses propres forces
et avantages, il est essentiel de comprendre où
leurs applications se chevauchent, diffèrent et
même se complètent. Les exemples suivants
illustrent les nombreuses applications des
statistiques, des prévisions et de l'apprentissage
automatique :

● **Soins de santé :** comprendre les schémas de
maladies est essentiel pour améliorer les résultats
en matière de santé publique. Les
épidémiologistes utilisent souvent l'analyse
statistique pour identifier divers facteurs de risque
et mesures préventives, tandis que les
prévisionnistes peuvent analyser les tendances de
l'incidence des maladies pour prévoir et atténuer

les futures épidémies. Pendant ce temps, les algorithmes d'apprentissage automatique peuvent classer les images médicales, détecter les maladies plus tôt et même hiérarchiser les options de traitement pour les patients individuels.

- **Finance :** les institutions financières s'appuient sur des prévisions précises pour les cours des actions, les taux de change et les mouvements généraux du marché. Les techniques de prévision de séries chronologiques sont couramment utilisées pour les prévisions à court terme, tandis que les modèles d'apprentissage automatique, tels que les forêts aléatoires et l'apprentissage en profondeur, peuvent être utilisés pour des prévisions complexes à long terme impliquant plusieurs facteurs.

- **Marketing :** les entreprises utilisent un éventail de techniques pour analyser le comportement des clients, prévoir la demande et recommander des produits ou services ciblés. Les méthodes statistiques, telles que l'analyse de régression, peuvent quantifier la relation entre les activités de marketing et les performances de vente. En revanche, les algorithmes d'apprentissage automatique jouent un rôle déterminant dans le développement de systèmes de recommandation complexes qui analysent de grandes quantités de données client pour suggérer les éléments les plus pertinents en temps réel.

- **Prévision météorologique :** La prévisibilité de l'atmosphère est cruciale pour diverses applications, allant de l'agriculture aux transports. Les méthodes de prévision statistique traditionnelles telles que l'analyse de régression peuvent être bénéfiques pour identifier les corrélations pertinentes entre les variables météorologiques. Cependant, les algorithmes d'apprentissage automatique, tels que les réseaux de neurones, peuvent discerner des modèles plus complexes dans les données météorologiques, conduisant à des prévisions plus précises, en particulier dans le contexte du changement climatique.

- **Fabrication** : les principes de contrôle statistique des processus sont fréquemment utilisés pour surveiller et maintenir la qualité des produits. Les techniques de prévision de séries chronologiques peuvent aider les planificateurs de production à anticiper la demande future des usines et à optimiser la planification. Simultanément, les algorithmes d'apprentissage automatique peuvent prédire les besoins de maintenance des équipements et améliorer l'efficacité globale des processus de production.

### 4.3 Choisir la bonne approche : facteurs clés à prendre en compte

La sélection de la méthode la plus appropriée pour une application particulière dépend en grande partie du problème à résoudre, de la nature des données et des ressources disponibles. Les questions suivantes peuvent guider le processus de détermination de l'approche appropriée :

- *Quel est l'objectif principal ?* Si l'objectif principal est de faire des inférences ou d'identifier des relations entre des variables, s'appuyer sur une analyse statistique est l'approche la plus appropriée. Inversement, si l'objectif est de prédire des valeurs futures ou de faire des recommandations, les techniques de prévision ou d'apprentissage automatique peuvent mieux servir l'objectif.

- *De quel type de données s'agit-il ?* Les données discrètes, comme les réponses catégorielles, peuvent nécessiter des tests statistiques tels que le test du chi carré ou la régression logistique. Les données continues, comme les séries chronologiques, nécessitent souvent des techniques de prévision, tandis que les données complexes et de grande dimension pourraient bénéficier d'approches d'apprentissage automatique.

- *Quelles techniques seraient réalisables en termes de calcul ?* Les modèles d'apprentissage automatique très complexes peuvent être gourmands en ressources et peuvent ne pas convenir à certaines applications avec une puissance de calcul limitée ou des exigences de réactivité en temps réel. À l'inverse, les modèles statistiques de base peuvent ne pas capturer des modèles complexes dans les données et peuvent fournir des résultats sous-optimaux. L'équilibre entre la précision et la faisabilité des calculs est essentiel.

En résumé, comprendre les différences et les similitudes entre les domaines des statistiques, des prévisions et de l'apprentissage automatique est essentiel pour les appliquer efficacement dans des situations réelles. En examinant attentivement le problème à résoudre, le type de données et les ressources de calcul, les praticiens peuvent adapter leurs analyses et leurs modèles pour répondre à leurs besoins uniques et débloquer des informations précieuses à partir de données dans n'importe quel domaine.

# Applications réelles des statistiques, des prévisions et de l'apprentissage automatique

L'une des plus grandes forces des statistiques, des prévisions et de l'apprentissage automatique (ML) est leur large applicabilité dans divers secteurs et domaines. Dans le monde réel, ces techniques sont utilisées pour résoudre des problèmes complexes, optimiser les processus et prendre des décisions éclairées. Explorons quelques-unes de ces applications dans différents secteurs.

## 1. Santé

Dans le domaine de la santé, l'utilisation de l'analyse prédictive et de l'apprentissage automatique est révolutionnaire. Ces méthodes ont plusieurs applications, notamment :

- *Prédiction de la maladie* : Prédire la probabilité de maladie pour un patient en fonction de facteurs tels que l'âge, les antécédents médicaux et la génétique. Ces informations peuvent aider les médecins à prendre des mesures préventives pour minimiser le risque de certaines maladies.
- *Développement de médicaments* : en utilisant des algorithmes de ML pour analyser de grandes quantités de données dans le processus de développement de médicaments, les chercheurs peuvent identifier de nouveaux candidats-médicaments et rationaliser le processus, pour finalement commercialiser plus rapidement des médicaments moins chers.

- *Imagerie médicale* : les algorithmes d'apprentissage automatique peuvent identifier et classer les images médicales à une vitesse remarquable, permettant un diagnostic et un traitement plus rapides de diverses conditions.

## 2. Finances

Le secteur financier a été l'un des premiers à adopter des techniques statistiques et d'apprentissage automatique à plusieurs fins :

- *Détection de fraude* : les banques, les sociétés de cartes de crédit et les institutions financières utilisent l'apprentissage automatique pour identifier les transactions anormales et détecter les modèles indiquant des activités frauduleuses.
- *Notation de crédit* : les prêteurs exploitent l'analyse des données pour évaluer et prédire la solvabilité des emprunteurs en examinant des facteurs tels que l'historique de remboursement, les revenus et les niveaux d'endettement.
- *Trading algorithmique* : De nombreuses sociétés de trading utilisent des algorithmes avancés pour effectuer des transactions à haute fréquence, où les décisions d'investissement sont prises à des vitesses ultra-rapides sur la base de données de marché en temps réel.

## 3. Transport

Les techniques statistiques et d'apprentissage automatique ont transformé les systèmes de transport avec des applications telles que :

- *Optimisation des itinéraires* : les entreprises de livraison utilisent des algorithmes ML pour optimiser les itinéraires et minimiser les délais de livraison, économiser du carburant et améliorer l'efficacité globale.

• *Prédiction du trafic* : les autorités et les applications de navigation exploitent les données de diverses sources pour prédire les modèles de trafic, permettant une meilleure gestion du trafic et réduisant les embouteillages.

• *Véhicules autonomes* : L'apprentissage automatique et l'IA sont au cœur de la technologie des voitures autonomes, car ces véhicules s'appuient sur des algorithmes pour comprendre leur environnement et prendre des décisions intelligentes sur la route.

## 4. Fabrication

Dans le secteur manufacturier, l'adoption de l'industrie 4.0 s'appuie fortement sur les applications statistiques et d'apprentissage automatique, notamment :

• *Maintenance prédictive* : l'analyse des données des capteurs de l'équipement peut identifier des schémas qui indiquent quand une panne est susceptible de se produire, permettant une maintenance proactive et réduisant les temps d'arrêt.

• *Contrôle de la qualité* : les modèles d'apprentissage automatique peuvent détecter les défauts des produits avec une grande précision, améliorant ainsi la qualité globale des produits et réduisant les déchets.

• *Optimisation de la chaîne d'approvisionnement* : les modèles basés sur les données peuvent améliorer l'approvisionnement, la gestion des stocks et la prévision de la demande, conduisant à une chaîne d'approvisionnement plus efficace et plus rentable.

## 5. Marketing et publicité

Le paysage marketing actuel implique l'exploitation des données client et des analyses avancées pour créer des campagnes marketing efficaces :

* *Segmentation de la clientèle* : les techniques de regroupement peuvent identifier des groupes de clients ayant des préférences similaires, permettant aux spécialistes du marketing de cibler plus efficacement leurs messages.
* *Systèmes de recommandation* : les moteurs de recommandation alimentés par ML suggèrent des produits et des services susceptibles de plaire aux consommateurs individuels, ce qui entraîne une satisfaction client accrue et des taux de conversion plus élevés.
* *Performances publicitaires* : l'analyse des données peut évaluer le succès des campagnes publicitaires, fournir des informations sur les publicités les plus performantes et guider les décisions stratégiques concernant les dépenses publicitaires.

## 6. Énergie et environnement

Le développement durable est grandement amélioré par l'application des statistiques et de l'apprentissage automatique :

* *Prévision du changement climatique* : les modèles ML peuvent analyser les données météorologiques historiques et d'autres facteurs

environnementaux pour prévoir les tendances climatiques et évaluer les impacts potentiels du changement climatique.

- *Prévision de la demande d'énergie* : la prévision précise des niveaux de consommation d'énergie aide les entreprises de services publics et les décideurs à planifier plus efficacement les ressources de production et de distribution d'énergie.
- *Optimisation des énergies renouvelables* : les techniques d'apprentissage automatique peuvent optimiser la production de panneaux solaires et d'éoliennes en ajustant leur positionnement et d'autres paramètres afin de maximiser la production d'énergie.

Ces exemples ne font qu'effleurer la surface des nombreuses façons dont les statistiques, les prévisions et les techniques d'apprentissage automatique sont appliquées dans des situations réelles. Au fur et à mesure que la technologie progresse, le potentiel de ces méthodes pour avoir un impact positif sur diverses industries et domaines est vraiment illimité.

# Combiner les statistiques, les prévisions et l'apprentissage automatique pour résoudre des problèmes du monde réel

À l'ère du big data et de la transformation numérique, la demande d'outils capables d'aider les individus, les organisations et même des sociétés entières à donner un sens aux énormes quantités d'informations a explosé. C'est dans ce contexte que les domaines des statistiques, des prévisions et de l'apprentissage automatique ont pris de l'importance.

Dans cette sous-section, nous explorerons comment ces trois disciplines peuvent être combinées pour résoudre des problèmes complexes du monde réel. Nous vous guiderons à travers plusieurs exemples pratiques qui démontrent la valeur de l'intégration d'analyses statistiques, de modèles prédictifs et d'algorithmes d'apprentissage automatique dans un cadre unique et cohérent.

## Comprendre les composants

**Statistiques :** ce domaine concerne la collecte, l'analyse, l'interprétation, la présentation et l'organisation des données. Les statistiques offrent une variété de techniques pour analyser et tirer des informations significatives des données, qui peuvent ensuite être utilisées pour éclairer les processus de prise de décision.

**Prévision :** la prévision est le processus consistant à faire des prédictions sur l'avenir sur la base de données et d'analyses historiques. Ce domaine dépend fortement des méthodes statistiques et implique généralement l'analyse des modèles de données historiques pour anticiper les tendances ou les résultats futurs.

**Apprentissage automatique :** l'apprentissage automatique est un sous-ensemble de l'intelligence artificielle qui permet aux ordinateurs d'apprendre et de prendre des décisions basées sur des données sans programmation explicite. En d'autres termes, les algorithmes d'apprentissage automatique peuvent reconnaître des modèles dans les données et faire des inférences ou des prédictions basées sur ces modèles.

## Applications du monde réel

Maintenant que nous avons une compréhension de base des composants, examinons comment ces différentes disciplines peuvent être combinées pour créer des solutions puissantes et concrètes :

### Soins de santé

Dans les soins de santé, un défi important consiste à établir des diagnostics précis, à prédire les résultats des patients et à déterminer les traitements optimaux en fonction de données spécifiques au patient. En combinant des techniques statistiques avec la prévision et l'apprentissage automatique, les professionnels de la santé peuvent analyser d'énormes quantités de dossiers de patients pour identifier des modèles liés à des conditions spécifiques, prévoir la progression de la maladie du patient et recommander des plans de traitement personnalisés.

Par exemple, des algorithmes d'apprentissage automatique peuvent être utilisés pour prédire si une tumeur est bénigne ou maligne sur la base de caractéristiques extraites d'images médicales. De même, les données historiques sur les patients ayant des diagnostics similaires peuvent être analysées statistiquement pour estimer la probabilité d'un plan de traitement réussi ou évaluer le risque de rechute ou de complications.

**Finance**

L'industrie financière est un autre domaine où la combinaison d'analyses statistiques, de prévisions et d'apprentissage automatique peut être d'une immense valeur. Par exemple, un défi courant consiste à prédire la valeur future des actions, des obligations et d'autres instruments financiers.

En analysant statistiquement les données de prix historiques pour divers actifs, un modèle de prévision peut être créé pour prédire les valeurs futures. De plus, les algorithmes d'apprentissage automatique peuvent améliorer ces prévisions en identifiant les interactions complexes entre différentes variables financières et en s'adaptant dynamiquement aux nouveaux points de données.

Ces prédictions peuvent être utilisées pour soutenir les décisions d'investissement, évaluer les risques ou aider à la création de systèmes de trading automatisés.

**Gestion de la chaîne d'approvisionnement**

La gestion de la chaîne d'approvisionnement implique la coordination et l'organisation des ressources nécessaires pour produire et fournir efficacement des biens et des services. La combinaison de méthodes statistiques, de techniques de prévision et d'algorithmes d'apprentissage automatique peut conduire à des améliorations significatives des opérations de la chaîne d'approvisionnement.

Par exemple, l'analyse des données de ventes historiques peut aider à prévoir la demande future de produits spécifiques, permettant aux entreprises d'optimiser les niveaux de stocks et de minimiser les ruptures de stock. Les algorithmes d'apprentissage automatique peuvent affiner davantage ces prévisions en tenant compte de variables supplémentaires, telles que les tendances régionales et les fluctuations saisonnières.

Dans les entrepôts et les centres de distribution, l'apprentissage automatique peut être utilisé pour optimiser les processus de prélèvement et d'emballage, reconnaître les modèles dans les données d'exécution des commandes et recommander des ajustements pour améliorer l'efficacité et la précision.

Ces exemples ne sont qu'un petit aperçu de la vaste gamme d'applications du monde réel où une combinaison d'analyses statistiques, de prévisions et d'apprentissage automatique peut conduire à de véritables améliorations et innovations. En reconnaissant les forces complémentaires de ces domaines et en les intégrant stratégiquement dans un cadre unifié, les individus et les organisations peuvent exploiter tout le potentiel des données disponibles, prendre des décisions plus éclairées et, en fin de compte, mener à bien leurs objectifs respectifs.

# 8. Applications réelles : finances, marketing, soins de santé et fabrication

# 8. Applications réelles : finances, marketing, soins de santé et fabrication

## 8.1 Finances

Les statistiques, les prévisions et les techniques d'apprentissage automatique ont trouvé de nombreuses applications importantes dans le secteur financier, ce qui en fait l'une des industries les plus axées sur les données. Ici, nous examinons quelques cas d'utilisation significatifs de ces méthodes en finance.

### 8.1.1 Gestion des risques

Les banques et les institutions financières sont confrontées à divers risques, tels que le risque de crédit, le risque de marché et le risque opérationnel. Les méthodes statistiques jouent un rôle essentiel dans l'identification, la quantification et l'atténuation de ces risques. Par exemple, la Value at Risk (VaR) est une méthode statistique largement utilisée pour évaluer les pertes potentielles sur les marchés financiers en raison du risque de marché. La VaR estime la perte maximale qu'un portefeuille peut subir dans un délai donné pour un niveau de confiance spécifié. Les modèles d'apprentissage automatique, tels que les réseaux de neurones et les arbres de décision, peuvent également être utilisés pour prédire les risques de crédit potentiels en fonction des données historiques des clients.

## 8.1.2 Commerce algorithmique

Les algorithmes d'apprentissage automatique ont révolutionné le trading en bourse. Le trading haute fréquence, l'analyse des sentiments et la modélisation prédictive sont quelques-unes des applications populaires des algorithmes ML dans le trading algorithmique. Les modèles ML peuvent analyser de grands volumes de données boursières historiques, identifier des modèles et faire des prédictions avec une grande précision. Les traders peuvent bénéficier de ces informations en temps réel et prendre des décisions de trading éclairées.

## 8.1.3 Détection de fraude

Les transactions dans le secteur financier doivent être sécurisées et infalsifiables. Les techniques d'apprentissage automatique utilisent la détection d'anomalies pour identifier les activités suspectes et les fraudes potentielles. En analysant les données historiques des transactions, les algorithmes d'apprentissage automatique peuvent détecter les irrégularités et alerter les parties concernées. Cette approche proactive de la détection des fraudes contribue à réduire les pertes financières et à développer un environnement de transaction plus sécurisé.

# 8.2 Commercialisation

Dans un monde régi par les données, le marketing a également adopté la puissance des statistiques, des prévisions et des techniques d'apprentissage automatique pour accéder à des informations approfondies et améliorer la prise de décision.

### 8.2.1 Segmentation de la clientèle

À l'aide d'algorithmes de clustering et de données démographiques, les entreprises peuvent segmenter leurs clients en différents groupes en fonction de leur comportement d'achat, de leurs préférences et de leur géolocalisation. Cela permet aux entreprises d'adapter leurs stratégies marketing, en ciblant des segments spécifiques avec les produits, les offres et les promotions les plus appropriés. Les statistiques et les techniques d'apprentissage automatique peuvent également aider à identifier le risque de désabonnement des clients et permettre aux entreprises de personnaliser les efforts de marketing pour fidéliser la clientèle.

### 8.2.2 Modélisation du mix marketing

La modélisation du mix marketing utilise des méthodes statistiques pour analyser l'influence des différents canaux marketing sur les ventes, le comportement des clients et les performances globales de l'entreprise. Les entreprises peuvent utiliser ces informations pour optimiser leur budget marketing, allouer efficacement les ressources et améliorer le retour sur investissement (ROI). Les méthodes d'apprentissage automatique, telles que l'analyse de séries chronologiques, la régression multivariée et les arbres de décision, peuvent être utilisées pour prédire l'impact des campagnes marketing sur les ventes futures.

# 8.3 Soins de santé

Les statistiques, les prévisions et les techniques d'apprentissage automatique ont contribué à améliorer les résultats des soins de santé, à réduire les coûts et les erreurs et à rendre les soins de santé plus accessibles.

### 8.3.1 Diagnostic médical et pronostic

Les algorithmes d'apprentissage automatique ont montré des résultats prometteurs dans le diagnostic et le pronostic de diverses maladies, notamment le cancer du sein, les maladies cardiaques et le diabète. En analysant les images médicales, les dossiers de santé électroniques et les données démographiques des patients, les modèles ML peuvent détecter la présence d'une maladie ou prédire le risque de développer une certaine condition avec une grande précision. Cela permet aux prestataires de soins de fournir des soins personnalisés, de prescrire des traitements appropriés et de surveiller efficacement les patients.

### 8.3.2 Découverte et développement de médicaments

Le processus de découverte et de développement de médicaments prend du temps et coûte cher. Les algorithmes d'apprentissage automatique peuvent aider à identifier les candidats-médicaments potentiels, à optimiser les essais cliniques et à prédire le succès ou l'échec d'un médicament sur le marché. En passant au crible de vastes volumes de données chimiques, biologiques et de patients, les modèles ML peuvent guider les développeurs de médicaments dans la prise de décisions basées sur les données, accélérant ainsi le processus de découverte de médicaments et réduisant les coûts.

## 8.4 Fabrication

L'industrie manufacturière peut bénéficier de manière significative de l'application de techniques statistiques, de prévisions et de méthodes d'apprentissage automatique.

### 8.4.1 Contrôle de la qualité et optimisation des processus

Les techniques de contrôle statistique des processus (SPC) sont largement utilisées dans la fabrication pour surveiller la qualité des produits et améliorer les processus de production. Les modèles d'apprentissage automatique, comme les réseaux de neurones et les arbres de décision, peuvent créer un système de maintenance prédictive qui identifie les équipements défectueux avant qu'ils ne tombent en panne, minimisant ainsi les temps d'arrêt et les pannes inattendues. L'analyse avancée peut également aider à améliorer les processus de production en identifiant les inefficacités, en prédisant la demande et en optimisant les opérations de la chaîne d'approvisionnement.

## 8.4.2 Maintenance prédictive

Des algorithmes d'apprentissage automatique peuvent être appliqués pour surveiller l'état des équipements, détecter les anomalies et prédire la probabilité de défaillance. Ces modèles de maintenance prédictive utilisent les données des capteurs, des enregistrements de maintenance et des ordres de travail pour déterminer quand une machine est susceptible de tomber en panne ou de nécessiter une maintenance, permettant aux fabricants de planifier la maintenance de manière proactive, de réduire les temps d'arrêt et d'augmenter l'efficacité opérationnelle.

En conclusion, les statistiques, les prévisions et les techniques d'apprentissage automatique sont devenues des outils essentiels dans divers secteurs, de la finance et du marketing aux soins de santé et à la fabrication. Alors que la prise de décision basée sur les données continue de gagner en importance, nous pouvons nous attendre à ce que ces méthodes jouent un rôle encore plus important pour façonner l'avenir de ces secteurs.

# 8. Applications réelles : finances, marketing, soins de santé et fabrication

Les statistiques, les prévisions et l'apprentissage automatique sont des outils essentiels largement utilisés dans différents secteurs, tels que la finance, le marketing, la santé et la fabrication. Dans ce chapitre, nous discuterons de certaines applications réelles importantes de ces techniques et de la manière dont elles aident les organisations à prendre des décisions éclairées, à faire des prévisions et à rationaliser les processus.

## 8.1 Finances

Le domaine financier est un domaine où les statistiques, les prévisions et l'apprentissage automatique trouvent une grande utilité. Certaines des applications clés en finance sont :

1.  **Optimisation de portefeuille** : Un investisseur est souvent intéressé à maximiser le rendement d'un portefeuille tout en minimisant le risque. Des techniques telles que la théorie moderne du portefeuille , qui utilise des propriétés statistiques comme la moyenne et la variance pour trouver l'allocation de portefeuille optimale, sont souvent utilisées dans la gestion de portefeuille.
2.  **Modélisation du risque de crédit** : La modélisation du risque de crédit implique l'estimation de la probabilité de défaut des emprunteurs ou des émetteurs d'instruments de dette. Des techniques d'apprentissage

automatique, telles que la régression logistique, les arbres de décision et les réseaux de neurones, sont utilisées pour estimer le risque de crédit.

3. **Trading algorithmique** : L'utilisation d'algorithmes pour exécuter des transactions sur les marchés financiers est devenue de plus en plus populaire. Des techniques statistiques et des modèles d'apprentissage automatique, tels que Support Vector Machines (SVM) et Deep Learning (DL), sont utilisés pour prédire les prix des actifs, qui à leur tour, constituent la base des stratégies de trading algorithmique.

4. **Détection des fraudes** : l'identification et l'élimination des fraudes constituent un défi majeur dans le secteur des services financiers, et les algorithmes d'apprentissage automatique jouent un rôle crucial dans la détection des schémas suspects, le signalement des transactions anormales et la prévention des délits financiers.

## 8.2 Commercialisation

Le marketing est un autre domaine où les statistiques, les prévisions et l'apprentissage automatique sont essentiels. Certaines des principales applications en marketing sont :

1. **Segmentation de la clientèle** : diviser la clientèle en segments en fonction de caractéristiques communes, telles que le comportement d'achat ou la démographie, est une tâche essentielle pour les spécialistes du marketing. Les techniques de clustering, telles que les k-means ou le clustering hiérarchique, sont des méthodes populaires pour réaliser la segmentation des clients.

2.  **Marketing ciblé** : en analysant les données historiques, les spécialistes du marketing peuvent utiliser des algorithmes d'apprentissage automatique pour prédire la probabilité qu'un client achète un produit particulier ou réponde à une offre spécifique. Ces informations permettent aux spécialistes du marketing d'orienter les campagnes vers les clients les plus susceptibles de générer des résultats positifs.

3.  **Analyse du panier de marché** : L'analyse du panier de marché vise à identifier les modèles et les relations entre les produits achetés ensemble. Des techniques telles que l'algorithme Apriori permettent aux spécialistes du marketing de découvrir des associations de produits et d'utiliser ces informations pour créer des stratégies de vente croisée ou de regroupement.

4.  **Prédiction de l'attrition** : La capacité de prévoir et d'atténuer l'attrition des clients est essentielle pour toute entreprise. Les techniques d'apprentissage automatique, telles que Random Forests et Gradient Boosting, sont largement utilisées pour prévoir quels clients sont les plus susceptibles de mettre fin à leur relation avec l'entreprise, permettant des stratégies de rétention ciblées.

## 8.3 Soins de santé

Le secteur de la santé bénéficie de manière significative des progrès des statistiques, des prévisions et de l'apprentissage automatique. Certaines des principales applications incluent :

1.  **Diagnostic des maladies** : les algorithmes d'apprentissage automatique, tels que les réseaux

de neurones convolutifs (CNN), sont utilisés pour les tâches de classification d'images et de reconnaissance de formes dans le diagnostic d'affections telles que le cancer ou les maladies cardiaques sur la base d'images médicales (rayons X, IRM, etc.).

2. **Génomique** : L'analyse des données génomiques pour comprendre la fonction de différents gènes et leur rôle dans diverses maladies est un cas d'utilisation clé dans le domaine de la santé. Des techniques d'apprentissage automatique, telles que Deep Learning et SVM, sont utilisées pour prédire les associations gène-maladie ou catégoriser les patients en fonction de leurs profils génétiques.

3. **Découverte de médicaments** : Le processus de découverte de médicaments consiste à trouver des molécules médicamenteuses potentielles qui peuvent agir comme thérapies efficaces pour des maladies spécifiques. Des techniques telles que l'amarrage moléculaire, les relations quantitatives structure-activité (QSAR) et les modèles d'apprentissage automatique sont utilisées pour identifier des médicaments candidats prometteurs.

4. **Analyse prédictive** : les prestataires de soins de santé peuvent utiliser des modèles d'apprentissage automatique pour prédire les résultats des patients, identifier les personnes à risque et optimiser les stratégies de traitement. Des techniques telles que la régression logistique et les forêts aléatoires sont utilisées pour prévoir des résultats tels que les réadmissions à l'hôpital ou la sensibilité à une condition particulière.


## 8.4 Fabrication

L'industrie manufacturière s'appuie fortement sur les statistiques, les prévisions et l'apprentissage automatique pour l'optimisation des processus, le contrôle qualité et la planification de la demande. Certaines des applications importantes dans la fabrication sont:

1. **Assurance qualité** : Des techniques statistiques telles que le contrôle statistique des processus (SPC) aident à surveiller et à contrôler les processus de fabrication, en veillant à ce que les normes de qualité soient respectées. Les modèles d'apprentissage automatique peuvent détecter des modèles anormaux dans les données de production, signalant les problèmes de qualité potentiels pour une enquête plus approfondie.

2. **Maintenance prédictive** : les modèles d'apprentissage automatique peuvent prédire quand un équipement est susceptible de tomber en panne ou de nécessiter une maintenance, ce qui permet aux organisations d'optimiser leurs calendriers de maintenance et de réduire les temps d'arrêt. Des techniques telles que la mémoire longue à court terme (LSTM) et les réseaux de neurones récurrents (RNN) sont couramment utilisées pour prédire les pannes d'équipement.

3. **Optimisation de la chaîne d'approvisionnement** : les modèles de prévision, tels que ARIMA ou Prophet, sont largement utilisés pour la planification de la demande dans le secteur manufacturier. Des prévisions précises de la demande permettent aux fabricants d'optimiser leurs niveaux de stocks, de minimiser les ruptures de stock et d'allouer efficacement les ressources tout au long de la chaîne d'approvisionnement.

4. **Optimisation des processus** : les processus de fabrication produisent une grande quantité de données, qui peuvent être utilisées pour optimiser les opérations. Les algorithmes d'apprentissage automatique, tels que SVM ou Deep Learning, peuvent identifier des modèles et des relations dans les données, permettant aux ingénieurs de prendre des décisions basées sur les données et d'améliorer l'efficacité des processus.

En conclusion, les applications des statistiques, des prévisions et de l'apprentissage automatique ont une grande portée dans diverses industries. Le développement et les progrès continus dans ces domaines ont un impact vital sur l'amélioration des processus décisionnels, les capacités prédictives et l'efficacité globale, stimulant l'innovation et la croissance dans les secteurs de la finance, du marketing, de la santé et de la fabrication.

# 8. Applications réelles : finances, marketing, soins de santé et fabrication

## 8.1. Finance

Le secteur financier a été à l'avant-garde de l'exploitation de la puissance des algorithmes statistiques, de prévision et d'apprentissage automatique. Plusieurs domaines du domaine financier devraient bénéficier de ces techniques, notamment :

1.  **Évaluation du crédit** : les établissements de crédit (tels que les banques et les sociétés de cartes de crédit) utilisent des modèles d'apprentissage automatique pour évaluer la solvabilité des emprunteurs potentiels. Ces modèles utilisent des techniques statistiques pour identifier les modèles et les relations à partir des données historiques des emprunteurs, qui peuvent ensuite être utilisées pour calculer un score de risque de crédit. Un score de risque plus élevé indique généralement une probabilité de défaut plus élevée et vice versa.

2.  **Algorithmes de trading** : Le trading algorithmique, également connu sous le nom de trading automatisé, implique l'utilisation de programmes informatiques pour exécuter des transactions à des vitesses et des volumes élevés, sur la base de stratégies de trading prédéfinies. Ces stratégies sont souvent construites à l'aide d'algorithmes d'apprentissage automatique et de modèles statistiques pour identifier les opportunités de trading rentables sur les marchés. Par exemple, les réseaux de neurones peuvent être utilisés pour prédire les cours des actions, ce qui peut ensuite guider les décisions d'achat et de vente.

3.  **Détection de fraude** : les institutions financières utilisent des algorithmes d'apprentissage automatique pour identifier les transactions ou les comportements anormaux qui pourraient indiquer une fraude. Ces algorithmes analysent de grandes quantités de données transactionnelles en temps réel pour repérer les modèles, les tendances et les anomalies, qui peuvent ensuite déclencher des processus

d'enquête ou des réponses automatisées aux incidents.

4. **Optimisation de portefeuille** : Les portefeuilles financiers comprennent généralement divers actifs avec différents risques et potentiels de rendement. Les algorithmes d'apprentissage automatique peuvent aider à optimiser l'allocation des actifs dans un portefeuille, dans le but d'atteindre un équilibre optimal entre les risques et les rendements. Ces modèles peuvent évaluer les données historiques et en temps réel pour recommander la combinaison d'investissement appropriée pour chaque investisseur.

5. **Gestion des risques** : Les institutions financières font face à différents types de risques, le risque de crédit et le risque de marché étant deux des principaux domaines. L'apprentissage automatique et les modèles statistiques peuvent aider à évaluer et à quantifier ces risques, permettant aux organisations de prendre les précautions nécessaires et de couvrir leurs expositions. À cet égard, des modèles comme la VaR (Value-at-Risk) et les tests de résistance sont largement utilisés dans l'industrie.

## 8.2. Commercialisation

Les stratégies de marketing peuvent être considérablement améliorées par l'utilisation de techniques de statistiques, de prévisions et d'apprentissage automatique, telles que :

1. **Segmentation de la clientèle** : les entreprises peuvent utiliser des algorithmes d'apprentissage automatique et des techniques statistiques pour analyser les données des clients et les classer en

groupes distincts en fonction de leurs similitudes. Cela peut aider les organisations à adapter leurs efforts de marketing plus efficacement en ciblant les besoins et les préférences de chaque groupe.

2. **Analyse prédictive** : les spécialistes du marketing peuvent utiliser des modèles de prévision pour prédire le comportement des clients, la demande de produits ou les tendances du marché. Ces prédictions peuvent fournir des informations précieuses qui peuvent éclairer les décisions marketing, permettant aux organisations d'anticiper et de capitaliser sur les opportunités futures.

3. **Prédiction de désabonnement** : L'un des principaux défis pour les entreprises est de fidéliser les clients. Les modèles d'apprentissage automatique peuvent aider à prédire la probabilité d'attrition des clients et à prendre les mesures nécessaires pour l'éviter. Par exemple, les organisations peuvent contacter de manière préventive les clients à risque, en offrant des incitations ou en s'attaquant aux causes potentielles d'insatisfaction.

4. **Moteurs de recommandation** : Le commerce électronique, le streaming en ligne et diverses autres plates-formes utilisent des algorithmes d'apprentissage automatique pour générer des recommandations personnalisées de produits ou de contenu aux utilisateurs en fonction de leur historique de navigation, de leurs préférences et de leurs transactions passées. Cela contribue à améliorer la satisfaction et l'engagement des clients, ce qui entraîne une augmentation de la fidélisation et des revenus.

## 8.3. Soins de santé

L'industrie de la santé bénéficie de l'utilisation d'algorithmes statistiques, de prévision et d'apprentissage automatique des manières suivantes :

1. **Diagnostic des maladies** : les modèles d'apprentissage automatique peuvent analyser des images médicales, telles que des radiographies, des IRM et des tomodensitogrammes, pour identifier des modèles et des caractéristiques indiquant des maladies ou des anomalies. Cela peut aider au diagnostic et au traitement en temps opportun et réduire les erreurs humaines.
2. **Découverte de médicaments** : Le processus de développement de médicaments est complexe et coûteux. Les algorithmes d'apprentissage automatique peuvent accélérer le processus en analysant de grandes quantités de données biologiques, chimiques et cliniques pour identifier les candidats-médicaments potentiels et prédire leur efficacité avec plus de précision.
3. **Médecine personnalisée** : Les modèles d'apprentissage automatique peuvent être utilisés pour analyser les données génétiques d'un patient et prédire sa réponse aux traitements ou aux médicaments. Cela peut guider les médecins dans la prescription de traitements adaptés à chaque patient, conduisant à de meilleurs résultats pour la santé et à une réduction des effets indésirables des médicaments.
4. **Allocation des ressources de soins de santé** : les modèles de prévision peuvent prédire la demande de ressources de soins de santé, telles que les lits d'hôpitaux, le personnel médical et l'équipement, dans divers emplacements

géographiques ou pendant des périodes spécifiques (par exemple, la saison de la grippe ou pendant les épidémies). Cela peut aider les prestataires de soins de santé à allouer efficacement les ressources pour répondre à la demande anticipée.

## 8.4. Fabrication

Dans la fabrication, les algorithmes statistiques, de prévision et d'apprentissage automatique peuvent contribuer considérablement à l'optimisation des processus, à l'amélioration de la qualité et à la planification de la production :

1.  **Maintenance prédictive** : les modèles d'apprentissage automatique peuvent prédire les pannes d'équipement en analysant les données des capteurs et en identifiant les premiers signes d'usure. Cela peut aider à prévenir les pannes inattendues, à minimiser les temps d'arrêt et à optimiser les calendriers de maintenance.
2.  **Contrôle de la qualité** : les algorithmes d'apprentissage automatique peuvent analyser des images ou d'autres données collectées au cours du processus de fabrication pour détecter des défauts, des anomalies ou des écarts par rapport aux spécifications souhaitées. Cela peut aider à garantir la qualité du produit tout en réduisant les déchets et les reprises.
3.  **Prévision de la demande** : des prévisions précises de la demande peuvent faciliter la planification de la production et la gestion des stocks. Les modèles d'apprentissage automatique peuvent analyser les données de ventes historiques, les tendances du marché et les

facteurs externes pour générer des prévisions de demande plus précises et granulaires.

4. **Optimisation de la chaîne d'approvisionnement** : les algorithmes d'apprentissage automatique peuvent aider à optimiser la chaîne d'approvisionnement en analysant des facteurs tels que la disponibilité des matières premières, la capacité de production, les temps de transport et d'autres contraintes. Les fabricants peuvent utiliser ces informations pour prendre des décisions basées sur les données et accroître leur efficacité.

En intégrant des techniques statistiques, de prévision et d'apprentissage automatique dans divers domaines, nous pouvons prendre de meilleures décisions, optimiser les processus et, en fin de compte, stimuler l'innovation et le succès dans ces industries.

# 8. Applications réelles : finances, marketing, soins de santé et fabrication

### 8.1 Finances

En finance, l'application de statistiques, de prévisions et d'algorithmes d'apprentissage automatique joue un rôle central dans divers aspects, notamment l'évaluation des risques, la gestion de portefeuille, le trading et la détection des fraudes. Les institutions financières et les experts exploitent la puissance de l'analyse des données pour prendre des décisions et des prévisions éclairées sur les tendances du marché et les actions individuelles.

- **Évaluation des risques** : Les cotes de crédit, les défauts de paiement et les risques d'investissement sont quelques-uns des nombreux aspects qui dépendent fortement de l'évaluation des risques. Des modèles statistiques et des algorithmes d'apprentissage automatique sont utilisés pour prédire les risques associés aux prêts à des emprunteurs individuels, à l'investissement dans des actions ou des obligations particulières ou à la création d'un portefeuille d'investissement spécifique.
- **Gestion de portefeuille** : Les conseillers financiers et les gestionnaires de portefeuille utilisent différentes stratégies pour optimiser les portefeuilles d'investissement, minimiser les risques et maximiser les rendements. Les algorithmes d'apprentissage automatique aident à prévoir la performance des actifs individuels et à équilibrer le risque global du portefeuille. De plus, des algorithmes comme la théorie moderne du portefeuille (MPT) peuvent être utilisés pour déterminer la meilleure allocation d'actifs pour les besoins d'un investisseur.
- **Trading** : Le trading haute fréquence (HFT) et le trading algorithmique utilisent des programmes informatiques sophistiqués pour passer rapidement des ordres sur les marchés. Ces programmes prennent des décisions basées sur des analyses statistiques et des algorithmes d'apprentissage automatique qui analysent de grandes quantités de données, d'actualités et de tendances du marché afin d'identifier des opportunités commerciales rentables.

- **Détection de fraude** : Les banques et les institutions financières sont aptes à détecter les activités frauduleuses, telles que la fraude par carte de crédit ou le délit d'initié, en analysant de grands volumes de données de transaction à l'aide d'algorithmes d'apprentissage automatique. Ces algorithmes sont conçus pour reconnaître les comportements ou modèles anormaux parmi les transactions et les signaler pour une enquête plus approfondie.

## 8.2 Commercialisation

Les professionnels du marketing utilisent des statistiques, des prévisions et des techniques d'apprentissage automatique pour comprendre le comportement des clients, segmenter les marchés, cibler des groupes de clients spécifiques et optimiser les stratégies de campagne.

- **Segmentation de la clientèle** : les algorithmes de clustering et les modèles statistiques peuvent analyser de grandes quantités de données sur les données démographiques, les préférences et les habitudes d'achat des clients. Ces informations permettent aux équipes marketing de créer des campagnes ciblées et des offres personnalisées pour différents segments de clientèle.
- **Analyse prédictive** : Les modèles prédictifs aident les professionnels du marketing à prévoir le taux de désabonnement des clients, la demande de produits et l'impact des campagnes marketing. En comprenant ces tendances, les spécialistes du marketing peuvent élaborer des stratégies et budgétiser plus efficacement, allouer efficacement

les ressources et, en fin de compte, augmenter leur retour sur investissement (ROI).

- **Test A/B** : Les campagnes marketing impliquent souvent plusieurs variables, telles que la conception des publicités, les lignes d'objet des e-mails ou les offres promotionnelles, qui doivent être optimisées pour une efficacité maximale. Les tests A/B utilisent des techniques d'hypothèses statistiques pour comparer et analyser les performances de différentes variables de campagne et identifier les combinaisons les plus réussies.

- **Analyse des sentiments** : les modèles d'apprentissage automatique, tels que le traitement du langage naturel (TLN), peuvent être utilisés pour analyser les données textuelles des commentaires des clients, des avis sur les produits et des médias sociaux afin d'évaluer le sentiment des consommateurs. Ces données fournissent des informations précieuses sur les préférences des clients et peuvent éclairer les décisions concernant le développement de produits, les campagnes marketing et l'engagement des clients.

## 8.3 Soins de santé

Les statistiques, les prévisions et les méthodologies d'apprentissage automatique ont un impact profond sur les soins de santé, entraînant des progrès dans la médecine personnalisée, la prédiction des maladies, l'analyse de l'imagerie médicale et le développement de médicaments.

- **Médecine personnalisée** : Les algorithmes d'apprentissage automatique peuvent analyser les données génomiques patient par patient, aidant les chercheurs à comprendre comment les gènes individuels interagissent avec les médicaments et à identifier les meilleures options de traitement pour des patients spécifiques.
- **Prédiction des maladies** : les modèles d'apprentissage automatique peuvent être utilisés pour prédire les épidémies ou la probabilité individuelle de développement d'une maladie en analysant divers facteurs tels que les informations génétiques, les dossiers médicaux et les données environnementales.
- **Analyse d'imagerie médicale** : Les techniques d'apprentissage en profondeur et de vision par ordinateur révolutionnent l'analyse d'imagerie médicale en automatisant l'identification des maladies et des anomalies dans les images radiographiques, CAT et IRM.
- **Développement de médicaments** : les modèles informatiques et les algorithmes d'apprentissage automatique peuvent réduire considérablement le temps et le coût du développement de médicaments en prédisant la toxicité des médicaments, en optimisant la structure chimique des candidats-médicaments et en aidant à l'identification de nouvelles cibles médicamenteuses potentielles.

## 8.4 Fabrication

Dans le secteur manufacturier, les techniques basées sur les données sont essentielles pour optimiser les processus de production, gérer les chaînes d'approvisionnement et assurer le contrôle de la qualité.

- **Maintenance prédictive** : les modèles d'apprentissage automatique utilisent des données de capteurs et des enregistrements de maintenance historiques pour prédire quand l'équipement est susceptible de tomber en panne ou de nécessiter une maintenance. En planifiant la maintenance de manière proactive, les fabricants peuvent minimiser les temps d'arrêt et réduire les coûts.
- **Optimisation de la chaîne d'approvisionnement** : Les algorithmes de prévision et les modèles d'apprentissage automatique permettent aux fabricants de prévoir les pénuries ou les retards de matières premières, leur permettant d'adapter leurs calendriers de production et de réorganiser leurs chaînes d'approvisionnement de manière dynamique.
- **Contrôle de la qualité** : La vision par ordinateur, le traitement d'image et les modèles d'apprentissage automatique peuvent être utilisés pour automatiser le processus d'inspection et détecter les défauts des produits manufacturés. En réduisant les erreurs humaines et en garantissant un niveau de qualité constamment élevé tout au long du processus de production, les fabricants peuvent accroître la satisfaction des clients et minimiser les pertes dues aux défauts.
- **Optimisation des processus** : le contrôle statistique des processus (SPC) et les algorithmes d'apprentissage automatique peuvent être utilisés pour analyser les processus de fabrication et identifier les variables qui ont un impact sur l'efficacité ou la qualité des produits. En optimisant

ces variables, les fabricants peuvent rationaliser leurs opérations et maximiser la productivité.

En conclusion, l'application des statistiques, des prévisions et des techniques d'apprentissage automatique a des implications considérables dans divers secteurs, notamment la finance, le marketing, la santé et la fabrication. Alors que les données continuent de croître en volume et en complexité, le potentiel de ces méthodologies pour stimuler l'innovation et l'efficacité augmente de façon exponentielle.

# 8. Applications réelles : finances, marketing, soins de santé et fabrication

Dans cette section, nous explorerons certaines applications réelles des statistiques, des prévisions et de l'apprentissage automatique dans divers secteurs tels que la finance, le marketing, la santé et la fabrication. Ces cas d'utilisation soulignent l'importance de ces techniques pour prendre des décisions basées sur les données et créer des solutions efficaces pour divers problèmes commerciaux.

## 8.1 Finances

Le secteur financier s'est fortement appuyé sur l'analyse statistique et les techniques d'apprentissage automatique pour prendre de meilleures décisions d'investissement pendant des décennies. Certaines applications clés dans ce domaine sont les suivantes :

## 8.1.1 Gestion des risques

Les banques et les institutions financières utilisent des modèles statistiques pour évaluer les probabilités de défaut et les risques de crédit associés aux emprunteurs potentiels. Des techniques telles que l'analyse de séries chronologiques, les simulations de Monte Carlo et l'analyse de survie aident les institutions à quantifier et à gérer efficacement le risque de crédit.

## 8.1.2 Commerce algorithmique

Le trading d'actions a connu une automatisation importante grâce à l'application d'algorithmes d'apprentissage automatique. Le trading haute fréquence (HFT) utilise des algorithmes pour prendre des décisions de trading et soumettre des ordres en quelques millisecondes. Ces algorithmes peuvent analyser de gros volumes de données en temps réel pour identifier les opportunités de trading.

## 8.1.3 Optimisation du portefeuille

Les gestionnaires de placements exploitent des modèles statistiques et des techniques d'optimisation pour construire des portefeuilles optimaux qui maximisent les rendements tout en minimisant le risque du portefeuille. Théorie moderne du portefeuille, fondée par Harry

Markowitz Utilise l'optimisation moyenne-variance pour allouer des pondérations aux différents actifs d'un portefeuille.

## 8.1.4 Détection de fraude

Les techniques d'apprentissage automatique, en particulier les algorithmes de classification, aident à identifier les transactions frauduleuses en surveillant le comportement des clients et en détectant les modèles inhabituels. Des modèles tels que la régression logistique, les arbres de décision et les réseaux de neurones ont été appliqués avec succès pour détecter les fraudes et réduire les délits financiers.

# 8.2 Commercialisation

Les organisations ont commencé à utiliser la puissance des stratégies de marketing basées sur les données pour engager les clients et augmenter leurs revenus. Les applications des statistiques et de l'apprentissage automatique dans le marketing comprennent :

## 8.2.1 Segmentation de la clientèle

Les algorithmes de clustering sont largement utilisés pour segmenter les clients en fonction de leurs données démographiques, de leur comportement et de leurs préférences. Cela permet aux spécialistes du marketing de créer des campagnes marketing ciblées et d'atteindre plus efficacement différents segments de clientèle.

### 8.2.2 Analyse du panier de consommation

L'exploration de règles d'association permet de découvrir des modèles parmi les produits achetés par les clients. Les détaillants utilisent ces informations pour concevoir des stratégies promotionnelles, générer des recommandations personnalisées et optimiser l'agencement des magasins.

### 8.2.3 Analyse des sentiments

Les techniques de traitement du langage naturel (NLP) telles que l'exploration de texte et l'analyse des sentiments aident à recueillir les opinions et les commentaires des consommateurs sur diverses plateformes. Cela aide les entreprises à identifier les domaines d'amélioration et à ajuster leurs stratégies de marketing pour améliorer la perception de la marque.

### 8.2.4 Prédiction d'attrition

Des modèles d'analyse prédictive et d'apprentissage automatique sont utilisés pour prévoir l'attrition des clients. En identifiant les clients qui risquent de quitter ou d'annuler leurs abonnements, les organisations peuvent diriger des efforts de fidélisation ciblés et minimiser l'attrition des clients.

## 8.3 Soins de santé

L'industrie de la santé a été témoin de l'adoption rapide d'outils d'analyse de données et d'apprentissage automatique pour améliorer le diagnostic, le traitement et la prévention des maladies. Certaines applications clés incluent :

### 8.3.1 Diagnostic de la maladie

Les algorithmes d'apprentissage automatique, en particulier les techniques d'apprentissage en profondeur comme les réseaux de neurones convolutifs (CNN), se sont révélés très prometteurs pour diagnostiquer des maladies basées sur des images médicales, telles que le cancer du poumon à partir de radiographies pulmonaires ou le cancer de la peau à partir d'images de lésions cutanées.

### 8.3.2 Découverte de médicaments

L'apprentissage automatique optimise considérablement le processus de découverte de médicaments en analysant d'énormes quantités de données sur les patients et en identifiant les principales caractéristiques biologiques associées à une maladie. Cela aide à sélectionner des candidats-médicaments potentiels et à prédire les résultats des essais cliniques.

### 8.3.3 Médecine personnalisée

Les techniques d'apprentissage automatique permettent le développement de la médecine de précision en intégrant des données au niveau du patient (génomique, clinique et mode de vie) pour créer des traitements sur mesure pour chaque individu. La médecine personnalisée permet aux praticiens médicaux de sélectionner les options de traitement les plus efficaces pour chaque patient.

### 8.3.4 Prévision épidémique

Des modèles statistiques et des techniques d'apprentissage automatique sont utilisés pour suivre et prédire la propagation des maladies infectieuses. Ces prévisions aident les gouvernements et les organismes de santé à planifier et allouer les ressources plus efficacement, améliorant ainsi les résultats de santé publique.

# 8.4 Fabrication

Les processus de fabrication ont grandement bénéficié de l'introduction de techniques avancées d'analyse de données et d'apprentissage automatique pour optimiser la production et améliorer la qualité des produits. Certaines applications notables incluent :

### 8.4.1 Contrôle qualité

Des algorithmes d'apprentissage automatique tels que la reconnaissance d'images et la reconnaissance de formes aident à identifier les défauts et les écarts dans le processus de fabrication, garantissant ainsi un contrôle qualité optimal à chaque étape de la production.

## 8.4.2 Maintenance prédictive

Les capteurs IoT et les analyses avancées permettent aux fabricants de surveiller les performances des équipements et de prévoir les défaillances potentielles avant qu'elles ne surviennent. Une maintenance en temps opportun permet de réduire les coûts d'exploitation et d'éviter les temps d'arrêt de l'équipement.

## 8.4.3 Optimisation de la chaîne d'approvisionnement

Les modèles de prévision basés sur les données sont utilisés pour prédire la demande et les niveaux de stock, permettant aux fabricants d'optimiser leurs chaînes d'approvisionnement et de réduire les coûts. De plus, les modèles d'apprentissage automatique peuvent identifier les inefficacités de la chaîne d'approvisionnement et suggérer des améliorations pour améliorer les performances globales.

## 8.4.4 Optimisation du processus

Les modèles d'apprentissage automatique peuvent être utilisés pour identifier et optimiser les paramètres et variables clés affectant le processus de fabrication, entraînant une augmentation de la production et une réduction des déchets. Des techniques telles que la conception d'expériences (DOE) et la méthodologie de surface de réponse (RSM) sont largement adoptées pour l'optimisation des processus.

En conclusion, les statistiques, les prévisions et les techniques d'apprentissage automatique sont des outils essentiels dans le monde actuel axé sur les données. Des secteurs tels que la finance, le marketing, la santé et la fabrication tirent parti de ces techniques pour améliorer la prise de décision, rationaliser les opérations et obtenir un avantage concurrentiel. Alors que de plus en plus d'organisations adoptent ces outils, nous pouvons nous attendre à des innovations et des avancées encore plus importantes qui façonneront l'avenir de ces industries.

Les références

1.  Hinton, G., Deng, L., Yu, D., Dahl, GE, Mohamed, A., Jaitly, N., Senior, A., Vanhoucke, V., Nguyen, P., Sainath, TN et Kingsbury , B., 2012. Réseaux de neurones profonds pour la modélisation acoustique en reconnaissance de la parole : points de vue partagés de quatre groupes de recherche. IEEE Signal Processing Magazine, 29(6), pp.82-97.
2.  Johnson, KW, Torres Soto, J., Glicksberg, BS, Shameer, K., Miotto, R., Ali, M., Ashley, E. et Dudley, JT, 2018. Intelligence artificielle en cardiologie. Journal de l'American College of Cardiology, 71(23), pp.2668-2679.
3.  Smithant, I., Dunnmon, J. et Suh, S., 2016. Utilisation interdomaine de la pneumonie pour prédire la réponse pathologique au traitement néoadjuvant. Dans la réunion annuelle de la Radiological Society of North America (Vol. 27, p. 835). Société radiologique d'Amérique du Nord (RSNA).
4.  Vaughn-Cooke, M., 2016. Surveillance des processus de fabrication : un modèle quantitatif

complet de surveillance des processus. Journal de l'association manufacturière, 301, pp.303-310.

5.  Organisation mondiale de la Santé, 2013. La charge mondiale de morbidité : mise à jour 2004. Organisation Mondiale de la Santé.

# Combiner la prévision de séries chronologiques et l'apprentissage automatique pour améliorer les applications du monde réel

Comprendre les données de séries chronologiques est devenu vital dans de nombreux domaines de notre vie, de la prédiction du comportement du marché boursier à l'anticipation des besoins de maintenance d'une machine. Grâce aux progrès récents des statistiques, des méthodes de prévision et de l'apprentissage automatique, nous pouvons améliorer notre compréhension des données de séries chronologiques et optimiser diverses applications du monde réel. Dans cette sous-section, nous discutons des principes de la prévision de séries chronologiques, des algorithmes d'apprentissage automatique et de la manière dont ils peuvent être intégrés pour améliorer leurs performances dans la gestion de problèmes réels.

# Prévision de séries chronologiques

La prévision de séries chronologiques consiste à générer des prévisions basées sur des points de données historiques, au fil du temps. L'objectif est de prévoir les futurs points de données compte tenu des observations passées. Cette analyse implique un rôle important dans la planification des activités et les processus décisionnels.

Voici quelques techniques courantes utilisées dans les prévisions de séries chronologiques :

1. **Moyenne mobile (MA)** : calcule la moyenne des points de données dans une fenêtre temporelle spécifique, en glissant à travers les données.
2. **Lissage exponentiel (ES)** : Similaire à la moyenne mobile, mais cette méthode attribue des poids décroissants de manière exponentielle aux observations passées, donnant une plus grande importance aux observations plus récentes.
3. **Moyenne mobile intégrée autorégressive (ARIMA)** : Un modèle de prévision puissant qui prend en compte trois composants - l'autorégression, l'intégration et la moyenne mobile - permettant au modèle de s'adapter aux données de séries chronologiques non stationnaires.
4. **Décomposition saisonnière des séries chronologiques (STL)** : décompose une série chronologique en ses composantes tendancielles, saisonnières et résiduelles, qui peuvent être prévues séparément avant de les recombiner en une prévision finale.

# Apprentissage automatique pour les données de séries chronologiques

L'émergence de l'apprentissage automatique a fourni de nouvelles façons d'analyser les données de séries chronologiques. Certains modèles d'apprentissage automatique populaires appliqués aux problèmes de séries chronologiques sont :

1. **Réseaux de neurones récurrents (RNN)** : réseaux de neurones capables de traiter des séquences de longueur variable en maintenant un état caché représentant les informations historiques.
2. **Mémoire longue à court terme (LSTM)** : Un type de RNN qui peut apprendre des dépendances à long terme dans les données et qui est moins sujet à des problèmes tels que la disparition et l'explosion des gradients.
3. **Gated Recurrent Units (GRU)** : similaires aux LSTM mais avec une architecture simplifiée qui combine les cellules cachées et mémoire, ce qui rend la formation plus rapide.
4. **Prophet** : Un modèle de prévision développé par Facebook qui offre des performances robustes avec des configurations simples prêtes à l'emploi et gère efficacement les valeurs manquantes et les valeurs aberrantes.

# Intégration de la prévision de séries chronologiques et de l'apprentissage automatique

Alors que les méthodes statistiques traditionnelles offrent une approche fondamentale solide pour la prévision des séries chronologiques, l'intégration de techniques d'apprentissage automatique peut souvent améliorer les performances. Voici quelques façons de combiner ces approches :

### Ingénierie et sélection des fonctionnalités

L'application des connaissances du domaine pour créer de nouvelles fonctionnalités peut considérablement aider les modèles d'apprentissage automatique à capturer des modèles complexes dans les données. De plus, les techniques de sélection de caractéristiques peuvent aider à sélectionner les caractéristiques les plus informatives et à réduire le surajustement.

### Méthodes d'empilement de modèles et d'ensemble

Plusieurs modèles peuvent être combinés ou « empilés » pour créer un ensemble qui surpasse les modèles individuels. Les modèles de prévision de séries chronologiques et les techniques d'apprentissage automatique peuvent être utilisés pour créer un ensemble diversifié de prévisions. La prévision finale peut être obtenue par une moyenne ou une moyenne pondérée de ces prévisions.

## Réglage des hyperparamètres et sélection du modèle

Les méthodes de prévision et les modèles d'apprentissage automatique ont des hyperparamètres qui doivent être optimisés pour obtenir les meilleures performances. Le réglage des hyperparamètres à l'aide de méthodes telles que la recherche par grille, la recherche aléatoire ou l'optimisation bayésienne peut être utilisé pour trouver les meilleurs hyperparamètres pour les deux approches.

### Évaluation et comparaison de modèles

La comparaison des performances de différents modèles et de leurs combinaisons peut fournir des informations précieuses sur la meilleure méthodologie pour un problème spécifique. Les métriques d'évaluation courantes pour les prévisions de séries chronologiques sont l'erreur absolue moyenne (MAE), l'erreur quadratique moyenne (MSE) et l'erreur quadratique moyenne (RMSE).

En conclusion, la combinaison de prévisions de séries chronologiques et de techniques d'apprentissage automatique peut conduire à des prévisions meilleures et plus fiables pour les applications du monde réel. Les praticiens doivent tenir compte du problème à résoudre, des données disponibles et des ressources de calcul lors de l'intégration de ces approches pour optimiser les performances. À mesure que la technologie progresse, nous nous attendons à voir une intégration encore plus sophistiquée et puissante des méthodes de prévision et des techniques d'apprentissage automatique, conduisant à une meilleure prise de décision et à une efficacité accrue dans divers secteurs.

# Applications réelles des statistiques, des prévisions et de l'apprentissage automatique

Ces dernières années, les statistiques, les prévisions et l'apprentissage automatique sont devenus des outils essentiels dans divers secteurs pour résoudre des problèmes complexes et prendre des décisions basées sur les données. Les applications de ces techniques peuvent être trouvées dans des domaines aussi divers que la santé, la finance, le marketing, le sport et l'agriculture. Cette sous-section explorera plusieurs applications réelles de ces méthodes quantitatives et discutera de leur impact sur la vie quotidienne.

## Soins de santé

La santé est une industrie critique, caractérisée par des quantités croissantes de données en raison des progrès de la technologie médicale, des appareils portables et des dossiers de santé électroniques. Ces vastes quantités de données peuvent être utilisées pour identifier les tendances, optimiser les options de traitement et créer des modèles prédictifs pour améliorer les résultats des patients. Les principales applications incluent :

- **Prédiction et prévention des maladies** : utilisation des données des patients pour générer des modèles de risque de maladie, qui peuvent être utilisés pour identifier les personnes à risque, hiérarchiser les mesures préventives et guider la prise de décision clinique.
- **Développement de médicaments et médecine personnalisée** : Des techniques statistiques avancées et des algorithmes d'apprentissage automatique peuvent être utilisés pour analyser les données des essais cliniques et de la recherche génomique, permettant le développement de thérapies personnalisées adaptées à la constitution génétique unique de chaque individu.
- **Optimisation des ressources hospitalières** : mise en œuvre de modèles de prévision pour prévoir le volume de patients, permettant aux hôpitaux et autres établissements de santé d'optimiser l'allocation des ressources, de réduire les temps d'attente et d'améliorer l'expérience globale des patients.

## Finance

Le secteur financier peut exploiter la puissance des statistiques, des prévisions et de l'apprentissage automatique pour guider les décisions d'investissement, gérer les risques et optimiser les stratégies de trading. Les principales applications incluent :

* **Optimisation de portefeuille** : analyse des données de marché historiques pour construire des portefeuilles optimaux qui minimisent les risques et maximisent les rendements, à l'aide de modèles de risque sophistiqués et d'algorithmes d'apprentissage automatique.
* **Détection des fraudes** : Utilisation de techniques d'analyse avancées pour identifier les activités et transactions suspectes qui signalent un comportement potentiellement frauduleux.
* **Trading algorithmique** : Tirer parti des modèles de prévision et des techniques d'apprentissage automatique pour créer des stratégies de trading automatisées basées sur les données de prix historiques, les tendances du marché et d'autres variables pertinentes.

## Commercialisation

Les professionnels du marketing s'appuient de plus en plus sur des méthodes quantitatives pour cibler efficacement les clients, stimuler les ventes et maximiser les revenus. Les principales applications incluent :

* **Segmentation de la clientèle** : application d'algorithmes de regroupement et d'autres techniques statistiques pour analyser les données des clients, permettant aux spécialistes du marketing d'identifier des groupes cibles distincts en fonction de facteurs tels que la démographie, les intérêts et le comportement d'achat.

- **Prévision des ventes** : utilisation des données de ventes historiques et d'autres variables pertinentes pour générer des prévisions de ventes précises, permettant aux entreprises de gérer les stocks, d'allouer efficacement les ressources et de planifier des campagnes marketing.
- **Analytique prédictive** : Tirer parti des algorithmes d'apprentissage automatique pour prédire le comportement des clients, tels que la probabilité de répondre aux promotions, d'attrition ou de faire des achats répétés, permettant un ciblage plus efficace et une meilleure fidélisation des clients.

## Des sports

Qu'il s'agisse d'améliorer les performances de l'équipe ou d'éclairer la prise de décision, les statistiques et l'apprentissage automatique sont des éléments de plus en plus importants de la gestion et de l'analyse du sport. Les principales applications incluent :

- **Analyse des performances des joueurs** : utilisation de modèles statistiques et de techniques d'apprentissage automatique pour évaluer les mesures de performance des joueurs, permettant aux entraîneurs de développer des plans d'entraînement ciblés et de prendre des décisions éclairées en matière d'alignement.
- **Prédiction du risque de blessure** : Utilisation d'algorithmes prédictifs pour évaluer les profils de risque de blessure des athlètes individuels, guider les programmes de prévention des blessures et les stratégies de gestion des athlètes.

- **Prévision des résultats du jeu** : analyse des données historiques du jeu pour faire des prédictions sur les résultats des matchs futurs et informer les marchés des paris, les sports fantastiques et d'autres applications.

## Agriculture

L'analyse avancée peut aider les acteurs de l'agriculture en augmentant le rendement des cultures, en minimisant le gaspillage des ressources et en optimisant les pratiques agricoles. Les principales applications incluent :

- **Prévision du rendement des cultures** : Tirer parti des données de production historiques, des variables climatiques et d'autres facteurs pertinents pour générer des prévisions de rendement des cultures, aidant les agriculteurs à optimiser les décisions de plantation et de récolte.
- **Agriculture de précision** : Utilisation d'algorithmes d'apprentissage automatique et de données de capteurs pour évaluer les conditions des champs et des cultures, permettant une application ciblée d'engrais, de pesticides et d'irrigation, réduisant les déchets et les impacts environnementaux.
- **Optimisation de la chaîne d'approvisionnement** : Utilisation de modèles de prévision pour prévoir la demande de produits agricoles et optimiser la logistique, assurer une livraison rapide et minimiser les pertes.

En conclusion, les statistiques, les prévisions et l'apprentissage automatique jouent un rôle crucial dans de nombreux aspects de la vie moderne. En exploitant la puissance de ces méthodes quantitatives, nous pouvons optimiser la prise de décision, obtenir des informations à partir d'ensembles de données complexes et stimuler l'innovation dans divers secteurs. À mesure que la technologie progresse et que notre capacité à collecter et à traiter les données augmente, l'importance de ces outils ne fera que croître.

# Évaluation de modèles dans le monde réel : mesures de performance, surajustement et sous-ajustement, et validation croisée

Dans cette sous-section, nous explorerons comment évaluer l'efficacité des modèles statistiques et d'apprentissage automatique dans des applications réelles. Nous discuterons de concepts importants tels que les mesures de performance, le surajustement, le sous-ajustement et la validation croisée. Celles-ci sont essentielles pour comprendre dans quelle mesure un modèle se généralise à de nouvelles données inédites et, en fin de compte, pour déterminer son succès dans la résolution du problème en question.

## Mesures de performance

Un aspect important de la construction et de la sélection d'un modèle approprié consiste à déterminer ses performances. Les mesures de performance sont des critères utilisés pour évaluer la qualité d'un modèle en comparant ses prédictions aux résultats réels. Il existe plusieurs mesures de performance disponibles, et le choix dépend du type de problème et des exigences spécifiques de l'application. Certaines mesures de performance courantes pour les problèmes de régression et de classification sont :

- **Erreur absolue moyenne (MAE)** : Cela représente la moyenne des différences absolues entre les valeurs prédites et réelles dans un problème de régression. Il s'agit d'une mesure simple et intuitive des performances du modèle.
$$ \text{MAE} = \frac{1}{n}\sum_{i=1}^{n}\left|y_i - \hat{y}_i\right| $$
- **Erreur quadratique moyenne (MSE)** : Semblable à MAE, cette mesure représente la moyenne des différences au carré entre les valeurs prédites et réelles dans un problème de régression. MSE est plus sensible aux valeurs aberrantes, car il donne plus de poids aux erreurs plus importantes.
$$ \text{MSE} = \frac{1}{n}\sum_{i=1}^{n}(y_i - \hat{y}_i)^2 $$
- **Root Mean Squared Error (RMSE)** : Cette mesure de performance est la racine carrée de MSE. RMSE représente les mêmes unités que la variable cible, ce qui facilite son interprétation dans un problème de régression.
$$ \text{RMSE} = \sqrt{\frac{1}{n}\sum_{i=1}^{n}(y_i - \hat{y}_i)^2} $$
- **Précision** : Dans les problèmes de classification, la précision représente la proportion d'instances correctement classées sur le nombre total d'instances.

$$ \text{Précision} = \frac{\text{nombre de prédictions correctes}}{\text{nombre total de prédictions}} $$

- **Précision** : La précision mesure la proportion de vraies prédictions positives (par exemple, le nombre d'éléments pertinents identifiés avec succès) sur toutes les prédictions positives faites par le modèle.

$$ \text{Précision} = \frac{\text{Vrais Positifs}}{\text{Vrais Positifs + Faux Positifs}} $$

- **Rappel** : Également appelé sensibilité ou taux de vrais positifs, le rappel mesure la proportion d'éléments pertinents qui sont correctement identifiés par le modèle.

$$ \text{Rappel} = \frac{\text{Vrais positifs}}{\text{Vrais positifs + Faux négatifs}} $$

## Sur-ajustement et sous-ajustement

Lorsque nous construisons et affinons des modèles, nous devons être conscients de deux problèmes communs : le surajustement et le sous-ajustement.

- **Sur-ajustement** : cela se produit lorsqu'un modèle fonctionne bien sur les données d'apprentissage mais mal sur les nouvelles données invisibles. Un modèle surajusté a trop bien appris les données de formation, capturant probablement le bruit et les fluctuations aléatoires, ce qui entraîne un manque de généralisation aux nouvelles entrées.
- **Sous-ajustement** : à l'inverse, le sous-ajustement se produit lorsqu'un modèle ne capture pas les modèles sous-jacents dans les données d'apprentissage, ce qui entraîne de mauvaises

performances à la fois sur les données d'apprentissage et de test. Un modèle sous-ajusté est trop simpliste et nécessite plus de complexité pour représenter avec précision les relations dans les données.

L'objectif est de trouver un équilibre entre le sous-ajustement et le surajustement, en obtenant un modèle qui se généralise bien aux nouvelles données. Cela peut être accompli en appliquant des techniques telles que la régularisation, ainsi qu'en sélectionnant la complexité du modèle appropriée en fonction des données disponibles.

## Validation croisée

Pour évaluer efficacement les performances du modèle et éviter le surajustement, nous utilisons souvent une technique appelée validation croisée. La validation croisée est un processus qui divise les données en plusieurs sous-ensembles plus petits appelés plis, et entraîne et évalue de manière itérative le modèle sur ces plis. La forme la plus courante de validation croisée est la validation croisée k-fold, où les données sont divisées en k folds de taille égale.

Au cours de chaque itération, un pli est utilisé comme ensemble de validation, tandis que les k-1 plis restants sont utilisés pour former le modèle. Ce processus est répété k fois, chaque fois avec un pli différent comme ensemble de validation. Enfin, les performances du modèle sont moyennées sur l'ensemble des k itérations.

La validation croisée est une technique puissante qui aide non seulement à l'évaluation du modèle, mais également à la sélection du modèle et au réglage des hyperparamètres. En fournissant une estimation plus fiable des performances du modèle, la validation croisée peut aider à prévenir le surajustement et garantir que le modèle choisi se généralise bien aux nouvelles données inédites.

En conclusion, la compréhension et la mise en œuvre de ces concepts - mesures de performance, surajustement, sous-ajustement et validation croisée - sont des étapes cruciales pour appliquer efficacement les statistiques, les prévisions et les modèles d'apprentissage automatique dans des situations réelles. En examinant attentivement ces facteurs, nous pouvons développer des modèles robustes qui fournissent des informations précieuses et des solutions à des problèmes complexes.

# Application des statistiques, des prévisions et de l'apprentissage automatique aux problèmes de la vie réelle

Alors que nous continuons à collecter de plus en plus de données sur divers aspects de notre vie, l'importance d'utiliser les statistiques, les prévisions et l'apprentissage automatique pour mieux comprendre, prévoir et prendre des décisions éclairées augmente. Dans cette sous-section, nous explorerons certaines des applications pratiques de ces concepts dans des problèmes réels.

## Prédire le marché boursier

Les marchés financiers sont des systèmes complexes avec de grandes quantités de données, avec des milliers d'actions, d'obligations et d'indices à analyser. Les investisseurs et les analystes utilisent depuis longtemps des modèles statistiques et des techniques d'apprentissage automatique pour prédire le mouvement de ces titres et faire des choix d'investissement judicieux. Ces modèles peuvent être appliqués à plusieurs aspects du marché boursier, tels que la prévision des cours des actions, l'identification des opportunités d'investissement appropriées et l'estimation du risque associé aux investissements potentiels.

Certains modèles d'apprentissage automatique couramment utilisés dans ce domaine sont la régression linéaire, les réseaux de neurones, les arbres de décision et les techniques de prévision de séries chronologiques telles que les réseaux de neurones ARIMA (Autoregressive Integrated Moving Average) et LSTM (Long Short-Term Memory). Bien que ces modèles aient leurs avantages et leurs limites respectifs, ils offrent collectivement des informations précieuses sur la dynamique en constante évolution des marchés financiers.

## Systèmes de recommandations

Presque toutes les plateformes de commerce électronique et les services de streaming utilisent des systèmes de recommandation pour personnaliser l'expérience utilisateur et augmenter l'engagement des utilisateurs. En rassemblant et en analysant les données des utilisateurs, telles que l'historique de consultation ou d'achat, les requêtes de recherche et les informations démographiques, ces systèmes peuvent prédire les préférences de l'utilisateur et faire des recommandations appropriées. Par exemple, Amazon peut suggérer des produits en fonction de vos habitudes de navigation, et Netflix peut vous montrer des films ou des émissions de télévision que vous pourriez apprécier.

Les algorithmes d'apprentissage automatique tels que le filtrage collaboratif, le filtrage basé sur le contenu et les modèles hybrides (par exemple, la factorisation matricielle) sont largement utilisés dans ces systèmes de recommandation. Ces algorithmes aident les fournisseurs de services à mieux comprendre les préférences de l'utilisateur et à fournir un contenu pertinent, augmentant ainsi les chances de satisfaction et de fidélité des clients.

## Soins de santé

Dans le domaine de la santé, les statistiques, les prévisions et l'apprentissage automatique peuvent aider à identifier et à diagnostiquer les maladies avec plus de précision, à prévoir les résultats pour les patients et à optimiser l'allocation des ressources de santé. Certaines de ces applications incluent :

- Imagerie médicale : les modèles d'apprentissage automatique, tels que les réseaux de neurones convolutifs (CNN), ont été utilisés avec succès pour identifier des maladies à partir d'images médicales, telles que les rayons X, les IRM et les mammographies.
- Découverte de médicaments : La découverte de nouveaux médicaments est un processus long et coûteux. Les algorithmes d'apprentissage automatique peuvent aider à identifier de nouveaux médicaments candidats plus rapidement et avec une plus grande précision en analysant la grande quantité de données générées dans le processus de découverte de médicaments.
- Réadmissions à l'hôpital : les modèles de prévision peuvent prédire la probabilité de réadmission des patients, permettant aux prestataires de soins de santé de créer des plans de soins personnalisés et de réduire les coûts inutiles.
- Prévision des épidémies : en analysant les données historiques et en tenant compte de facteurs tels que la météo, la densité de la population et les habitudes de déplacement, les modèles d'apprentissage automatique peuvent prédire avec précision les épidémies comme la grippe, permettant aux responsables de la santé publique de prendre des mesures préventives en temps opportun.

## Prévision météo

Des prévisions météorologiques précises sont essentielles pour divers secteurs, notamment l'agriculture, les transports et la gestion des catastrophes. Les prévisions météorologiques modernes s'appuient fortement sur des modèles statistiques et des techniques d'apprentissage automatique pour traiter d'énormes quantités de données collectées à partir d'images satellite, de stations météorologiques et d'autres sources.

Certains modèles de prévision populaires incluent les modèles de prévision numérique du temps (PNT), qui utilisent des équations mathématiques pour simuler le comportement de l'atmosphère, et des modèles d'apprentissage automatique comme les forêts aléatoires et les réseaux de neurones artificiels. Ces modèles permettent aux météorologues de faire des prévisions météorologiques plus fiables à court et à long terme, ce qui a un impact significatif sur les processus de planification et de prise de décision dans diverses industries.

## Détection de fraude

La détection des fraudes est un aspect essentiel de plusieurs secteurs, notamment la banque, l'assurance et les télécommunications. Les algorithmes d'apprentissage automatique, tels que les arbres de décision, la régression logistique et les réseaux de neurones, peuvent fournir des informations précieuses sur les modèles de transaction des clients et signaler tout comportement suspect, indiquant potentiellement une fraude.

En mettant en œuvre ces techniques, les organisations peuvent améliorer considérablement leurs capacités de détection des fraudes, réduire les pertes financières et favoriser la confiance des clients.

## Conclusion

À mesure que la technologie évolue, l'utilisation des statistiques, des prévisions et de l'apprentissage automatique dans les applications réelles continuera sans aucun doute à se développer. Les exemples fournis dans cette sous-section ne sont qu'une petite représentation des possibilités infinies qui existent dans le domaine. En comprenant ces concepts et en les appliquant à des problèmes spécifiques, nous pouvons créer des solutions innovantes et améliorer les processus décisionnels dans divers aspects de notre vie quotidienne.

## Gérer l'incertitude et la volatilité avec l'apprentissage automatique

Dans le monde réel, les données sont souvent désordonnées, incomplètes et sujettes à diverses sources d'incertitude. Cela signifie que les hypothèses que nous détenons sur les modèles et les relations dans les données sont souvent minées par des facteurs imprévus. Par conséquent, il est impératif de tenir compte de l'incertitude et de la volatilité lors de l'application de statistiques, de prévisions et de modèles d'apprentissage automatique.

Dans cette section, nous verrons comment gérer l'incertitude et la volatilité afin d'optimiser les performances de vos modèles dans des scénarios réels. Cela comprendra des techniques de mesure et de comptabilisation de l'incertitude, ainsi que des conseils pratiques pour améliorer la robustesse de vos analyses et prévisions.

## Comprendre l'incertitude et la volatilité

Avant de plonger dans les techniques pratiques, il est important de comprendre le concept d'incertitude et de volatilité dans le contexte de l'analyse de données et de l'apprentissage automatique. L'incertitude fait référence au manque de connaissances ou d'informations complètes sur une situation donnée, qui peut être due à la complexité du système sous-jacent, à l'absence de certains points de données ou à la présence de facteurs non systématiques (ou de bruit). La volatilité, en revanche, est le degré de variabilité ou de dispersion dans un processus donné, ce qui rend plus difficile la prévision précise des résultats futurs.

Dans les deux cas, les incertitudes et la volatilité présentes dans nos données imposent des limites à la fiabilité de nos inférences, prévisions et prédictions. L'objectif est donc de développer des méthodes d'identification et de quantification de ces incertitudes et volatilités afin d'améliorer la robustesse et la fiabilité de nos modèles.

## Quantifier l'incertitude

Une façon de quantifier l'incertitude dans un ensemble de données consiste à calculer la variance, qui mesure la propagation ou la dispersion des points de données individuels autour de la moyenne. Cela peut aider à identifier le degré de variabilité et d'incohérence de nos données et signaler les problèmes potentiels susceptibles d'avoir une incidence sur l'exactitude de nos prévisions.

Une autre approche consiste à estimer des intervalles de confiance ou des intervalles de prévision pour nos estimations et prévisions, qui fournissent une fourchette dans laquelle nous nous attendons à ce que la vraie valeur se situe avec un certain degré de confiance. Ceci est particulièrement utile dans les cas où nous avons une petite taille d'échantillon ou lorsqu'il existe un degré élevé de variabilité dans nos données.

Pour les modèles d'apprentissage automatique, on peut calculer l'incertitude des prédictions en estimant la variance des prédictions sur plusieurs modèles ou échantillons bootstrapés des données. Ceci peut être réalisé en utilisant des méthodes d'ensemble, telles que le bagging et l'agrégation bootstrap (également appelée « bagging »), qui impliquent la formation de plusieurs modèles sur différents sous-ensembles de données et la combinaison de leurs prédictions pour produire une estimation plus robuste et précise.

**Faire face à la volatilité**

Lorsqu'il s'agit de données volatiles, il est crucial d'utiliser des techniques de lissage appropriées pour réduire l'impact des fluctuations à court terme et du bruit sur nos prévisions. Certaines méthodes populaires pour traiter la volatilité des données de séries chronologiques incluent :

• Moyennes mobiles : calculez la valeur moyenne des données sur une fenêtre ou une période spécifiée, ce qui peut aider à réduire l'impact des fluctuations à court terme et à mettre en évidence les tendances à plus long terme.
• Lissage exponentiel : appliquez un facteur de pondération aux données de manière à accorder une plus grande importance aux observations les plus récentes, ce qui permet au modèle de s'adapter plus rapidement aux changements du processus sous-jacent.
• Filtres de Kalman : utilisez un modèle d'espace d'états pour suivre les tendances sous-jacentes dans les données tout en tenant compte de l'influence du bruit et d'autres sources d'incertitude.

Lorsque vous travaillez avec des modèles d'apprentissage automatique, l'incorporation de techniques de régularisation, telles que LASSO ou la régression Ridge, peut aider à réduire l'impact du bruit et à prévenir le surajustement en encourageant des modèles plus simples qui sont moins sensibles aux petites fluctuations des données.

**Évaluer les performances de vos modèles**

Il est essentiel d'évaluer les performances de vos modèles à l'aide de métriques et de techniques de validation appropriées, telles que la validation croisée, pour évaluer dans quelle mesure ils se généralisent à des données inédites. Cela peut vous aider à identifier les problèmes potentiels liés au surajustement, ainsi qu'à évaluer l'incertitude et la volatilité de vos prévisions.

De plus, en comparant les performances de différents modèles, vous pouvez déterminer ceux qui sont les mieux adaptés pour gérer les sources particulières d'incertitude et de volatilité de vos données, et sélectionner le meilleur modèle en conséquence.

**Conclusion**

Dans des scénarios réels, l'incertitude et la volatilité sont des défis omniprésents. Afin de créer des modèles statistiques et d'apprentissage automatique fiables et robustes, il est essentiel de comprendre, quantifier et gérer efficacement ces défis. Utilisez ces techniques pour améliorer la fiabilité de vos inférences, prévisions et prédictions face à des données incertaines et volatiles, et assurez la performance et la pertinence de vos modèles dans des applications du monde réel.

# 9. Considérations éthiques et prévention des biais dans

# l'analyse statistique et l'apprentissage automatique

## 9.1 Reconnaître et traiter les biais dans l'analyse statistique et l'apprentissage automatique

Dans les applications réelles des statistiques, des prévisions et de l'apprentissage automatique, il est crucial de reconnaître et de traiter les biais potentiels qui peuvent survenir à chaque étape du processus d'analyse des données - de la collecte des données au développement et à l'évaluation du modèle. Les biais peuvent conduire à des conclusions ou à des prédictions erronées, perpétuer des inégalités préexistantes et, en fin de compte, éroder la confiance dans la prise de décision basée sur les données. Dans cette sous-section, nous discutons de plusieurs types de biais, de leurs sources et des pratiques recommandées pour atténuer leur impact.

### 9.1.1 Types de biais et leurs sources

1. **Biais d'échantillonnage** : Cela se produit lorsque l'échantillon utilisé pour l'analyse n'est pas représentatif de la population dont il a été tiré. Par exemple, l'utilisation d'une enquête en ligne pour étudier une population très diversifiée avec différents niveaux d'accès à Internet peut entraîner un biais de sélection. Les résultats d'une telle analyse pourraient ne refléter que les perspectives

d'un groupe particulier, comme les jeunes ou ceux qui vivent dans les zones urbaines, plutôt que l'ensemble de la population.

2. **Biais de mesure** : cela survient lorsque les outils ou les méthodes utilisés pour collecter des données sont intrinsèquement défectueux ou biaisés. Par exemple, les chercheurs mesurant la satisfaction des clients peuvent introduire par inadvertance un biais en fournissant des questions d'enquête vagues ou en utilisant un langage courant dans les entretiens.

3. **Biais de confirmation** : Le biais de confirmation se produit lorsque les analystes interprètent ou hiérarchisent les données de manière à confirmer leurs idées préconçues, plutôt que d'évaluer objectivement toutes les preuves pertinentes. Cela peut se manifester sous la forme d'une surveillance des données, d'un ajustement excessif ou d'un rapport sélectif des résultats.

4. **Biais algorithmique** : cela se produit lorsque des biais sont introduits par inadvertance au stade du développement du modèle ou amplifiés par des algorithmes d'apprentissage automatique. Si les données d'apprentissage contiennent des biais ou si le choix des caractéristiques et leurs poids respectifs dans le modèle entraînent des erreurs systématiques, le modèle résultant peut générer des prédictions biaisées.

### 9.1.2 Meilleures pratiques pour atténuer les biais dans l'analyse statistique et l'apprentissage automatique

1. **Assurer la représentativité des données** : avant d'entreprendre toute analyse, évaluez

soigneusement les caractéristiques de l'échantillon et assurez-vous qu'il est représentatif de la population cible. Si nécessaire, envisagez d'utiliser un échantillonnage stratifié, des ajustements pondérés ou des techniques de suréchantillonnage pour ajuster les groupes sous-représentés.

2. **Tirer parti de plusieurs sources de données** : la comparaison et la mise en contraste des données provenant de différentes sources peuvent aider à identifier les biais potentiels et à améliorer la qualité globale des données. Cela peut impliquer de combiner des données primaires (collectées par le chercheur) avec des données secondaires (obtenues d'autres sources) ou d'utiliser des techniques de triangulation des données, telles que l'analyse transversale, longitudinale et séquentielle.

3. **Effectuez un prétraitement rigoureux des données** : le nettoyage et le prétraitement des données avant de procéder à toute analyse font partie intégrante de la réduction des biais dans les résultats. Cela inclut la gestion des données manquantes, le traitement des valeurs aberrantes et la transformation de variables, telles que la normalisation ou la standardisation des données.

4. **Test de biais** : utilisez des tests statistiques, tels que le test du chi carré, le test t ou le test F, pour déterminer si les différences observées dans les données d'échantillon sont dues au hasard ou à un biais inhérent.

5. **Optez pour des estimateurs robustes** : lors de l'estimation des paramètres du modèle, préférez utiliser des estimateurs moins sensibles aux valeurs aberrantes ou aux écarts dans la distribution des données sous-jacentes. Ces

estimateurs robustes peuvent inclure la moyenne tronquée, la moyenne winsorisée ou l'écart absolu médian.

6. **Développer des modèles équitables et explicables** : dans les applications d'apprentissage automatique, accordez la priorité à l'utilisation de modèles et d'algorithmes interprétables, transparents et équitables. Cela signifie traiter différents groupes de manière équitable et fournir des explications pour les décisions relatives aux modèles. Des techniques telles que l'analyse de l'importance des fonctionnalités ou l'utilisation de cadres d'IA explicables comme LIME ou SHAP peuvent aider.

7. **Effectuer des audits d'équité et de biais** : auditez et évaluez régulièrement les modèles d'équité, à la fois avant de les déployer et tout au long de leur utilisation opérationnelle. Envisagez d'utiliser des mesures de performance et des techniques analytiques spécialement conçues pour évaluer l'équité, telles que l'analyse d'impact disparate ou le rapport de cotes égalisé.

8. **Impliquer les parties prenantes et favoriser la diversité** : impliquer les parties prenantes dans le développement, la mise en œuvre et l'évaluation de modèles statistiques ou d'apprentissage automatique peut aider à identifier et à traiter les biais plus efficacement. De plus, favoriser la diversité dans les équipes de recherche peut apporter des perspectives diverses, identifier les sources potentielles de biais et contrer les biais inconscients.

En résumé, les considérations éthiques et la prévention des biais sont des aspects cruciaux de l'utilisation de l'analyse statistique et de l'apprentissage automatique dans des applications du monde réel. En reconnaissant différents types de biais, en comprenant leurs sources et en utilisant les meilleures pratiques pour les atténuer, nous pouvons garantir des modèles plus précis et plus justes et améliorer la prise de décision basée sur les données.

# 9.1 Comprendre et traiter les biais dans l'analyse statistique et l'apprentissage automatique

### 9.1.1 Définition du biais

Le biais, dans le contexte de l'analyse statistique et de l'apprentissage automatique, fait référence à la présence d'erreurs systématiques lors de la réalisation de prédictions, ce qui pourrait entraîner des résultats injustes, des perceptions biaisées ou renforcer les stéréotypes. La raison derrière le biais pourrait être la sélection de l'ensemble de données de formation, une mauvaise manipulation des données ou des contraintes algorithmiques pouvant conduire à des pratiques discriminatoires.

### 9.1.2 Sources de biais

Il peut y avoir plusieurs sources de biais présentes dans un système statistique ou d'apprentissage automatique. Certaines des sources de biais les plus courantes sont :

1. **Collecte de données** : Un échantillonnage biaisé d'une population peut entraîner une surreprésentation ou une sous-représentation de certains groupes, donnant des résultats faussés lorsque le modèle est généralisé à une population plus large.

2. **Erreurs de mesure** : des mécanismes de collecte de données incorrects ou incomplets peuvent entraîner des ensembles de données biaisés, et les prédictions qui en découlent peuvent être erronées.

3. **Biais d'étiquetage** : lors de l'utilisation de techniques d'apprentissage supervisé, un étiquetage biaisé se produit lorsque les annotateurs de données incorporent sans le savoir leurs stéréotypes, préjugés ou idées fausses dans les étiquettes de données.

4. **Algorithmes** : Le choix de l'algorithme, ainsi que ses hypothèses et contraintes, peut conduire à des prédictions biaisées. Par exemple, certains algorithmes peuvent attribuer une importance plus importante à des caractéristiques spécifiques, ce qui entraîne des résultats injustes.

### 9.1.3 Reconnaître les préjugés

Il est crucial de reconnaître que le biais est inhérent au monde réel et, par conséquent, l'éliminer complètement des données ou des modèles peut être impossible. Cependant, pour garantir que l'analyse statistique ou les modèles d'apprentissage automatique restent éthiques et dignes de confiance, il est essentiel de reconnaître l'existence d'un biais et de le traiter efficacement. Certaines méthodes pour reconnaître les préjugés comprennent :

1. **Analyse descriptive** : En effectuant une analyse approfondie des données à l'aide de statistiques descriptives de base, de visualisations et de tableaux croisés, il est souvent possible d'identifier des incohérences ou des déséquilibres, qui peuvent indiquer la présence d'un biais.

2. **Expertise du domaine** : tirer parti des connaissances du domaine pour mieux comprendre le contexte des données peut également aider à identifier les biais. S'engager avec des experts du domaine peut fournir une perspective au-delà des données disponibles et aider à détecter les sources potentielles de biais dans le processus de prédiction.

3. **Métriques de détection de biais** : L'utilisation de métriques quantitatives pour mesurer le niveau de biais présent dans l'ensemble de données/modèles peut aider à identifier l'existence d'un biais. Des exemples de métriques de détection de biais populaires incluent Disparate Impact (DI) et Equal Opportunity Difference (EOD).

### 9.1.4 Traitement des biais

Une fois la présence d'un biais identifiée, il est essentiel d'y remédier pour améliorer l'équité et la robustesse des modèles. Certaines mesures qui peuvent être prises pour atténuer les biais sont :

1. **Techniques de prétraitement des données** : Le rééchantillonnage ou la repondération peut contrebalancer les biais d'échantillonnage en suréchantillonnant les groupes sous-représentés ou en sous-échantillonnant les groupes surreprésentés. Une autre technique de

prétraitement des données est l'application de fonctions de transformation aux caractéristiques de l'ensemble de données qui peuvent avoir une distribution biaisée. Ces méthodes visent à équilibrer l'ensemble de données et à réduire l'impact du biais sur les résultats du modèle.

2. **Approches algorithmiques** : La conception d'algorithmes équitables ou la modification d'algorithmes existants pour inclure des contraintes d'équité peuvent aider à lutter contre les biais. Certaines approches populaires sont l'apprentissage contradictoire équitable, l'optimisation contrainte et les techniques de repondération.

3. **Analyse et ajustements post-hoc** : une fois le modèle formé, les biais peuvent encore être réduits, voire éliminés, grâce à diverses techniques telles que le recalibrage, l'apprentissage sensible aux coûts ou l'ajustement des seuils.

4. **Suivi des performances** : surveiller régulièrement les performances du modèle en termes d'indicateurs d'équité et effectuer les ajustements nécessaires pour tenir compte de tout changement dans la distribution des données ou les commentaires des utilisateurs peut aider à atténuer les biais à long terme.

### 9.1.5 Considérations éthiques

S'il est essentiel de lutter contre les biais dans l'analyse statistique et l'apprentissage automatique, il est tout aussi essentiel de veiller à ce que les mesures prises pour atténuer les biais soient conformes à l'éthique et à la loi. La transparence de l'approche et des processus utilisés pour lutter contre les préjugés, la responsabilité de tout problème qui survient malgré les meilleurs efforts et l'engagement des parties prenantes pour garantir l'utilisation responsable et éthique de ces technologies contribueraient grandement à favoriser la confiance et à fournir des prévisions justes.

En conclusion, comprendre, reconnaître et traiter efficacement les préjugés contribue grandement à garantir que l'analyse statistique et les modèles d'apprentissage automatique restent éthiques et empêchent la perpétuation de la discrimination ou des résultats injustes. Il incombe aux scientifiques des données, aux statisticiens et aux décideurs de rester vigilants quant aux biais, d'examiner de manière critique les modèles et leur impact sur divers groupes et de prendre des mesures correctives si nécessaire.

# 9.1 Comprendre et atténuer les biais dans l'analyse statistique et l'apprentissage automatique

Dans le domaine de l'analyse statistique et de l'apprentissage automatique, nous travaillons souvent avec de grands ensembles de données et des modèles complexes afin de faire des prédictions, de comprendre des modèles et de tirer des conclusions sur les processus sous-jacents. Cependant, les résultats que nous produisons ne sont aussi précis et justes que les données et les techniques que nous utilisons. C'est pourquoi les considérations éthiques et la prévention des préjugés jouent un rôle crucial pour garantir l'intégrité et la fiabilité de notre travail. En tant que praticiens de ces domaines, nous devons être conscients des sources potentielles de biais, comprendre comment les reconnaître et développer des stratégies pour atténuer leur impact sur nos analyses et nos prévisions.

## 9.1.1 Définition du biais

Le biais, dans le contexte de l'analyse statistique et de l'apprentissage automatique, fait référence à la présence d'erreurs systématiques dans les données, les modèles ou les procédures d'analyse, conduisant à des résultats qui s'écartent de la vérité ou favorisent injustement certains groupes ou résultats. Les biais peuvent provenir de diverses sources, telles que la collecte de données et les procédures d'échantillonnage, le développement de modèles et la prise de décision humaine subjective. Lorsqu'ils ne sont pas contrôlés, les biais peuvent se propager à travers plusieurs étapes de l'analyse et compromettre gravement l'exactitude, l'équité et la nature éthique des conclusions et des prédictions que nous tirons.

## 9.1.2 Sources de biais

Un biais peut être introduit à différentes étapes du processus d'analyse et résulte souvent d'une combinaison de facteurs. Certaines sources courantes de biais comprennent :

### 9.1.2.1 Collecte de données et échantillonnage

Lors de la collecte et de l'échantillonnage des données, nous pouvons introduire par inadvertance des biais en sélectionnant des cas ou des observations qui ne sont pas représentatifs des processus que nous avons l'intention d'étudier. Ces biais peuvent survenir de différentes manières, telles que :

- **Biais de sélection** : si nous collectons des données uniquement auprès de certaines sources, groupes ou individus, nous en excluons d'autres par inadvertance, ce qui peut conduire à une vision déséquilibrée ou incomplète des processus sous-jacents.
- **Biais de mesure** : Des erreurs systématiques dans les instruments ou les procédures de collecte de données, tels que les questionnaires d'enquête ou la saisie de données, peuvent introduire un biais de mesure, affectant l'exactitude et la fiabilité des données collectées.
- **Biais de survie** : en ne considérant que les cas qui ont "survécu" à certains processus ou conditions, nous pouvons en ignorer d'autres qui ne sont pas parvenus à notre ensemble de données en raison de divers facteurs, ce qui entraîne une surreprésentation des cas ou des résultats "réussis".

### 9.1.2.2 Développement du modèle

Des biais peuvent également être introduits au cours du processus de développement du modèle, lorsque nous créons, entraînons et validons nos modèles statistiques et d'apprentissage automatique. Certaines sources potentielles de biais comprennent :

- **Sur-ajustement** : lorsqu'un modèle apprend le bruit dans les données d'apprentissage plutôt que les véritables modèles ou relations sous-jacents, il peut sur-ajuster, ce qui entraîne une mauvaise généralisation et des prédictions biaisées.
- **Sous-ajustement** : à l'inverse, lorsqu'un modèle ne saisit pas la complexité des données sous-jacentes, il peut être sous-ajusté, ce qui entraîne des prédictions biaisées et peu fiables.
- **Biais algorithmique** : Les algorithmes que nous utilisons pour le développement de modèles peuvent eux-mêmes être biaisés, car ils peuvent avoir été conçus ou ajustés sur la base de certaines hypothèses qui ne sont pas vraies dans nos données spécifiques et notre contexte analytique.

### 9.1.2.3 Prise de décision humaine

Enfin, un biais peut également résulter d'une intervention humaine à différentes étapes de l'analyse, que ce soit lors de la collecte des données, du prétraitement, du développement du modèle ou de l'interprétation des résultats. Voici quelques exemples de préjugés d'origine humaine :

- **Biais de confirmation** : Lorsque les humains recherchent, interprètent ou hiérarchisent les preuves qui confirment leurs croyances ou hypothèses préexistantes, ils peuvent introduire par inadvertance un biais de confirmation dans le processus d'analyse.
- **Biais d'ancrage** : si nous nous appuyons trop sur les éléments d'information initiaux que nous rencontrons lors de la prise de décisions, nous

pouvons ancrer nos jugements ultérieurs sur ces premiers points de données, ce qui conduit à un processus de prise de décision biaisé.

- **Biais cognitifs** : D'autres biais cognitifs, tels que le biais de récence, la pensée de groupe et le biais rétrospectif, entre autres, peuvent influencer nos processus de prise de décision et d'analyse, contribuant ainsi au biais global de notre travail.

## 9.1.3 Stratégies de prévention et d'atténuation des biais

Reconnaître les sources potentielles de biais et comprendre leurs implications sont les premières étapes pour atténuer leur impact sur nos analyses statistiques et nos modèles d'apprentissage automatique. Plusieurs stratégies peuvent être utilisées pour réduire ou éliminer les biais, notamment :

### 9.1.3.1 Garantir une collecte et un échantillonnage de données représentatifs

- Planifiez et concevez avec soin les procédures de collecte de données pour vous assurer qu'elles capturent une vue représentative des processus, des populations ou des groupes d'intérêt.
- Utiliser des techniques d'échantillonnage stratifié ou aléatoire pour minimiser le biais de sélection.
- Évaluer et garantir régulièrement la qualité et l'exactitude des instruments et des procédures de collecte de données afin de minimiser les erreurs de mesure.

### 9.1.3.2 Amélioration du développement et de la sélection des modèles

- Utilisez des techniques telles que la validation croisée pour évaluer les performances de généralisation des modèles et vous prémunir contre le surajustement ou le sous-ajustement.
- Évaluer la pertinence des algorithmes et des techniques utilisés pour le développement de modèles, en tenant compte de leurs hypothèses, biais et limites.
- Envisagez d'utiliser des méthodes d'ensemble, qui combinent les prédictions de plusieurs modèles de base, pour augmenter la robustesse et réduire le biais des prédictions finales.

### 9.1.3.3 Atténuation des préjugés humains

- Encouragez la pensée critique et la remise en question des suppositions, croyances et hypothèses préexistantes pour éviter les biais de confirmation.
- Former et encourager les membres de l'équipe à être conscients des biais cognitifs et à rechercher des preuves objectives et des contributions externes pour les contrer.
- Créer des opportunités pour diverses perspectives et contributions dans le processus de prise de décision, ce qui peut aider à identifier et à contrer les biais potentiels.

## 9.1.4 Remarques finales

Les biais jouent un rôle inévitable dans l'analyse statistique et l'apprentissage automatique, et il est de notre responsabilité en tant que praticiens de reconnaître et d'atténuer leur impact sur notre travail. En comprenant les sources de biais, en employant des stratégies appropriées pour minimiser leur présence et en surveillant et validant en permanence l'exactitude et l'équité de nos résultats, nous pouvons nous assurer que notre travail contribue positivement à la science, à l'industrie et à la société, et répond aux préoccupations éthiques sous-jacentes. ces champs.

# 9.1 Comprendre et identifier les biais

Le biais, dans le contexte de l'analyse statistique et de l'apprentissage automatique, fait référence à la présence d'erreurs systématiques dans les prédictions ou les estimations dues à des représentations inappropriées ou incomplètes des données. Dans les applications réelles, les biais peuvent conduire à des résultats trompeurs et avoir un impact négatif sur les processus de prise de décision. Par conséquent, des considérations éthiques doivent être prises en compte pour prévenir les conséquences négatives potentielles de la partialité et garantir l'équité, la responsabilité et la transparence.

## 9.1.1 Sources de biais

Le biais peut provenir de diverses sources, notamment :

1. **Biais de collecte de données et d'échantillonnage** : Cela se produit lorsque les données collectées pour l'analyse ou la formation du modèle ne sont pas un échantillon représentatif de la population. Des distributions d'échantillons asymétriques peuvent entraîner des prédictions ou des inférences biaisées.

2. **Biais de mesure** : les inexactitudes dans la mesure ou l'enregistrement des données peuvent introduire un biais. Par exemple, des erreurs systématiques dans les instruments de mesure ou les réponses aux enquêtes autodéclarées peuvent fausser les véritables relations entre les variables.

3. **Biais d'étiquetage** : Dans les algorithmes d'apprentissage automatique supervisé, la qualité des étiquettes des données d'apprentissage impacte directement le processus d'apprentissage. Des étiquettes biaisées, dues à des erreurs humaines ou à des jugements subjectifs, peuvent entraîner des prédictions de modèle biaisées.

4. **Biais algorithmique** : même avec des données non biaisées, le choix de l'algorithme, de l'architecture du modèle ou de paramètres spécifiques peut conduire à des résultats biaisés. Dans certains cas, un algorithme particulier peut favoriser de manière inhérente un modèle ou une caractéristique de données spécifique par rapport à d'autres.

5. **Biais de confirmation** : lorsqu'ils effectuent une analyse ou une évaluation de modèle, les analystes peuvent se concentrer de manière sélective sur les informations qui confirment leurs croyances préexistantes, ce qui conduit à une interprétation biaisée des résultats.

### 9.1.2 Stratégies pour atténuer les biais

Pour assurer une analyse éthique et le développement de modèles, il est crucial d'adopter des méthodologies traitant des sources potentielles de biais. Les approches suivantes peuvent être utiles pour prévenir, identifier et atténuer les biais :

1. **Collecte et prétraitement des données** : Recueillez des données provenant de diverses sources et assurez-vous que l'échantillon représente la population cible. Effectuez une analyse exploratoire approfondie des données (EDA) pour comprendre la distribution des données, détecter les problèmes potentiels et appliquer les transformations nécessaires.

2. **Sélection et ingénierie des fonctionnalités** : adoptez des techniques pour identifier les fonctionnalités importantes et supprimer celles qui ne sont pas pertinentes ou redondantes. Empêchez le surajustement en sélectionnant un équilibre approprié entre la complexité du modèle et la généralisation.

3. **Sélection du modèle** : Soyez conscient des biais inhérents à des algorithmes spécifiques et choisissez un modèle qui correspond le mieux au problème et aux caractéristiques des données. Envisagez d'utiliser des techniques d'ensemble, combinant les prédictions de plusieurs modèles, pour réduire les biais des modèles individuels.

4. **Évaluation** : Utilisez des métriques d'évaluation robustes et des techniques de validation croisée pour évaluer les performances du modèle sur différents sous-ensembles de données. Effectuez une analyse de biais supplémentaire, telle qu'une analyse d'impact

disparate ou une analyse contrefactuelle, pour mieux identifier et traiter les biais potentiels.

5. **Apprentissage et amélioration continus** : Mettez régulièrement à jour les modèles avec de nouvelles données, en suivant les changements de population ou de circonstances. Encouragez les commentaires des parties prenantes et des utilisateurs finaux pour identifier les problèmes potentiels et améliorer les modèles en conséquence.

### 9.1.3 Garantir la transparence et la responsabilité

En plus d'identifier et d'atténuer les biais, il est essentiel d'assurer la transparence et la responsabilité dans l'analyse statistique, les prévisions et le développement d'applications d'apprentissage automatique. Ceci peut être réalisé par les mesures suivantes :

1. **Documentation** : documentez clairement les sources de données, les méthodes de collecte, les étapes de prétraitement, la justification de la sélection du modèle, les résultats de l'évaluation du modèle et toutes les hypothèses formulées au cours du processus. Cela permet une validation externe, un examen par les pairs et une réplicabilité.

2. **Interprétabilité** : choisissez des modèles interprétables ou intégrez des techniques d'explicabilité pour aider les parties prenantes et les utilisateurs finaux à comprendre comment le modèle fait des prédictions ou des inférences, et à renforcer la confiance dans le système.

3.  **Ouverture** : partagez l'analyse, le code et les résultats avec la communauté pour un examen par les pairs, afin de garantir que les résultats sont examinés et validés par un public diversifié.
4.  **Collaboration** : Travailler avec des comités d'éthique, des experts du domaine et d'autres parties prenantes aux étapes de développement et de déploiement de modèles pour s'assurer que les considérations éthiques et les biais potentiels sont correctement pris en compte.

En intégrant ces considérations éthiques dans le développement et le déploiement d'analyses statistiques, de prévisions et de modèles d'apprentissage automatique, les praticiens peuvent contribuer à la création de systèmes équitables, transparents et responsables pour des applications réelles. De plus, ces actions peuvent aider à relever les défis liés à la prévention des préjugés, à garantir de meilleurs processus de prise de décision et à améliorer l'impact global de ces technologies sur la société.

# 9. Considérations éthiques et prévention des biais dans l'analyse statistique et l'apprentissage automatique

### 9.1 Identifier et traiter les biais dans la collecte de données

Les biais dans la collecte de données sont souvent à l'origine de résultats contraires à l'éthique dans les analyses statistiques et les implémentations d'apprentissage automatique. S'assurer que les données traitées sont représentatives et exemptes de tout facteur discriminatoire est crucial pour le développement de modèles fiables. Cette section décrit les considérations clés pour identifier et traiter les biais dans la collecte de données.

- **Biais d'échantillonnage** : Le biais d'échantillonnage se produit lorsque les données utilisées ne représentent pas avec précision la population globale. Cela peut conduire à des conclusions ou à des résultats trompeurs qui ne se traduisent pas bien dans des scénarios réels. Pour lutter contre les biais d'échantillonnage, assurez-vous que les données collectées représentent l'ensemble de la population d'intérêt. Cela peut être réalisé par des techniques d'échantillonnage stratifié pour sélectionner un échantillon équilibré ou par un suréchantillonnage pour équilibrer les classes sous-représentées.
- **Biais de mesure** : Un biais de mesure peut être introduit lors du processus de collecte de données ou lors de la saisie des valeurs de certaines variables. Cela peut entraîner des erreurs systématiques qui ont un impact sur la précision des modèles statistiques. Bien que tous les biais de mesure ne puissent pas être complètement éliminés, la connaissance des sources d'erreurs potentielles peut aider à minimiser la probabilité de leur apparition.
  - Vérifiez que les instruments de mesure sont bien calibrés et tenez compte des inexactitudes potentielles dues au biais de l'observateur ou aux limitations de l'équipement de mesure.

- **Biais de sélection** : Un biais de sélection peut se produire lorsque certaines observations sont plus susceptibles d'être représentées dans l'ensemble de données que d'autres. Cela peut être causé par des facteurs allant de l'incapacité d'accéder à certains participants à des taux de réponse variables parmi différents groupes démographiques. Pour minimiser l'effet du biais de sélection, les enquêteurs peuvent utiliser des méthodes d'échantillonnage aléatoire et envisager d'utiliser des techniques telles que l'appariement des scores de propension et la pondération de probabilité inverse pour contrôler les facteurs de confusion potentiels.
- **Biais de la variable omise** : Le biais de la variable omise survient lorsqu'une variable clé ou un facteur influençant le résultat cible est exclu, soit involontairement, soit en raison des limites des données. Il en résulte une relation peu claire entre les variables explicatives et le résultat. Pour résoudre ce problème, il est essentiel d'avoir une compréhension claire du domaine et de la conception expérimentale pour essayer d'inclure toutes les variables pertinentes.
- **Qualité des données** : Les données recueillies à partir de diverses sources peuvent contenir des entrées incohérentes, des enregistrements en double ou des valeurs manquantes. Tous ces problèmes peuvent introduire des biais et affecter la validité statistique des résultats obtenus. Pour améliorer la qualité des données :
  - Mettez en œuvre des procédures de nettoyage des données, y compris la détection des valeurs aberrantes, la normalisation des données et l'imputation des données manquantes.

○   Encourager et maintenir la transparence dans les méthodes de collecte de données.

- **Gestion des biais dans les algorithmes et les modèles** : Parfois, les algorithmes statistiques ou les modèles d'apprentissage automatique peuvent introduire ou exacerber des biais existants dans les données. Les chercheurs et les praticiens doivent continuellement examiner et remettre en question les hypothèses formulées par les modèles qu'ils ont choisis et être vigilants quant aux sources potentielles de biais. Certaines techniques populaires pour atténuer les biais algorithmiques peuvent inclure :
  ○   Assurer la diversité des données de formation.
  ○   Créer des métriques d'évaluation de modèles qui tiennent compte de la justice et de l'équité.
  ○   Utiliser des techniques d'apprentissage automatique spécialement conçues pour l'équité, comme la déviation contradictoire ou l'Adaboost équitable.

Si un biais est suspecté pendant ou après l'analyse, il est essentiel de communiquer de manière transparente les limites et les biais potentiels qui peuvent avoir été introduits dans le processus. Cela favorise une culture d'honnêteté et est précieux pour garantir que les résultats de l'analyse sont éthiquement acceptables et scientifiquement exacts.

En abordant les biais et les considérations éthiques dès le début du processus de collecte et d'analyse des données, les chercheurs et les praticiens assurent une base plus fiable pour leur analyse statistique globale ou leur projet d'apprentissage automatique, tout en renforçant la confiance entre les utilisateurs et les parties

prenantes du système. Avec le développement
continu de l'IA et des technologies basées sur les
données, l'adoption d'une approche proactive et
réfléchie pour lutter contre les préjugés est
devenue plus importante que jamais.

## Intégration des statistiques, des prévisions et de l'apprentissage automatique dans la vie réelle

Dans cette sous-section, nous verrons comment
intégrer efficacement les statistiques, les
prévisions et les techniques d'apprentissage
automatique dans des applications réelles. En
comprenant le pouvoir et les limites de ces
approches, nous pouvons prendre de meilleures
décisions et acquérir des informations précieuses
dans divers domaines tels que les affaires, la
finance, la santé et les sciences sociales.

### 1. Comprendre les données

La première étape dans l'application de ces
techniques consiste à bien comprendre les
données disponibles. Ceci comprend:

- *Collecte de données* : La collecte de données
  fiables et pertinentes est cruciale pour toute
  analyse. S'assurer que les données sont
  représentatives de la population ou du
  phénomène étudié est essentiel pour une analyse
  et une prise de décision précises.
- *Prétraitement des données* : les données du
  monde réel sont souvent désordonnées,
  incomplètes et bruyantes. Des techniques de

prétraitement telles que la détection des valeurs aberrantes, l'imputation des valeurs manquantes et la mise à l'échelle des caractéristiques sont nécessaires pour résoudre ces problèmes et garantir la validité des résultats.

• *Analyse exploratoire des données (EDA)* : La visualisation et la synthèse des données aident à identifier les modèles, les tendances et les relations entre les variables. Cette étape peut guider la sélection des méthodes statistiques et d'apprentissage automatique appropriées pour un problème spécifique.

### 2. Construire et valider des modèles

Une fois que nous avons une compréhension claire des données, nous pouvons procéder à la construction et à la validation de modèles qui traitent de questions ou de problèmes spécifiques. Ce processus implique :

• *Sélection du modèle* : Le choix de l'algorithme statistique ou d'apprentissage automatique approprié est crucial pour obtenir des résultats significatifs. Cette décision doit être basée sur la nature des données, le problème à résoudre et le niveau souhaité d'interprétabilité et de précision des prévisions.

• *Entraînement du modèle* : L'ajustement du modèle choisi aux données nous permet d'apprendre ses paramètres et de quantifier les relations entre les variables. Cela peut impliquer des techniques telles que la régression des moindres carrés, l'estimation du maximum de vraisemblance ou l'optimisation de la descente de gradient.

- *Validation du modèle* : L'évaluation de la validité et de l'exactitude du modèle est essentielle pour s'assurer que les résultats sont fiables et utiles. Les techniques de validation comprennent la validation croisée, l'amorçage et la comparaison des performances de différents modèles sur un ensemble d'exclusion.

**3. Interpréter les résultats et prendre des décisions**

Avec un modèle bien ajusté en main, nous pouvons procéder à l'interprétation des résultats et prendre des décisions en fonction de ceux-ci. Ce processus peut impliquer :

- *Inférence statistique* : estimation des valeurs de paramètres de population inconnus, test d'hypothèses, dérivation d'intervalles de confiance et quantification de l'incertitude dans les résultats.
- *Prévision* : Prédire les résultats ou les tendances futurs sur la base des relations identifiées dans les données historiques. Cela peut impliquer une analyse de séries chronologiques, une analyse de scénarios ou des techniques basées sur la simulation telles que la simulation de Monte Carlo.
- *Apprentissage automatique* : utilisation de modèles entraînés pour faire des prédictions, classer de nouveaux points de données, identifier des modèles et découvrir des relations cachées dans les données. Les exemples incluent la reconnaissance d'images, le traitement du langage naturel et les systèmes de recommandation.
- *Prise de décision* : Utiliser les résultats de l'analyse pour prendre des décisions éclairées,

que ce soit dans les affaires, la finance, la santé ou les sciences sociales. Cela pourrait impliquer une analyse de scénarios, une analyse coûts-avantages ou des techniques d'optimisation.

**4. Itération et mise à jour des modèles**

À mesure que de nouvelles données deviennent disponibles ou que les conditions changent, il est essentiel de mettre à jour les modèles et de réévaluer leur exactitude et leur pertinence. Cela pourrait impliquer un processus d'amélioration continue tel que :

- *Raffinement du modèle* : mise à jour du modèle pour incorporer de nouvelles données, variables ou méthodologies afin d'améliorer ses performances.
- *Surveillance des performances* : évaluer régulièrement les performances du modèle à l'aide de mesures de performance telles que l'exactitude, la précision, le rappel ou le score F1, pour s'assurer qu'il reste valide et précis dans le temps.
- *Recyclage et ajustement* : réévaluer et ajuster les paramètres du modèle en fonction de nouvelles données ou de conditions modifiées pour maintenir ses performances.

En intégrant des techniques statistiques, de prévision et d'apprentissage automatique dans des applications réelles, nous pouvons tirer parti de la puissance de la prise de décision basée sur les données pour résoudre des problèmes complexes et faire des choix éclairés. En comprenant les limites et les forces de ces techniques et en validant et mettant à jour en permanence nos modèles, nous pouvons nous assurer que nos décisions sont basées sur des informations précises, fiables et pertinentes.

# Applications réelles des statistiques, des prévisions et de l'apprentissage automatique

Ces derniers temps, les statistiques, les prévisions et l'apprentissage automatique (ML) sont devenus partie intégrante de divers aspects de la vie moderne. Cette pertinence accrue est due à la croissance des mégadonnées et aux progrès de la puissance de calcul, qui ont permis l'application de ces techniques dans de multiples domaines. Dans cette sous-section, nous explorerons certains des scénarios clés du monde réel où les statistiques, les prévisions et le ML sont utilisés pour résoudre des problèmes complexes et stimuler les progrès.

## 1. Santé et recherche biomédicale

Avec le volume croissant de données liées à la santé générées quotidiennement, le domaine de la santé et de la recherche biomédicale est devenu un bénéficiaire important des statistiques, des prévisions et des techniques de ML. Certaines de ces applications incluent :

- **Diagnostic et pronostic des maladies** : les algorithmes de ML, en particulier l'apprentissage en profondeur et les réseaux de neurones, sont utilisés pour analyser des images médicales telles que les rayons X et les IRM afin d'identifier les schémas et de diagnostiquer les maladies avec plus de précision que les méthodes traditionnelles. De plus, ces techniques peuvent également être utilisées pour prédire la progression de la maladie et suggérer des plans de traitement efficaces.

- **Découverte de médicaments et médecine personnalisée** : les algorithmes de ML peuvent accélérer le processus de découverte de médicaments en prédisant l'efficacité et la sécurité des molécules candidates. De plus, ces techniques peuvent également aider à élaborer des plans de traitement personnalisés qui tiennent compte de la constitution génétique et des antécédents médicaux de chaque patient.

- **Génomique et épigénomique** : Les statistiques et les algorithmes ML sont exploités pour analyser de vastes ensembles de données générés par la recherche en génomique et épigénomique humaine. Cette analyse aide à comprendre le rôle des variations génétiques dans la susceptibilité aux maladies et le développement de thérapies ciblées.

## 2. Finances et économie

Les secteurs de la finance et de l'économie adoptent le pouvoir des statistiques, des prévisions et du ML à diverses fins :

- **Prédiction des marchés boursiers** : les modèles statistiques avancés et les techniques d'apprentissage automatique, telles que l'analyse des séries chronologiques et l'apprentissage en profondeur, peuvent aider à prévoir les tendances des marchés boursiers et à prendre des décisions d'investissement plus éclairées.

- **Analyse du risque de crédit** : Des algorithmes ML tels que les arbres de décision, la régression logistique et les réseaux de neurones sont utilisés pour analyser la solvabilité des emprunteurs et ainsi atténuer le risque associé aux prêts et autres produits financiers.
- **Détection de fraude** : les algorithmes ML peuvent analyser des ensembles de données massifs sur les transactions financières pour identifier les modèles et les anomalies indiquant des activités frauduleuses.
- **Prévisions économiques** : Divers modèles statistiques et économétriques sont utilisés pour prévoir les indicateurs macroéconomiques, tels que la croissance du PIB, l'inflation et les taux de chômage. Ces prévisions contribuent à éclairer les décisions de politique monétaire et budgétaire.

## 3. Marketing et analyse client

Les organisations de tous les secteurs tirent parti des statistiques, des techniques de prévision et du ML pour améliorer leurs efforts de marketing et mieux comprendre leurs clients :

- **Segmentation de la clientèle** : les algorithmes ML, tels que les techniques de regroupement et de classification, aident les entreprises à regrouper les clients en fonction de leurs informations démographiques, de leurs habitudes d'achat et d'autres facteurs pertinents.
- **Analyse des sentiments** : le traitement du langage naturel (NLP), une branche du ML, peut analyser les avis des clients et les publications sur

les réseaux sociaux pour déterminer les sentiments des clients envers un produit ou une marque spécifique, permettant aux entreprises de prendre des décisions basées sur les données concernant l'amélioration des produits et les stratégies marketing.

- **Prévision de la demande** : L'analyse des séries chronologiques et les modèles de régression peuvent aider les entreprises à prévoir la demande de produits, leur permettant d'optimiser leurs processus de chaîne d'approvisionnement et de gestion des stocks.
- **Prédiction de l'attrition** : les modèles ML peuvent identifier des modèles qui indiquent l'attrition des clients, permettant aux entreprises de prendre des mesures préventives et de fidéliser des clients précieux.

## 4. Transport et urbanisme

Les techniques statistiques et ML jouent un rôle essentiel dans la résolution des problèmes de transport et d'urbanisme :

- **Prédiction du trafic** : à l'aide de données et de modèles de trafic historiques, les algorithmes ML peuvent prévoir les niveaux de congestion, permettant aux autorités de gestion du trafic d'optimiser le flux de trafic et de mettre en œuvre des politiques basées sur les données.
- **Véhicules autonomes** : les algorithmes ML avancés, tels que l'apprentissage en profondeur et l'apprentissage par renforcement, stimulent le développement de véhicules autonomes capables de naviguer dans des situations de circulation

complexes avec une intervention humaine minimale.

- **Infrastructure de ville intelligente** : les techniques statistiques et ML peuvent aider à analyser les données urbaines pour optimiser la consommation d'énergie, la gestion des déchets et d'autres aspects critiques de la planification urbaine.

En conclusion, les applications des statistiques, des prévisions et de l'apprentissage automatique sont pratiquement illimitées, impactant pratiquement tous les secteurs et domaines. L'évolution rapide de ces techniques, combinée à la disponibilité croissante des données et de la puissance de calcul, a ouvert la voie à de nouvelles avancées et innovations qui continueront de remodeler notre monde. Les futurs professionnels qui cherchent à avoir un impact dans leurs domaines respectifs doivent s'efforcer de développer une expertise dans ces outils et techniques quantitatifs et analytiques.

# Applications réelles des techniques statistiques et de l'apprentissage automatique

Dans le monde actuel de plus en plus axé sur les données, la connaissance des techniques statistiques et des algorithmes d'apprentissage automatique est un ensemble de compétences inestimable. Ces outils puissants ont des applications étendues dans divers domaines et industries, et leur efficacité à résoudre des problèmes complexes et à générer des informations précieuses a conduit à leur utilisation dans une pléthore de scénarios. Dans cette section, nous explorerons certaines applications réelles courantes des techniques statistiques et de l'apprentissage automatique, qui mettent en valeur leur potentiel de transformation.

# 1. Santé et médecine

L'industrie de la santé génère un volume massif de données à partir des dossiers médicaux, des essais cliniques, des antécédents des patients, de la génétique et des appareils. L'intégration de l'analyse statistique et de l'apprentissage automatique peut améliorer les diagnostics médicaux et les plans de traitement. Les principales applications incluent :

● Prédiction des maladies : identification des personnes à haut risque, détection des maladies à leurs débuts et personnalisation des options de traitement.
● Découverte de médicaments : prévoir l'innocuité et l'efficacité des médicaments, optimiser le dosage des médicaments et accélérer la mise sur le marché de nouveaux médicaments.
● Génomique : Analyse des données génétiques pour déterminer la relation entre les gènes et les maladies, fournissant une base pour la médecine personnalisée.
● Imagerie médicale : Analyse automatique des images médicales telles que l'IRM, les tomodensitogrammes et les rayons X, aidant à un diagnostic précis et plus rapide.

- Télémédecine : Tirer parti des techniques d'apprentissage automatique pour la surveillance de la santé à distance, les soins préventifs et la gestion des maladies.

## 2. Finance et banque

Les techniques statistiques et les algorithmes d'apprentissage automatique jouent un rôle crucial dans le secteur financier et bancaire, permettant une meilleure prise de décision, la détection des fraudes et la prédiction des risques. Les exemples comprennent:

- Notation de crédit : Détermination de la solvabilité d'un individu par le biais d'analyses statistiques et de modèles d'apprentissage automatique, conduisant à des décisions de prêt éclairées.
- Trading algorithmique : analyse de grands volumes de données historiques pour identifier les modèles et les tendances, facilitant les exécutions commerciales automatisées.
- Détection des fraudes : identification des modèles inhabituels dans les transactions financières et signalement d'éventuelles fraudes, ce qui permet de prévenir les pertes et de renforcer la sécurité.
- Gestion des risques : Analyser les données financières historiques pour prévoir et atténuer les risques potentiels, menant à des stratégies d'investissement optimisées.

# 3. Vente au détail et commerce électronique

Les entreprises du commerce de détail et du commerce électronique s'appuient fortement sur la prise de décision basée sur les données. Les techniques statistiques et d'apprentissage automatique permettent d'améliorer l'expérience client, d'améliorer les performances commerciales et d'optimiser la logistique. Les applications notables incluent :

- Systèmes de recommandation : Tirer parti des données comportementales et des préférences des utilisateurs pour fournir des suggestions de produits personnalisées, entraînant des taux de conversion plus élevés et la satisfaction des clients.
- Prévision de la demande : prévoir les ventes et les besoins en stocks pour optimiser les niveaux de stock et réduire le gaspillage.
- Optimisation des prix : analyse des tendances du marché et des prix des concurrents pour déterminer la stratégie de prix optimale, maximisant les revenus et les bénéfices.
- Segmentation et ciblage : identification de groupes de clients distincts ayant des préférences et des comportements similaires, permettant des campagnes marketing et promotionnelles plus efficaces.

# 4. Transport et logistique

Une gestion efficace des transports et de la logistique est essentielle pour les entreprises et l'urbanisme. Les méthodologies statistiques et les algorithmes d'apprentissage automatique jouent un rôle important dans l'optimisation de ces processus. Certaines applications incluent :

- Optimisation des itinéraires : analyse des données et des modèles de trafic historiques pour identifier les itinéraires optimaux, ce qui permet d'économiser du temps et des coûts de carburant.
- Prévision du trafic : prévision des flux de trafic et des embouteillages, permettant une meilleure gestion du trafic et une meilleure planification urbaine.
- Gestion de flotte : prévoir les besoins d'entretien des véhicules, optimiser la consommation de carburant et améliorer la sécurité des conducteurs.
- Véhicules autonomes : Tirer parti des algorithmes d'apprentissage automatique pour l'analyse de données basée sur des capteurs, facilitant la prise de décision et le contrôle en temps réel pour les voitures autonomes.

## 5. Énergie et environnement

L'effort mondial en cours pour trouver des solutions énergétiques durables et lutter contre le changement climatique rend nécessaire une analyse sophistiquée des données. Les techniques statistiques et l'apprentissage automatique aident au développement et à la gestion des sources d'énergie renouvelables, à la surveillance de l'environnement et aux stratégies de conservation. Les principales applications incluent :

• Prévision des énergies renouvelables : prévision de la production d'énergie solaire et éolienne sur la base des données météorologiques, conduisant à des plans de production et de distribution d'énergie optimisés.
• Prévision de la consommation d'énergie : analyse des données historiques pour déterminer les futurs modèles de consommation d'énergie, permettant une meilleure gestion de la demande.
• Modélisation climatique : simulation de systèmes climatiques complexes et prévision de futurs scénarios de changement climatique pour guider l'élaboration de politiques et les stratégies d'adaptation.

# 6. Sports et divertissement

Ces dernières années, les équipes et organisations sportives ont commencé à tirer parti de l'analyse de données et de l'apprentissage automatique. Les principales applications sont :

• Analyse des performances : analyse des données de performance des joueurs et développement de stratégies d'entraînement optimales pour améliorer le rendement des athlètes.
• Prévision des blessures : identification des facteurs contribuant au risque de blessure et mise en œuvre de mesures préventives.
• Stratégie de jeu : Utiliser les statistiques des joueurs et de l'équipe pour éclairer les décisions d'entraînement et les plans de match.

- Engagement des fans : analyse des données des fans pour améliorer l'expérience globale, optimiser les campagnes marketing et générer des revenus.

En conclusion, les techniques statistiques et les méthodes d'apprentissage automatique sont très prometteuses et ont un potentiel de transformation dans divers domaines. Un investissement continu dans le développement et l'application de ces outils ouvrira de nouvelles opportunités et façonnera le paysage de notre avenir.

# Combinaison d'approches statistiques, de techniques de prévision et d'apprentissage automatique pour améliorer les applications du monde réel

Lorsque vous abordez le monde réel, avoir une compréhension des statistiques, des prévisions et de l'apprentissage automatique fournit des informations précieuses qui peuvent grandement aider à la prise de décision, à l'optimisation et à la prédiction. Cette section vise à montrer comment la combinaison de ces approches peut améliorer diverses applications réelles, telles que les processus métier, la recherche scientifique et les avancées technologiques.

# 1. Analyse commerciale et prise de décision

Un aspect clé de la gestion d'une entreprise prospère consiste à prendre des décisions basées sur les données qui auront un impact sur la croissance, l'efficacité et la satisfaction des clients. Pour y parvenir, les entreprises peuvent tirer parti de l'analyse statistique, des prévisions et de l'apprentissage automatique pour analyser les données et recueillir des informations exploitables.

## A. Prévision de la demande et chaîne d'approvisionnement

Pour les entreprises impliquées dans la fabrication, la vente au détail ou la logistique, il est crucial de comprendre la demande pour leurs produits et de s'assurer que les niveaux de stocks sont maintenus. Les techniques d'analyse statistique peuvent être utilisées pour identifier les tendances dans les données de ventes historiques, tandis que les modèles de prévision (tels que l'analyse des séries chronologiques ou le lissage exponentiel) peuvent prédire la demande future. Ces informations peuvent ensuite être introduites dans des algorithmes d'apprentissage automatique qui peuvent aider à optimiser les décisions de gestion de la chaîne d'approvisionnement et des stocks, telles que décider quand commander auprès des fournisseurs ou quand planifier les cycles de production.

## B. Segmentation et ciblage de la clientèle

Comprendre les besoins et les préférences des clients est primordial pour toute entreprise. Des techniques statistiques (telles que l'analyse par grappes ou l'analyse en composantes principales) peuvent être utilisées pour identifier les données démographiques, les préférences ou les modèles d'engagement des clients. Les modèles de prévision peuvent prédire comment des groupes de clients spécifiques réagiront à certaines campagnes marketing ou offres promotionnelles, tandis que les algorithmes d'apprentissage automatique (tels que les moteurs de recommandation) peuvent aider les entreprises à adapter leur contenu publicitaire, leur expérience de site Web ou leurs recommandations de produits aux clients individuels, maximisant ainsi les conversions et satisfaction du client.

# 2. Santé et médecine

Dans les soins de santé et la médecine, des prédictions précises et des informations à jour peuvent se traduire directement par de meilleurs diagnostics, traitements et résultats pour les patients. L'analyse statistique et l'apprentissage automatique peuvent améliorer divers aspects de la recherche médicale, des diagnostics et des soins.

### A. Diagnostic médical et imagerie

Des techniques statistiques peuvent être appliquées pour analyser de grands ensembles de données médicales, identifier des modèles et des corrélations et découvrir des biomarqueurs potentiels pour les maladies. Les algorithmes d'apprentissage automatique, tels que les réseaux de neurones d'apprentissage en profondeur ou les machines à vecteurs de support, peuvent être utilisés pour analyser des images médicales (telles que des IRM, des tomodensitogrammes ou des rayons X) et fournir des diagnostics précis, aidant les médecins à prendre des décisions éclairées en matière de traitement.

**B. Découverte de médicaments et médecine personnalisée**

Le processus de découverte de médicaments implique traditionnellement une expérimentation et des tests approfondis. Des approches statistiques, telles que la conception expérimentale et les tests d'hypothèses, peuvent être appliquées pour optimiser le processus d'expérimentation, tandis que les algorithmes d'apprentissage automatique peuvent analyser de grands ensembles de données pour identifier des candidats-médicaments potentiels et prédire leur efficacité dans le traitement. De plus, les techniques de prévision combinées à l'analyse des données génomiques peuvent aider les professionnels de la santé à fournir une médecine personnalisée, en adaptant les traitements en fonction des profils et des besoins individuels des patients.

# 3. Changement climatique et conservation de l'environnement

La lutte contre les effets négatifs du changement climatique et la préservation de notre environnement sont des tâches de plus en plus urgentes. L'analyse statistique, la prévision et l'apprentissage automatique peuvent grandement contribuer à ces domaines, en améliorant notre compréhension des phénomènes naturels et en améliorant nos plans d'action pour l'avenir.

## A. Tendances climatiques et prévisions météorologiques

Des techniques statistiques, telles que l'analyse de régression ou l'analyse de séries chronologiques, peuvent être utilisées pour étudier les données climatiques et météorologiques historiques, en détectant les tendances et les schémas des températures mondiales, des émissions de gaz à effet de serre ou de l'élévation du niveau de la mer. Les modèles de prévision, tels que le modèle de circulation générale (GCM) ou le modèle de recherche et de prévision météorologiques (WRF), peuvent fournir des prévisions à court et à long terme des modèles climatiques et météorologiques. Le couplage de ces prévisions avec des algorithmes d'apprentissage automatique, tels que les réseaux de neurones artificiels, peut améliorer les prévisions et éclairer les stratégies d'atténuation, les plans d'adaptation ou l'élaboration des politiques.

## B. Conservation de la biodiversité et gestion des écosystèmes

La protection de la biodiversité et la préservation des écosystèmes sont essentielles au maintien de la santé de notre planète. Des techniques statistiques peuvent être utilisées pour estimer la taille des populations, analyser la distribution des espèces ou modéliser les interactions des espèces au sein des écosystèmes. Les modèles de prévision peuvent prédire l'impact du changement climatique ou des actions humaines sur ces écosystèmes, tandis que l'apprentissage automatique (par exemple, l'apprentissage par renforcement) peut optimiser les stratégies de conservation ou les plans de restauration des écosystèmes, garantissant les meilleurs résultats possibles pour notre environnement.

## Conclusion

En conclusion, la combinaison d'approches statistiques, de techniques de prévision et d'apprentissage automatique peut grandement améliorer notre compréhension et nos processus de prise de décision dans diverses applications du monde réel. Armés de la puissance des informations basées sur les données, les particuliers, les entreprises et les gouvernements peuvent prendre de meilleures décisions, optimiser leurs opérations et prévoir les défis potentiels, ce qui se traduit finalement par de meilleurs résultats et un avenir plus prospère pour tous.

## Combiner l'expertise humaine avec des algorithmes automatisés dans des applications réelles

Le plus souvent, nous nous retrouvons à plonger dans le monde de l'analyse de données pour prendre des décisions éclairées dans divers domaines. Alors que les algorithmes automatisés offrent un excellent moyen de traiter et d'analyser des quantités massives de données, l'expertise humaine reste indispensable pour contextualiser, évaluer et mettre en œuvre les informations dérivées de ces algorithmes. Dans cette sous-section, nous discutons de certaines façons pratiques dont l'expertise humaine peut aider à interpréter les analyses statistiques, les prévisions et les modèles d'apprentissage automatique pour dériver des solutions optimales dans la vie réelle.

## Amélioration de la validation et de l'interprétation des sorties d'algorithmes

Alors que les algorithmes automatisés sont capables de traiter de vastes ensembles de données et de fournir de nombreuses informations, l'expertise humaine est essentielle pour valider et interpréter ces résultats. La contextualisation des résultats quantitatifs, l'identification des nuances et l'atténuation des biais nécessitent un jugement humain pour garantir une analyse précise et des recommandations appropriées.

Par exemple, un modèle d'apprentissage automatique peut identifier un modèle qui lie un certain groupe démographique à des performances supérieures ou inférieures. Cependant, il faut un jugement humain pour s'assurer que le modèle n'est pas un artefact dû à un biais présent dans les données, et que son interprétation est juste et ne propage pas la discrimination. De plus, les experts en la matière peuvent fournir des commentaires précieux sur la pertinence et la faisabilité des résultats de l'algorithme, affinant davantage le processus d'analyse.

## Combler le fossé entre la théorie et la mise en œuvre pratique

L'application de méthodes statistiques et de modèles d'apprentissage automatique dans des situations réelles nécessite une compréhension et une appréciation approfondies des implications pratiques impliquées. L'expertise humaine peut combler le fossé entre les modèles théoriques et les contraintes pratiques, garantissant que les prédictions statistiques et d'apprentissage automatique sont réalistes, réalisables et exploitables.

Par exemple, un modèle d'apprentissage automatique utilisé dans la gestion du trafic peut suggérer des restrictions de trafic spécifiques dans le but de réduire la congestion. Cependant, les autorités locales doivent tenir compte des implications pratiques, telles que la disponibilité d'itinéraires alternatifs, l'effet potentiel sur les entreprises locales et l'opinion publique. Dans ce cas, les experts du domaine et les acteurs locaux doivent travailler ensemble pour évaluer les solutions proposées et peser les compromis avant de mettre en œuvre les recommandations.

## Faciliter une collaboration interdisciplinaire efficace

La fusion des approches statistiques et d'apprentissage automatique nécessite souvent une collaboration entre des experts de divers domaines pour garantir que les résultats obtenus sont précis et fiables. Les experts en la matière apportent leurs connaissances du domaine à la table, aidant les scientifiques des données à comprendre le contexte et les subtilités du problème à résoudre. À l'inverse, les scientifiques des données enseignent aux experts du domaine comment exploiter le potentiel des algorithmes pour obtenir des informations précieuses à partir de leurs données.

Cet environnement collaboratif favorise un échange fructueux d'idées et permet le développement de solutions personnalisées adaptées pour relever les défis spécifiques rencontrés dans différents domaines. Par exemple, la collaboration entre les professionnels de la santé et les scientifiques des données peut conduire à des modèles prédictifs qui identifient les patients à risque, tandis que la combinaison d'informations marketing avec des algorithmes d'apprentissage automatique peut optimiser les placements publicitaires et maximiser le retour sur investissement.

**Équilibrer les considérations éthiques**

L'application de modèles statistiques et d'apprentissage automatique dans des situations réelles doit être guidée par des considérations éthiques. L'expertise humaine joue un rôle crucial dans la reconnaissance des problèmes éthiques potentiels et dans la garantie que les résultats et les recommandations ne compromettent pas la vie privée des individus, ne perpétuent pas de préjugés injustes ou n'infligent pas de préjudice involontaire.

Par exemple, un modèle d'apprentissage automatique peut identifier un certain groupe de clients comme étant plus susceptible de ne pas rembourser leurs prêts. Dans un tel scénario, le jugement humain est nécessaire pour s'assurer que les politiques de crédit qui en résultent ne discriminent pas injustement ce groupe. En outre, la transparence et la responsabilité doivent être maintenues tout au long des processus d'analyse et de prise de décision pour permettre aux parties prenantes et aux régulateurs d'évaluer l'équité et la validité du résultat.

En conclusion, la combinaison de l'expertise humaine avec des algorithmes automatisés offre le meilleur des deux mondes - la capacité de traiter d'énormes quantités de données avec la compréhension humaine nuancée requise pour générer des solutions réelles précieuses, éthiques et pratiques. En améliorant la validation et l'interprétation, en comblant le fossé entre la théorie et la pratique, en facilitant la collaboration interdisciplinaire et en équilibrant les considérations éthiques, l'expertise humaine joue un rôle essentiel pour libérer tout le potentiel des statistiques, des prévisions et de l'apprentissage automatique dans des applications réelles.

# 10. Développements futurs des statistiques, des prévisions et de

# l'apprentissage automatique : tendances et défis

## 10.1 Convergence technologique et collaboration

Les avancées dans plusieurs domaines technologiques tels que l'intelligence artificielle (IA), l'exploration de données, les statistiques, les prévisions et l'apprentissage automatique visent toutes à donner un sens à des quantités massives de données pour aider à résoudre des problèmes du monde réel. Les données devenant de plus en plus centrales dans la prise de décision et la résolution de problèmes, la nécessité pour ces technologies de fonctionner ensemble et de fournir des solutions cohérentes devient essentielle. Dans cette sous-section, nous explorerons les développements en cours et les défis potentiels alors que ces technologies convergent et collaborent pour conduire l'humanité vers l'avenir.

### 10.1.1 Augmentation de la recherche et des applications interdisciplinaires

La nature interdisciplinaire de cette convergence technologique implique qu'il y aura une augmentation nécessaire de la collaboration entre les experts de différents domaines. Les statisticiens, les mineurs de données, les spécialistes de l'IA et d'autres professionnels devront travailler en étroite collaboration pour développer des solutions efficaces. L'intégration de ces domaines permettra aux organisations de construire des processus de prise de décision basés sur les données et pilotés par les meilleurs aspects de toutes ces technologies.

Un exemple évident de cette tendance est l'utilisation croissante de l'apprentissage automatique dans les modèles de prévision statistique. Les méthodes de prévision conventionnelles telles que ARIMA et le lissage exponentiel sont complétées ou intégrées à des algorithmes d'apprentissage automatique plus avancés tels que les réseaux de neurones récurrents (RNN) et les réseaux de mémoire longue à court terme (LSTM). Cela permet aux prévisionnistes de tirer parti des atouts des deux méthodes en créant des modèles hybrides capables de gérer un paysage de données de plus en plus complexe et vaste.

Le principal défi de la recherche et des applications interdisciplinaires consiste à développer et à maintenir une compréhension et un vocabulaire partagés entre divers groupes d'experts. À mesure que ces domaines convergent, des efforts continus en matière de normalisation, de communication et de diffusion des connaissances seront essentiels pour favoriser un environnement véritablement collaboratif qui peut stimuler l'innovation.

## 10.1.2 Automatisation et améliorations algorithmiques

À mesure que les applications et les scénarios potentiels auxquels les statistiques, les prévisions et l'apprentissage automatique doivent faire face deviennent de plus en plus complexes, il en va de même pour le besoin de développer et de déployer des algorithmes de plus en plus sophistiqués. L'un des développements attendus est l'accent accru mis sur l'automatisation du processus de sélection des modèles, de réglage des paramètres et de traitement des données. L'automatisation réduit le nombre d'interventions manuelles requises, ce qui minimise à son tour le risque d'infiltration ou d'erreur humaine dans l'analyse.

De plus, à mesure que le volume de données continue de croître, la pression sur le développement d'algorithmes capables de traiter efficacement des ensembles de données à grande échelle est de plus en plus forte. Le domaine de l'apprentissage automatique en particulier a connu des avancées significatives ces dernières années, avec le développement de nouveaux algorithmes et l'amélioration de ceux existants qui peuvent réduire le temps, les ressources de calcul et, dans certains cas, la quantité de données étiquetées nécessaires pour produire des prédictions précises. .

Ces avancées entraînent également de nouveaux défis liés à l'explicabilité et à l'interprétabilité des modèles en cours de développement. À mesure que les modèles deviennent plus complexes et automatisés, le besoin d'intuition et de compréhension humaines ne disparaît pas. En fait, cela devient encore plus crucial pour garantir que ces systèmes restent responsables, transparents et éthiquement responsables.

### 10.1.3 Confidentialité et sécurité des données

Alors que de plus en plus d'organisations et d'institutions de divers secteurs s'appuient sur des stratégies de prise de décision basées sur les données, il est de plus en plus nécessaire de répondre aux préoccupations liées à la confidentialité et à la sécurité des données. La combinaison de méthodes issues des statistiques, des prévisions et de l'apprentissage automatique a conduit à des méthodes analytiques extrêmement efficaces pour extraire des informations à partir des données, mais elles ont également accru les inquiétudes concernant la confidentialité des informations des utilisateurs.

Des efforts sont en cours dans les domaines de la cryptographie et de l'apprentissage automatique préservant la confidentialité pour développer des techniques et des solutions permettant l'analyse des données, tout en garantissant la sécurité des informations sensibles. Ces techniques incluent le cryptage homomorphe, le calcul multipartite sécurisé et la confidentialité différentielle. Le défi ici est de trouver un équilibre entre le maintien de la confidentialité des données et la possibilité pour les organisations d'obtenir des informations précieuses et de prendre des décisions éclairées.

### 10.1.4 Initiatives éducatives et transformation de la main-d'œuvre

À l'avenir, la main-d'œuvre qui s'occupe des statistiques, des prévisions et de l'apprentissage automatique devra être bien équipée pour gérer ces technologies en évolution. Les programmes d'enseignement et de formation doivent s'adapter à ces changements en incorporant des perspectives interdisciplinaires et en offrant une formation continue sur les nouvelles techniques et méthodologies. Il sera essentiel de formuler des programmes d'études, des cours et des programmes qui enseignent aux étudiants les compétences essentielles pour travailler dans ce paysage en évolution.

La demande de professionnels qualifiés dans ces domaines continuera de croître, ce qui peut mettre à rude épreuve la main-d'œuvre si un nombre suffisant de personnes compétentes n'est pas disponible. Les organisations et les institutions doivent investir dans la reconversion et le perfectionnement de leurs employés ainsi que dans la mise en œuvre d'initiatives éducatives interdisciplinaires pour les doter des compétences nécessaires pour faire face aux défis futurs.

En conclusion, les statistiques, la prévision et l'apprentissage automatique sont trois domaines qui connaissent des avancées significatives et continueront à collaborer étroitement à l'avenir. Les principaux développements futurs comprendront probablement l'augmentation de la recherche interdisciplinaire, l'automatisation, les améliorations algorithmiques, l'amélioration de la confidentialité et de la sécurité des données et l'accent mis sur l'adaptation des cadres éducatifs. L'avenir de ces domaines est prometteur, mais la réalisation réussie de ce potentiel dépendra de la

résolution de plusieurs défis importants et
complexes.

# 10. Développements futurs des statistiques, des prévisions et de l'apprentissage automatique : tendances et défis

## 10.1. Applications du monde réel et importance de la collaboration interdisciplinaire

Alors que le monde devient de plus en plus axé sur les données, l'importance des méthodes statistiques, des modèles de prévision et des algorithmes d'apprentissage automatique (ML) continue de croître. Leur importance transcende les disciplines et les secteurs industriels, avec des applications allant de la finance, de la santé, des transports et de l'énergie, entre autres. Dans cette section, nous abordons certaines tendances et défis futurs de ces approches, tout en soulignant l'importance de la collaboration interdisciplinaire pour leur mise en œuvre réussie.

### 10.1.1. Complexité et hétérogénéité accrues des données

L'une des principales tendances auxquelles le domaine des statistiques, des prévisions et de l'apprentissage automatique devra faire face est la complexité et l'hétérogénéité croissantes des données. Les organisations et les individus génèrent en permanence divers ensembles de données comprenant du texte, des images, des fichiers audio et vidéo, ainsi que des données interdépendantes et temporelles. Cela signifie que des techniques plus sophistiquées seront nécessaires pour extraire des informations précieuses de ces ensembles de données complexes, et c'est là que l'apprentissage automatique, l'apprentissage en profondeur et les méthodes statistiques avancées entrent en jeu.

### 10.1.2. Intégration de l'IA et du ML dans les processus décisionnels

Alors que de plus en plus d'organisations commencent à intégrer l'IA et le ML dans leurs processus de prise de décision, elles dépendront encore plus de prévisions précises et d'informations exploitables. Cela oblige les chercheurs à développer des modèles statistiques et des algorithmes d'apprentissage automatique plus robustes et plus fiables.

Une tendance que nous pouvons nous attendre à voir à cet égard est l'utilisation accrue de l'IA explicable (XAI). Au fur et à mesure que les décideurs mettent en œuvre des solutions d'IA et de ML, ils voudront comprendre comment les modèles font leurs prédictions. Cela favorise la responsabilité, la transparence et la confiance dans les algorithmes, garantissant que les considérations éthiques sont maintenues et que les erreurs sont réduites.

### 10.1.3. Edge Computing et l'émergence de l'IoT

La croissance rapide de l'Internet des objets (IoT) est sur le point d'avoir un impact profond sur les domaines appliqués des statistiques, des prévisions et de l'apprentissage automatique. Les grandes quantités de données produites par les appareils IoT offrent des opportunités importantes pour l'analyse en temps réel, mais présentent également des défis en termes de latence, de limitations de bande passante et de problèmes de confidentialité.

L'edge computing, qui consiste à traiter les données plus près de la source, deviendra probablement de plus en plus pertinent pour relever certains de ces défis. Les chercheurs devront développer des algorithmes économes en ressources pouvant être déployés sur des appareils périphériques, permettant des prédictions et des prévisions en temps réel sans surcharger l'infrastructure réseau.

### 10.1.4. Apprentissage automatique interprétable, inférence causale et défis éthiques

À mesure que l'apprentissage automatique atteint une adoption plus large et est de plus en plus intégré dans les processus de prise de décision critiques, l'importance de l'interprétabilité et de la compréhension des relations causales devient encore plus importante. Ceci est pertinent non seulement pour le diagnostic et l'optimisation des modèles, mais également pour répondre aux préoccupations éthiques et d'équité dans l'IA.

La nécessité de comprendre les mécanismes de causalité sous-jacents et de développer des algorithmes équitables, transparents et responsables présente à la fois des opportunités et des défis pour les statisticiens et les chercheurs en apprentissage automatique. L'intérêt croissant pour les techniques d'apprentissage automatique interprétables et l'inférence causale peut aider à combler le fossé entre la précision du modèle et son explicabilité, garantissant que les modèles ML sont conformes aux normes éthiques attendues dans les applications critiques.

### 10.1.5. L'importance de la collaboration interdisciplinaire

L'avancement rapide des technologies et des techniques dans les domaines des statistiques, des prévisions et de l'apprentissage automatique nécessite une collaboration entre les experts du domaine, les statisticiens et les informaticiens. Les équipes interdisciplinaires sont essentielles pour résoudre les problèmes complexes du monde réel et garantir que les modèles et algorithmes développés sont applicables, interprétables et éthiquement sains.

La collaboration favorise le partage d'idées, de méthodes et de perspectives, menant finalement à des idées plus significatives qui peuvent stimuler l'innovation et influencer la prise de décision. En encourageant l'apprentissage et la communication interdisciplinaires, les statisticiens et les praticiens de l'apprentissage automatique peuvent mieux comprendre les défis et les exigences de divers domaines, facilitant ainsi le développement de solutions plus pertinentes et percutantes.

## 10.2. Conclusion

L'avenir des statistiques, des prévisions et de l'apprentissage automatique est rempli d'opportunités passionnantes, ainsi que de défis importants. En se tenant au courant des tendances émergentes, en collaborant avec des experts d'autres disciplines et en tenant compte des considérations d'éthique et d'équité, les praticiens et les chercheurs de ces domaines seront bien équipés pour naviguer dans le paysage complexe des applications du monde réel et contribuer de manière significative à l'avancement des connaissances et de la technologie.

## 10.5 Développements futurs des statistiques, des prévisions et de l'apprentissage automatique : tendances et défis

L'avenir des statistiques, des prévisions et de l'apprentissage automatique est vaste, car ces domaines sont essentiels à la création de solutions basées sur les données qui répondent à divers défis dans le monde d'aujourd'hui. Les innovations technologiques, les ressources informatiques et les algorithmes continuent de propulser le domaine de l'analyse des données vers de nouveaux sommets. Cette section se penchera sur les tendances et les défis passionnants qui façonneront l'avenir de ces domaines et sur la manière dont ils seront liés à différents secteurs pour stimuler la transformation et l'innovation.

### 10.5.1 Croissance des données et complexité

Avec l'essor de l'Internet des objets (IoT), des appareils mobiles, des capteurs et des médias sociaux, la création de données explose. Chaque minute, de grandes quantités de données sont générées, représentant de riches sources de connaissances qui attendent d'être exploitées. Les professionnels des données auront de plus en plus besoin des connaissances et des compétences nécessaires pour gérer efficacement des ensembles de données volumineux. L'analyse de mégadonnées et les cadres informatiques distribués, tels qu'Apache Hadoop et Spark, joueront un rôle crucial dans la facilitation du traitement des données, affinant ainsi la modélisation statistique et les techniques d'apprentissage automatique.

### 10.5.2 Réseaux de neurones et apprentissage en profondeur

Les réseaux de neurones, un type d'apprentissage automatique qui simule le fonctionnement du cerveau humain, ont joué un rôle déterminant dans des avancées significatives dans diverses applications telles que la reconnaissance d'images, le traitement du langage naturel (TLN) et les jeux. L'apprentissage en profondeur, un sous-domaine des réseaux de neurones, est devenu de plus en plus populaire, à mesure que les chercheurs explorent de nouvelles architectures et méthodologies de formation. Nous pouvons nous attendre à ce que la complexité des réseaux de neurones s'intensifie, améliorant les performances et élargissant la portée de leur application.

## 10.5.3 Apprentissage par renforcement et apprentissage par transfert

L'apprentissage par renforcement (RL) et l'apprentissage par transfert sont des domaines de recherche actifs qui promettent de révolutionner la façon dont les systèmes apprennent et gagnent en intelligence. Dans RL, un agent apprend de son interaction avec un environnement basé sur un mécanisme de rétroaction de récompense, lui permettant de développer des stratégies pour optimiser les résultats. L'apprentissage par transfert, quant à lui, consiste à appliquer les connaissances acquises dans un contexte pour résoudre des problèmes connexes, ce qui facilite une convergence plus rapide et améliore les performances. Ces approches ont un potentiel considérable, y compris le développement de systèmes «d'intelligence générale artificielle» (IAG) capables d'apprendre efficacement plusieurs tâches et de surpasser les humains dans divers domaines.

## 10.5.4 Intégration interdisciplinaire

À mesure que l'application des statistiques, des prévisions et de l'apprentissage automatique continue de se développer, nous assisterons à une intégration accrue avec d'autres domaines d'études tels que la physique, la biologie et les sciences sociales. Cette fusion interdisciplinaire renforcera l'échange de connaissances et de méthodes, et améliorera l'étendue et la profondeur des découvertes axées sur les données. Par exemple, les applications de l'apprentissage automatique dans la découverte de médicaments et la génomique sont de plus en plus répandues, propulsant les progrès de la médecine personnalisée.

### 10.5.5 Éthique et équité

Comme les systèmes basés sur les données ont un impact plus important sur les vies humaines, garantir un comportement éthique et équitable au sein de ces systèmes deviendra de plus en plus important. Les préjugés algorithmiques, la transparence et la responsabilité seront au centre de débats et de recherches considérables parmi les universitaires, les praticiens et les décideurs. L'élaboration de cadres éthiques et d'outils d'évaluation pour se prémunir contre la discrimination, la violation de la vie privée et d'autres préjudices potentiels sera primordiale.

### 10.5.6 Infrastructure et évolutivité

L'échelle massive et la nature en temps réel de la génération de données nécessitent une infrastructure matérielle et logicielle robuste pour assurer des capacités de maintenance, de stockage et de traitement appropriées. Le cloud computing et le calcul haute performance (HPC) continueront probablement de jouer un rôle essentiel pour répondre à ces exigences. De plus, les technologies de stockage de données efficaces et rentables, telles que le stockage d'objets et l'architecture de lac de données, deviendront importantes à mesure que les défis de la gestion des données évoluent.

### 10.5.7 Interaction Homme-Machine

À mesure que les systèmes d'IA et d'apprentissage automatique deviennent plus intelligents et autonomes, il sera essentiel de favoriser la collaboration homme-machine pour tirer parti des forces et atténuer les faiblesses des deux parties. Les innovations dans l'interaction homme-ordinateur, telles que la réalité augmentée, le traitement du langage naturel et la vision par ordinateur, continueront de transformer la façon dont les humains et les machines travaillent ensemble, créant une synergie et accélérant la résolution de problèmes.

En conclusion, l'avenir des statistiques, des prévisions et de l'apprentissage automatique présente un paysage fascinant plein d'opportunités et de défis. Alors que la technologie progresse à un rythme sans précédent, les solutions basées sur les données deviennent indispensables pour résoudre les problèmes complexes qui affectent l'humanité. Rester informé, adaptable et réceptif à l'innovation dans ces domaines est essentiel pour libérer leur potentiel et transformer le monde pour le mieux.

# 10.2 Le rôle des approches interdisciplinaires dans l'avancement des techniques

# statistiques et d'apprentissage automatique

Au fur et à mesure que nous progressons dans le 21e siècle, les méthodologies et techniques informatiques issues des statistiques, des prévisions et de l'apprentissage automatique (ML) continueront d'imprégner presque tous les aspects de la vie humaine. Dans un monde en constante évolution, prévoir les tendances et les défis futurs est souvent une tâche difficile. Cependant, une chose reste certaine : les approches interdisciplinaires joueront un rôle essentiel dans le processus en cours de développement de méthodes nouvelles et améliorées dans des domaines tels que les statistiques et l'apprentissage automatique. En comblant le fossé entre divers domaines d'expertise, les chercheurs et les praticiens auront accès à des idées innovantes et à de nouvelles applications qui peuvent faire progresser de manière significative l'état de l'art de ces outils puissants.

## 10.2.1 Interactions entre l'industrie et le milieu universitaire

À l'avenir, de plus en plus de professionnels devront posséder une base solide en techniques statistiques et ML. Veiller à ce que les gens acquièrent ces compétences nécessite une collaboration étroite entre l'industrie et le milieu universitaire. Les établissements d'enseignement jouent un rôle crucial dans la préparation des futurs employés et chercheurs en offrant des cours et des opportunités de formation de pointe. Pendant ce temps, les organisations industrielles peuvent fournir des commentaires et un soutien précieux en parrainant des projets de recherche, en partageant des données précieuses et en offrant des stages et des stages coopératifs.

De tels partenariats entre les deux sphères devraient continuer à se renforcer dans les années à venir. Cela garantira non seulement un flux constant de professionnels bien préparés entrant sur le marché du travail, mais favorisera également l'innovation continue dans le développement et la mise en œuvre de techniques statistiques et d'apprentissage automatique.

## 10.2.2 Améliorations de la robustesse et de la confidentialité

À mesure que les techniques statistiques et d'apprentissage automatique deviennent plus omniprésentes dans différents secteurs, le besoin de développer des méthodes robustes et préservant la confidentialité augmentera. La génération de prédictions et d'informations à partir de données peut parfois comporter des risques potentiels, notamment des violations de la confidentialité ou des résultats biaisés qui ont des conséquences néfastes. Pour cette raison, une plus grande attention doit être accordée à la conception d'algorithmes qui sont non seulement efficaces, mais qui respectent également la vie privée des individus et minimisent la probabilité de produire des résultats préjudiciables.

Les stratégies émergentes, telles que la
confidentialité différentielle et l'apprentissage
fédéré, gagnent du terrain en tant que solutions
potentielles à ces problèmes. En itérant et en
affinant continuellement la mise en œuvre de ces
méthodes, les développeurs peuvent fournir des
moyens plus sûrs de gérer les informations
sensibles tout en permettant des capacités
d'analyse et de prédiction robustes.

## 10.2.3 L'essor d'AutoML et de la recherche d'architecture neuronale

Une tendance notable ces dernières années a été
l'attention croissante portée au développement
d'algorithmes capables de concevoir et d'optimiser
des modèles d'apprentissage automatique de
manière autonome. Cela implique des méthodes
telles que la recherche d'hyperparamètres et la
recherche d'architecture neurale, dans le but
d'automatiser une grande partie du processus de
conception de modèles précis et efficaces.

Ces efforts devraient se poursuivre dans le futur,
motivés par l'idée que les experts humains ne
peuvent suivre qu'un nombre limité de facteurs à
la fois. En exploitant la puissance de calcul et des
algorithmes sophistiqués, un espace de recherche
plus large pour les conceptions de modèles
potentiels peut être exploré, découvrant des
solutions nouvelles et plus performantes. Ces
méthodes peuvent également s'avérer
particulièrement utiles pour identifier les modèles
qui fonctionnent bien sur de nouvelles tâches ou
ensembles de données invisibles.

### 10.2.4 Collaboration homme-IA et élargissement du domaine des applications

Pour maximiser le potentiel des statistiques, des prévisions et de l'apprentissage automatique, l'accent mis sur la collaboration homme-IA continuera de croître à l'avenir. Les chercheurs se consacrent de plus en plus à aider les gens à mieux comprendre et utiliser les informations et les prédictions générées par les modèles statistiques ou ML. Cela implique le besoin de techniques plus interprétables ou d'interfaces utilisateur dédiées qui peuvent présenter des informations de manière intuitive et exploitable.

Outre l'amélioration des interactions homme-IA, un autre défi important consiste à étendre la gamme de domaines du monde réel où ces techniques peuvent être appliquées. Cela inclut la résolution de problèmes non conventionnels ou historiquement difficiles, tels que la prévision des catastrophes naturelles ou le suivi des pandémies mondiales. En ciblant ces zones à fort impact, la puissance des méthodes statistiques et de ML peut être exploitée pour apporter des changements significatifs et positifs dans la vie des gens.

En conclusion, anticiper l'avenir de la statistique, de la prévision et de l'apprentissage automatique est une tâche complexe. Néanmoins, le rôle des approches interdisciplinaires et de la collaboration continue entre le milieu universitaire et l'industrie, combiné à une attention croissante à la robustesse, à la confidentialité, à AutoML et à la collaboration homme-IA, jouera sans aucun doute un rôle central dans l'évolution des progrès dans ces domaines. Alors que nous continuons à innover et à élargir les horizons de ces domaines, le potentiel d'amélioration de notre compréhension du monde et d'amélioration de la prise de décision dans divers domaines sera pratiquement illimité.

# 10.1 Technologies et paradigmes émergents dans le domaine des statistiques, des prévisions et de l'apprentissage automatique

Alors que le domaine des statistiques, des prévisions et de l'apprentissage automatique continue d'évoluer, plusieurs tendances clés façonnent son avenir. Ces développements offrent des opportunités passionnantes pour améliorer et étendre l'application de ces disciplines, ainsi que des défis pour comprendre et naviguer dans un paysage en évolution rapide. Cette section discutera de certains des développements les plus prometteurs, en se concentrant sur leur impact potentiel sur le terrain et sur les défis qu'ils pourraient présenter pour ceux qui travaillent dans ce domaine.

## 10.1.1 L'essor du Big Data et de l'analyse en temps réel

L'explosion des données ces dernières années a changé le visage des statistiques, des prévisions et de l'apprentissage automatique. Avec l'accès à des ensembles de données massifs, ces domaines ont le potentiel de développer des modèles plus précis, de prendre des décisions plus éclairées et de fournir des informations sans précédent sur diverses industries et aspects de la vie. Cependant, le volume considérable de données présente également des défis : comment pouvons-nous traiter, stocker et analyser efficacement de si vastes quantités de données ?

Une solution à ce défi est l'essor de l'analyse en temps réel, qui se concentre sur le traitement des données au fur et à mesure qu'elles sont générées, plutôt que de s'appuyer sur des données historiques. Cette approche permet aux praticiens de prendre des décisions proactives, d'identifier rapidement les modèles et les tendances et de réagir aux événements au fur et à mesure qu'ils se déroulent. L'analyse en temps réel joue également un rôle important dans le domaine en plein essor de l'analyse en continu, où les données sont analysées en continu pour générer des informations et prendre des décisions.

## 10.1.2 Apprentissage profond et réseaux de neurones artificiels

L'apprentissage en profondeur, un sous-ensemble de l'apprentissage automatique, utilise des réseaux de neurones artificiels pour entraîner les ordinateurs à reconnaître des modèles, à prendre des décisions et à effectuer d'autres tâches complexes. Ces réseaux, inspirés par la structure et la fonction des réseaux de neurones biologiques, ont démontré un succès remarquable dans des domaines tels que la reconnaissance d'images, le traitement du langage naturel et les jeux.

L'apprentissage en profondeur a le potentiel de révolutionner les prévisions et les statistiques en permettant des prédictions plus précises et en fournissant de nouvelles informations sur les relations complexes au sein des données. Cependant, des défis subsistent dans la formation et le déploiement de modèles d'apprentissage en profondeur, notamment en termes de puissance de calcul et de compréhension de leur fonctionnement interne. À mesure que l'apprentissage en profondeur continue de progresser, il sera crucial pour les praticiens des statistiques, des prévisions et de l'apprentissage automatique de se tenir au courant de ce domaine en évolution rapide.

### 10.1.3 L'Internet des objets et les données des capteurs

L'Internet des objets (IoT) - le réseau d'appareils et d'objets interconnectés - est un domaine en croissance et en évolution rapides, fournissant un large éventail de données pour éclairer les modèles statistiques et les prévisions. Les appareils et capteurs IoT collectent de grandes quantités de données en temps réel dans divers secteurs, notamment l'agriculture, la santé, les transports et la gestion de l'énergie.

L'essor de l'IoT et des données de capteurs présente des opportunités uniques pour l'application des statistiques, des prévisions et de l'apprentissage automatique, permettant une modélisation et une prédiction plus granulaires et précises. Cependant, le volume considérable de données générées, combiné à la nécessité d'une analyse en temps réel, présente des défis importants en termes de stockage, de traitement et de transmission des données.

### 10.1.4 Les implications éthiques, de confidentialité et de sécurité de la science des données

Alors que les données deviennent de plus en plus disponibles et intégrées dans les processus décisionnels, les préoccupations concernant les implications éthiques, de confidentialité et de sécurité de la collecte et de l'utilisation des données sont critiques. De la surveillance numérique et de la reconnaissance faciale aux biais algorithmiques et aux véhicules autonomes, le pouvoir et l'influence croissants des décisions fondées sur les données soulèvent des questions sur l'utilisation responsable des données et les implications pour la vie privée individuelle et le bien-être de la société.

Pour les praticiens des statistiques, des prévisions et de l'apprentissage automatique, il est essentiel de comprendre les dimensions éthique, de confidentialité et de sécurité de leur travail. Cela peut impliquer de prendre en compte les biais potentiels dans les sources de données, d'assurer une utilisation et un stockage responsables des données et de s'engager avec des cadres et des directives éthiques dans leurs domaines.

## 10.1.5 L'intégration de l'expertise du domaine avec les compétences techniques

À mesure que le domaine des statistiques, des prévisions et de l'apprentissage automatique se développe et se diversifie, le besoin de collaboration interdisciplinaire continuera de croître. Des experts dans divers domaines - de l'écologie et de la santé publique à la finance et aux politiques - devront travailler en étroite collaboration avec des scientifiques des données et des statisticiens pour développer des modèles et des prévisions percutants. Cette collaboration permet de garantir que l'expertise technique est appliquée de manière appropriée aux problèmes du monde réel, ce qui a l'impact le plus significatif sur l'industrie et la société dans son ensemble.

De plus, les connaissances spécifiques au domaine sont inestimables pour garantir l'interprétabilité des modèles d'apprentissage automatique, un défi clé dans le domaine. L'expérience dans le domaine cible peut aider à valider les modèles, à identifier les pièges et les biais potentiels et à guider le développement de modèles plus précis et significatifs.

En conclusion, les développements futurs des statistiques, des prévisions et de l'apprentissage automatique présentent à la fois des opportunités passionnantes et des défis formidables. En restant informés de ces tendances et en s'engageant dans les dimensions interdisciplinaires et éthiques de leur travail, les praticiens seront mieux équipés pour naviguer dans l'avenir de ces disciplines et

avoir un impact significatif sur le monde qui les
entoure.

# Droits d'auteur et clauses de non-responsabilité :

Clause de non-responsabilité relative au contenu assisté par l'IA :
Le contenu de ce livre a été généré avec l'aide de modèles de langage d'intelligence artificielle (IA) comme CHatGPT et Llama. Bien que des efforts aient été faits pour assurer l'exactitude et la pertinence des informations fournies, l'auteur et l'éditeur ne donnent aucune garantie quant à l'exhaustivité, la fiabilité ou l'adéquation du contenu à un usage spécifique. Le contenu généré par l'IA peut contenir des erreurs, des inexactitudes ou des informations obsolètes, et les lecteurs doivent faire preuve de prudence et vérifier indépendamment toute information avant de s'y fier. L'auteur et l'éditeur ne peuvent être tenus responsables des conséquences découlant de l'utilisation ou de la confiance accordée au contenu généré par l'IA dans ce livre.

Clause de non-responsabilité générale :
Nous utilisons des outils de génération de contenu pour créer ce livre et obtenons une grande partie du matériel à partir d'outils de génération de texte. Nous mettons à disposition du matériel et des données financières par le biais de nos Services. Pour ce faire, nous nous appuyons sur une variété de sources pour recueillir ces informations. Nous pensons qu'il s'agit de sources fiables, crédibles et exactes. Cependant, il peut arriver que les informations soient incorrectes. NOUS NE FAISONS AUCUNE REVENDICATION OU REPRÉSENTATION QUANT À L'EXACTITUDE, L'EXHAUSTIVITÉ OU LA VÉRITÉ DE TOUT MATÉRIEL

En plus de ce qui précède, il est important de noter que les modèles de langage comme ChatGPT sont basés sur des techniques d'apprentissage en profondeur et ont été formés sur de grandes quantités de données textuelles pour générer un texte de type humain. Ces données textuelles incluent une variété de sources telles que des livres, des articles, des sites Web et bien plus encore. Ce processus de formation permet au modèle d'apprendre des modèles et des relations dans le texte et de générer des sorties cohérentes et adaptées au contexte.

Les modèles de langage comme ChatGPT peuvent être utilisés dans une variété d'applications, y compris, mais sans s'y limiter, le service client, la création de contenu et la traduction linguistique. Dans le service client, par exemple, les modèles linguistiques peuvent être utilisés pour répondre rapidement et avec précision aux demandes des clients, libérant ainsi des agents humains pour gérer des tâches plus complexes. Dans la création de contenu, les modèles de langage peuvent être utilisés pour générer des articles, des résumés et des légendes, ce qui permet aux créateurs de contenu d'économiser du temps et des efforts. Dans la traduction linguistique, les modèles linguistiques peuvent aider à traduire un texte d'une langue à une autre avec une grande précision, contribuant ainsi à éliminer les barrières linguistiques.

Il est important de garder à l'esprit, cependant, que même si les modèles de langage ont fait de grands progrès dans la génération de texte de type humain, ils ne sont pas parfaits. Il existe toujours des limites à la compréhension du modèle du contexte et de la signification du texte, et il peut générer des sorties incorrectes ou offensantes. En tant que tel, il est important d'utiliser les modèles de langage avec prudence et de toujours vérifier l'exactitude des sorties générées par le modèle.

## Avis de non-responsabilité financière

Ce livre est dédié à vous aider à comprendre le monde de l'investissement en ligne, à éliminer toutes les craintes que vous pourriez avoir au début et à vous aider à choisir de bons investissements. Notre objectif est de vous aider à prendre le contrôle de votre bien-être financier en vous offrant une solide éducation financière et des stratégies d'investissement responsable. Cependant, les informations contenues dans ce livre et dans nos services sont fournies à titre d'information générale et à des fins éducatives uniquement. Il ne vise pas à remplacer les conseils juridiques, commerciaux et/ou financiers d'un professionnel agréé. L'activité d'investissement en ligne est une question compliquée qui nécessite une diligence raisonnable financière sérieuse pour chaque investissement afin de réussir. Il vous est fortement conseillé de rechercher les services de professionnels qualifiés et compétents avant de vous engager dans tout investissement susceptible d'avoir un impact sur vos finances. Ces informations sont fournies par ce livre, y compris la façon dont il a été créé, collectivement appelés les « Services ».

Soyez prudent avec votre argent. N'utilisez que des stratégies dont vous comprenez les risques potentiels et que vous êtes à l'aise de prendre. Il est de votre responsabilité d'investir judicieusement et de protéger vos informations personnelles et financières.

Nous croyons que nous avons une grande communauté d'investisseurs qui cherchent à réussir et à s'entraider pour réussir financièrement grâce à l'investissement. En conséquence, nous encourageons les gens à commenter sur notre blog et peut-être à l'avenir sur notre forum. De nombreuses personnes contribueront à cette question, cependant, il y aura des moments où des personnes fourniront des informations trompeuses, trompeuses ou incorrectes, involontairement ou autrement.

Vous ne devez JAMAIS vous fier aux informations ou opinions que vous lisez sur ce livre, ou sur tout livre auquel nous pourrions être lié. Les informations que vous lisez ici et dans nos services doivent être utilisées comme point de départ pour votre PROPRE RECHERCHE dans diverses entreprises et stratégies d'investissement afin que vous puissiez prendre une décision éclairée sur où et comment investir votre argent.

NOUS NE GARANTISSONS PAS LA VÉRACITÉ, LA FIABILITÉ OU L'EXHAUSTIVITÉ DES INFORMATIONS FOURNIES DANS LES COMMENTAIRES, LE FORUM OU D'AUTRES ESPACES PUBLICS DU livre OU DANS TOUT HYPERLIEN APPARAISSANT SUR NOTRE livre.

Nos services sont fournis pour vous aider à comprendre comment prendre de bonnes décisions d'investissement et de finances personnelles pour vous-même. Vous êtes seul responsable des décisions d'investissement que vous prenez. Nous ne serons pas responsables des erreurs ou omissions sur le livre, y compris dans les articles ou les publications, pour les hyperliens intégrés dans les messages, ou pour tout résultat obtenu à partir de l'utilisation de ces informations. Nous ne serons pas non plus responsables de toute perte ou dommage, y compris les dommages indirects, le cas échéant, causés par la confiance d'un lecteur dans toute information obtenue grâce à l'utilisation de nos Services. Veuillez ne pas utiliser notre livre si vous n'acceptez pas l'auto-responsabilité de vos actions.

La Securities and Exchange Commission (SEC) des États-Unis a publié des informations supplémentaires sur la cyberfraude pour vous aider à la reconnaître et à la combattre efficacement. Vous pouvez également obtenir une aide supplémentaire sur les programmes d'investissement en ligne et sur la manière de les éviter dans les livres suivants : http://www.sec.gov et http://www.finra.org, et http://www.nasaa.org ce sont chacune des organisations mises en place pour aider à protéger les investisseurs en ligne.

Si vous choisissez d'ignorer nos conseils et de ne pas faire de recherche indépendante sur les diverses industries, entreprises et actions, vous avez l'intention d'investir et de vous fier uniquement aux informations, «conseils» ou opinions trouvées dans notre livre - vous reconnaissez que vous avez fait une décision consciente et personnelle de votre plein gré et n'essayera pas de nous tenir responsables des résultats de celle-ci en aucune circonstance. Les services offerts ici ne visent pas à agir en tant que votre conseiller en placement personnel. Nous ne connaissons pas tous les faits pertinents vous concernant et/ou vos besoins individuels, et nous ne déclarons ni ne prétendons que l'un de nos Services est adapté à vos besoins. Vous devriez vous adresser à un conseiller en placement inscrit si vous recherchez des conseils personnalisés.

Liens vers d'autres sites. Vous pourrez également créer des liens vers d'autres livres de temps à autre, via notre site. Nous n'avons aucun contrôle sur le contenu ou les actions des livres auxquels nous sommes liés et ne serons pas responsables de tout ce qui se produit en relation avec l'utilisation de ces livres. L'inclusion de tout lien, sauf indication contraire expresse, ne doit pas être considérée comme une approbation ou une recommandation de ce livre ou des opinions qui y sont exprimées. Vous, et vous seul, êtes responsable de faire votre propre diligence raisonnable sur tout livre avant de faire affaire avec eux.

Avis de non-responsabilité et limitations : en aucun cas, y compris, mais sans s'y limiter, la négligence, nous, ni nos partenaires, le cas échéant, ni l'un de nos affiliés, ne serons tenus responsables ou redevables, directement ou indirectement, de toute perte ou dommage, quel qu'il soit, résultant de de ou en relation avec l'utilisation de nos Services, y compris, sans s'y limiter, les dommages directs, indirects, consécutifs, inattendus, spéciaux, exemplaires ou autres pouvant en résulter, y compris, mais sans s'y limiter, les pertes économiques, les blessures, la maladie ou le décès ou tout tout autre type de perte ou de dommage, ou de réactions inattendues ou indésirables aux suggestions contenues dans le présent document ou qui vous sont autrement causés ou qui vous auraient été causés en relation avec votre utilisation de tout conseil, bien ou service que vous recevez sur le Site, quelle qu'en soit la source, ou tout autre livre que vous avez pu visiter via des liens de notre livre, même si vous avez été informé de la possibilité de tels dommages.

La loi applicable peut ne pas autoriser la limitation ou l'exclusion de responsabilité ou de dommages indirects ou consécutifs (y compris, mais sans s'y limiter, la perte de données), de sorte que la limitation ou l'exclusion ci-dessus peut ne pas s'appliquer à vous. Cependant, en aucun cas la responsabilité totale de notre part envers vous pour tous les dommages, pertes et causes d'action (qu'elles soient contractuelles, délictuelles ou autres) ne dépassera le montant que vous nous avez payé, le cas échéant, pour l'utilisation de notre Services, le cas échéant. Et en utilisant notre Site, vous acceptez expressément de ne pas essayer de nous tenir responsables des conséquences résultant de votre utilisation de nos Services ou des informations qui y sont fournies, à tout moment ou pour quelque raison que ce soit, quelles que soient les circonstances.

Clause de non-responsabilité relative aux résultats spécifiques. Nous nous engageons à vous aider à prendre le contrôle de votre bien-être financier par l'éducation et l'investissement. Nous proposons des stratégies, des opinions, des ressources et d'autres services spécialement conçus pour réduire le bruit et le battage médiatique afin de vous aider à prendre de meilleures décisions en matière de finances personnelles et d'investissement. Cependant, il n'y a aucun moyen de garantir qu'une stratégie ou une technique soit efficace à 100%, car les résultats varient selon les individus, ainsi que les efforts et l'engagement qu'ils déploient pour atteindre leur objectif. Et, malheureusement, nous ne vous connaissons pas. Par conséquent, en utilisant et/ou en achetant nos services, vous acceptez expressément que les résultats que vous recevez de l'utilisation de ces services ne dépendent que de vous. En outre, vous acceptez expressément que tous les risques d'utilisation et toutes les conséquences d'une telle utilisation soient à votre charge exclusive. Et que vous n'essayerez pas de nous tenir responsables à tout moment, et pour quelque raison que ce soit, quelles que soient les circonstances.

Comme stipulé par la loi, nous ne pouvons pas et ne faisons aucune garantie quant à votre capacité à obtenir des résultats particuliers en utilisant tout service acheté via notre livre. Rien sur cette page, notre livre ou l'un de nos services n'est une promesse ou une garantie de résultats, y compris que vous gagnerez une somme d'argent particulière ou, de l'argent du tout, vous comprenez également que tous les investissements comportent des risques et vous risquez en fait de perdre de l'argent en investissant. En conséquence, tous les résultats indiqués dans notre livre, sous forme de témoignages, d'études de cas ou autres, ne sont qu'illustratifs de concepts et ne doivent pas être considérés comme des résultats moyens ou des promesses de performances réelles ou futures.

augmenter ou diminuer et les investisseurs peuvent perdre leur capital. Les performances passées ne représentent pas les résultats futurs. L'auteur et l'éditeur de ce livre ne garantissent aucun résultat ou résultat spécifique de l'utilisation des stratégies et des techniques décrites ici.

Témoignages et exemples : Tous les témoignages, études de cas ou exemples présentés dans ce livre sont fournis à titre indicatif uniquement et ne garantissent pas que les lecteurs obtiendront des résultats similaires. Le succès individuel dans le trading dépend de divers facteurs, notamment la situation financière personnelle, la tolérance au risque et la capacité à appliquer de manière cohérente les stratégies et techniques discutées.

Avis de droit d'auteur : Tous droits réservés. Aucune partie de cette publication ne peut être reproduite, distribuée ou transmise sous quelque forme ou par quelque moyen que ce soit, y compris la photocopie, l'enregistrement ou d'autres méthodes électroniques ou mécaniques, sans l'autorisation écrite préalable de l'éditeur, sauf dans le cas de brèves citations incorporées dans les revues critiques et certaines autres utilisations non commerciales autorisées par la loi sur le droit d'auteur.

Marques déposées : Tous les noms de produits, logos et marques mentionnés dans ce livre sont la propriété de leurs propriétaires respectifs. L'utilisation de ces noms, logos et marques n'implique pas l'approbation ou l'affiliation de leurs propriétaires respectifs.